学校心理教育要义

李艳芬 编著

辽宁大学出版社
LIAONINGDAXUECHUBANSHE

图书在版编目（CIP）数据

学校心理教育要义/李艳芬编著. --沈阳：辽宁大学出版社，2010.12
ISBN 978-7-5610-6215-9

Ⅰ.①学… Ⅱ.①李… Ⅲ.①中小学—教育心理学 Ⅳ.①G44

中国版本图书馆 CIP 数据核字（2010）第 241054 号

出 版 者：辽宁大学出版社有限责任公司
（地址：沈阳市皇姑区崇山中路 66 号　邮政编码：110036）
印 刷 者：沈阳航空学院印刷厂
发 行 者：辽宁大学出版社有限责任公司
幅面尺寸：148mm×210mm
印　　张：8.5
字　　数：220 千字
出版时间：2010 年 12 月第 1 版
印刷时间：2010 年 12 月第 1 次印刷
责任编辑：郭胜鳌　杨　蕊
封面设计：邹本忠　韩　实
责任校对：齐　悦

书　　号：ISBN 978-7-5610-6215-9
定　　价：20.00 元

联系电话：024—86864613
邮购热线：024—86830665
网　　址：http：//www. lnupshop. com
电子邮件：lnupress@vip. 163. com

前　言

近年来，中小学中出现的诸多心理问题受到政府、社会、学校、家长等方面的普遍关注。在中小学开展心理教育的需求日益强烈。然而，与亟待解决大量心理问题需要相矛盾的不仅是专职人员的匮乏，还存在相关知识和技能普及不够等问题。无疑，让从事学校心理教育的教师把握此项工作的核心内容，让更多的一线教育工作者了解相关的理论知识和操作技能是化解这一矛盾的有效途径。为此，本书力求通过实用理论解读、教育实践指导、典型问题剖析的方式，对学校心理教育的核心内容加以梳理，进而达到理论与实际相结合，原则与方法相结合，普遍与典型相结合的目标。

全书分为四部分。第一部分是关于智力方面的介绍。在多角度诠释智力含义的基础上，对儿童智力的发展及其影响因素进行了分析，对智力超常、智力迟滞和学习困难人群给予了特殊关注。第二部分要说明的是中小学生的情绪、情感问题。通过对情绪产生理论的剖析，试图为应用有效的情绪调控技术提供必要的理论支撑，而针对考试紧张、厌学、恋爱等学校普遍存在的情感问题则给出了一些发现和解决的方法和技术。第三部分的内容是人格。作为一种复杂的心理结构，人格中的自我意识及其发展变化是本部分的重点，而交往障碍、自卑心理和网瘾问题的分析会为中小学生健康、和谐人格的塑造提供有益的帮助。第四部分关于教师素质要求及心理健康问题的分析，是学生心理健康源自教师心理健康思想的进一步完善。

学生快乐、高效地学习，教师愉悦、勤奋地教学是和谐校园建设的需要，而学校心理教育将会在其中发挥积极作用。

李艳芬

2010年9月于鞍山师范学院

目　　录

第一部分　智力开发

第二部分　情感教育

第三部分　人格塑造

第四部分　教师心理

第一部分　智力开发

我的智力正常吗？我的考试成绩不好，是不是因为我的智力有问题呀？我能变得聪明些吗？这一系列关于智力方面的问题不仅是广大学生、家长和教师所关心的，也是科学研究的重要课题。作为以学习活动为主的各级各类学校，让教师、学生乃至家长正确理解智力含义，全面了解影响智力的诸多因素，把握学生智力发展的规律是开展学校心理教育，促进学生学业进步和智力发展的重要内容。

虽然智力是一种非常复杂的心理现象，但长期研究所积累的成果为我们全面把握智力的含义，揭示儿童智力发展的规律，解决智力开发中所遇到的问题提供了大量可借鉴的素材和思想。在提倡素质教育的今天，智力开发显得比以往任何时候都更加重要而急迫。

本部分拟就学校智力开发中的心理学问题从以下几个方面加以介绍。一是关于智力的一些基本问题。主要包括智力的核心含义是什么？智力都包含哪些内容？智力如何进行测量？智商的高低意味着什么等问题；二是中小学生智力发展的特点和规律如何？三是影响智力的因素有哪些？智力的开发技术有哪些？最后是特殊人群的智力问题。希望通过这一系列问题的介绍，使关心学生成长的人们能够对智力有个全面、科学的了解，进而为促进学生的学业进步、智力发展提供理论和技术上的帮助。

第一章　对智力的基本认识

一、如何理解智力

日常生活中，人们需要不断解决所面临的各种问题。在解决这些问题的过程中，有些人很快、很准确地就达到了目的，解决问题的效率较高；有些人则不是很慢，就是找不到合适的办法，解决问题的效率较差，甚至不能解决。据此，人们一般会认为解决问题效率高的人更聪明些，智力更高些。相反，解决问题效率差的人就显得笨拙些，智力也就差些。虽然这样理解智力不是很全面，但应该说，这样的一般认识还是反映了智力的核心内容。究竟如何科学、准确地理解智力问题呢？心理学研究认为，智力是顺利完成某种活动所必须具备的一种心理特征。对这样的智力界定，我们可从以下几方面加以理解：

首先，智力作为一种看不见、摸不着的心理现象，它要通过一定的活动来体现和考证，这是研究心理现象的一个重要前提。止是因为心理与活动、行为、生理等内外在表现存在这样的关系，通过外显的行为我们才有可能了解、推断个体内在的心理活动。在活动中考察智力是了解智力水平、探究智力结构现实而有效的途径。在问题解决的过程中，个体在完成特定活动中所表现出来的效率就是我们辨别其智力状况的主要依据。就在校的学生而言，学习是其在学校期间的主要活动，学生的学习效率是反映其智力情况的重要依据。学生在解决学习所遇问题中所表现出来的有效性是说明其智力情况的客观指标之一。一般而言，高效率完成学习任务的学生具有较好的智力。

其次，智力是完成活动、解决问题的必要条件，但不是充分条件，更不是充分且必要条件。正如我们所知，必要条件是不能缺少的条件，没它不行；充分条件是有它就行，没它未必不行。这就意味着，一定的智力是完成活动、解决问题所不可或缺的条件。但有了一定的智力基础，并不一定保证能够顺利完成任务或活动。在强调一定的智力基础是学生进一步学习的必要条件的同时，还必须考虑其他影响完成学习任务的各种因素，如学习动机和兴趣，学习习惯和意志品质，等等。

再次，智力所包含的内容也是相当广泛的。随着对智力研究的逐渐深入，影响个体完成任务效率的因素不断得到揭示并纳入到智力的范畴之中。智力内涵的不断丰富和不同理解提醒人们在讨论与之相关问题的时候，要具体问题具体分析，在明晰差异性的同时，寻找存在其中的共同点。总的看来，智力不仅存在水平上的高低差异，也存在结构、年龄、性别等方面的差异。特定活动中表现出来的智力差异不能代表个体在其他方面或活动中也必然存在相同的差异。处在发展过程中的中小学生，其智力在学校活动中的表现也是有限的。对智力的考察，不仅应包括在学校中的学习表现，也应关注在校其他方面的表现，甚至校外活动中的表现。即使单就学习而言，学生在数学方面表现出的不同智力水平，也并不意味着必然表现在语文学习的活动中。全面了解学生在多种活动中的智力表现，是评价学生智力状况的前提。不轻易下结论，在适当范围内给出判断和解释，不仅是心理学研究的科学要求，也是对学生发展负责的实际需要。

在学生的学校生活中，占有大量时间和重要地位的学习受到了学生、家长和教师的高度重视。一些家长和老师把学习成绩的好坏作为评价学生的唯一指标，甚至错误地把学业考试成绩的差异无限制地延伸为智力方面的差异。“学习学不好，什么也干不好”，“这孩子天生就笨，不可救药”等思想集中反映出对智力问题理解的片面性、偏差甚至错误，对学生的成长极为不利，甚至造成了伤害。因此，纠正错误观念，明晰智力与知识经验，智力与生理成熟和遗传之间的关系就显得十分必要。

（一）智力与知识经验的关系

首先，知识不等于智力。无论从人类文明进步的角度，还是个体的发展进程来看，知识经验是作为固化的智力而存在的，是智力活动的结果。它既可以存在于个体的头脑中，也可以以其他的方式存在于其他载体（如书本）之中；智力则主要体现在知识的获得和知识的运用方面，是一种个体内在的心理活动。有了知识，但不知其所以然或不能运用其解决实际问题就不能对完成活动有所帮助，也就不能称其为智力。学生的智力活动不仅体现在知识获得的数量和质量方面，更重要的是运用所学的知识解决实际问题。获得较多的知识，得到"高分"还不够，更重要的是不能"低能"，在解决问题方面要有所成就，这才是教育的重中之重。

其次，从知识经验和智力在个体成长过程中的变化规律看，个体从出生到死亡，经历着知识经验不断积累的过程，表现为一种逐渐上升的趋势。"活到老，学到老"是知识经验积累的必由之路、必经之路。与之相比，智力则有着不同的变化特点。大量研究表明，智力及其所包含的主要成分随着年龄的增长多表现为一种"抛物线"形态的变化，有着明显的增长期、平台期和衰退期。这意味着"活到老，学到老"在个体成长过程中的不同阶段有着不同的效率。学校学习阶段是个体成长的快速时期，"一寸光阴一寸金"的价值在知识经验获得中有着充分的体现。珍惜宝贵时光，你将获得丰富的知识，让你的人生更加璀璨。

再次，知识和智力又有着密切的关系。一方面，智力的形成和发展有赖于知识的获得。没有必要的知识做基础，智力就如同无源之水，无本之木。智力作为一种心理加工过程，就如同建筑师，只不过它所需要的原材料不是钢筋、水泥，而是我们的知识经验。无疑，系统、丰富的知识经验会为智慧大厦的构建提供坚实、多样的原始材料并保障智慧大厦的坚不可摧。另一方面，智力的结构和水平也会影响知识的获得。不同的智力结构和水平对获取不同知识会表现出不同的效率。如同建筑师的不同水平和风格对构建智慧大厦具有举足轻重的作用一样，智力水平高的人获得知识经验的效率就高，这既体现在单位时间内更多知识经验的获得上，更体现在知识经验获得的质量上。而风格的不同意味着获取不同知识经验的效率上存在差异。在学校环境中，具有较强数学能力的学生，在掌握数学知识方面的效率可能会更高。而具有音乐才能的学生对音乐知识的掌握可能会更好；智力水平高的学生较智力水平低的学生获取知识的效率更高。再有，就是知识的大量积累也可以作为解决相关问题的有效手段而发挥智力的作用，以至于一些人将之归于一种特殊的智力。

（二）智力与遗传、成熟的关系

智力作为一种心理特征，如同其他心理现象一样必然要以一定的物质条件为基础和载体，它同样是大脑的机能。随着科技水平的提高，依托先进的设备，人们对大脑与智力之间关系的研究也在逐步深入。大量研究结果表明，健康、健全的大脑是智力正常发展所不可或缺的。智力与大脑的结构和功能有着紧密的联系。如特定部位脑损伤患者导致部分心智机能的丧失，在一定程度上就说明了智力活动与健全大脑的紧密关系。而个体生理成熟过程与心智发展阶段性特点的相应关系也使人们对智力依赖必要的生理基础有了更为深刻的理解。学生在生理成熟，特别是脑机能完善的前提下，其心智功能才能随之发展，并表现出阶段性的特点；反之，就会严重影响智力活动的完成。让一个患有脑瘫的个体完成正常同龄人的智力活动显然是困难的，甚至是不可能的。另一方面，丰富多彩的智力活动对大脑的成熟会起到积极的作用。所谓“越用越好用”就是人们对这一影响的一般认识。研究表明，人类文明发展至今，大脑潜能开发的还只是很小一部分，开发大脑潜能的工作大有可为。儿童智力的早期开发活动对中枢神经系统发育所起到的积极作用不仅得到验证，也得到了社会的广泛认同。“没有最早的开发，只有不当的方法”的论断给我们开展教育、促进儿童智力发展提供了广阔的空间。

二、对智力所含内容的理解

尽管智力问题研究复杂而艰难，但人们对揭示智力奥妙的思考和探索却由来已久，乐此不疲。随着科学的进步，尤其是脑科学和心理科学的发展，科学对智力的理解逐渐全面、深入。一些具有真知灼见的理论和思想不断得到验证，进而为社会和大众所接受。可以说，每种理论和思想都从特定角度对智力所涵盖的内容进行了剖析，吸取它们的精髓，不仅对我们全面理解智力大有益处，而且也将为我们的教育实践提供有力的理论支持。

（一）一般能力与特殊能力

现实生活中，的确存在“干什么像什么”、“干什么不像什么”、“只能干这个，不能干那个”的人和现象。为什么会有这样的问题呢？这种客观存在的现象中是否蕴含着个体在智力构成成分或内容上可能存在差异呢？英国心理学家斯皮尔曼根据人们完成不同作业成绩之间的相关程度，提出了人的智力由两种因素构成的思想。一种是他称之为的一般能力或一般因素（简称G因素）。它在多种活动中均有所表现，是人的基本心理潜能，是决定一个人能力或智力高低的主要因素。另一种是特殊能力或特殊因素（简称S因素）。它是保障人们完成某些特定的作业或活动所必需的，只在一种或少数几种类型的活动中发挥作用。两种智力因素之间的关系是一种哲学意义上的一般与特殊之间的关系，在现实中不可割裂开来；任何智力活动都有两种因素的参与，是两者共同作用的结果。这种智力理论的提出虽然很早，但因其易于理解，符合常识性知识而流传至今。依这种理论分析，如果一个人的“一般能力”较强，也就是说他具有较好的、解决多数问题的基本潜能，那么他在做多种工作或从事多种活动中就会表现出较高一致性的高效率，成为所谓的“干什么像什么”的那种人。相反，“一般能力”较差的人，则会被认为是“干什么不像什么”的一类人；如果一个人的“一般能力”平平，但其在某一方面的能力特别强，表现出很高的作业效率，在其他方面一般，那么，他则属于“只能干这个，不能干那个”的一类人。这种对智力内容的分析虽然十分容易理解，也比较容易在现实中找到与之相应的个案，但由于其应用的可操作性一般而受到限制。

在中小学学生的学校生活中，不同学习科目共存，学习活动与其他各种活动共存。学生之间的智力差异不仅表现为一般能力的水平高低，也表现为不同科目学习过程中特殊能力的不同。教师根据其已有的经验和对学生的了解情况，会对学生的智力状况形成一定的认识。这种认识反过来会影响其对学生的看法和教学行为。其合理性在于可发现智力方面的特殊人才，不仅有利于因材施教的落实，也会使教学更加有效。但也正是这种模糊认识本身所具有的片面性，使得教师很容易形成对学生的刻板印象，降低促进学生发展的动机和期望，进而阻碍教育功能的实现。正确理解学生一般智力和特殊智力的含义和关系对教师开展教学活动十分重要。无疑，具备正常水平的一般能力是学生顺利完成学业的基本要求，而发现和挖掘学生的特殊能力则能最有效地发挥个人的潜能。下面的图形形象地反映了个体特殊能力和一般能力之间的关系。

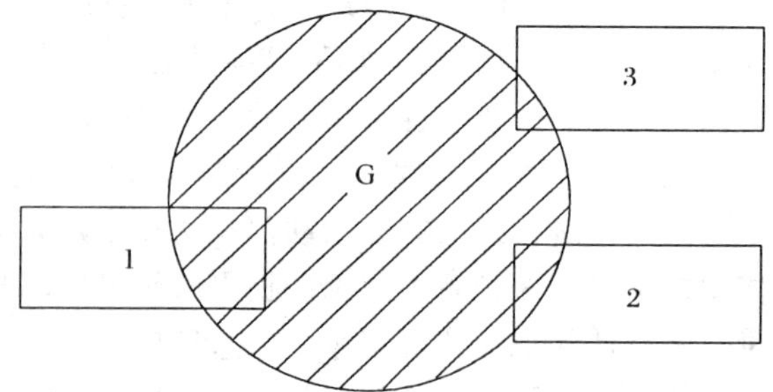

图中的每个长方形代表了个体的一种智力活动，不同种智力活动相互交叉部分就是所谓的一般因素（圆形）。在理解智力的一般和特殊因素之间的关系时，他们之间关系的相对性是十分明显的。对两种智力活动来说是一般因素性质的能力，当对三种或更多种智力活动来说就可能变成特殊的了。这种一般与特殊因素的相对性虽然很容易理解，但操作起来就十分困难。应用这样的思想理解现实中的智力活动是不错的选择，但作具体的研究或对智力作量化的区分就显得困难重重。心理学为此付出了大量的劳动和智慧，也取得了显著的效果。这在后面智力测验等内容的介绍中会逐渐加以介绍。

（二）智力的三因素理论

既然智力主要体现在个体解决问题的过程之中，那么分析问题解决的过程也就成了研究智力的一种有效途径。我们知道，问题解决不仅包含着一系列解决问题本身的心智过程，还与个体对问题背景、环境的认识和适应有关，与采取什么手段来解决问题有关，与随着问题的变化而调节问题解决的策略是否得当有关，等等。相同的问题放到不同的背景之中会对问题解决产生不同的影响。例如，在学生解决应用题的过程中，老师改变提问的方式或有意增加一个无关条件，就会导致部分学生问题解决的困难。一个问题要求用多种方法解决时，一些学生的思维会仅仅局限在特定的方法上，而不能灵活处理和找到其他的解决办法。总之，个体所具有的知识，心理资源的使用，客观环境的认识等方面都会影响问题的解决，进而成为智力活动不可或缺的构成要素。美国耶鲁大学的心理学家斯腾伯格据此提出了智力的三元理论。他认为，一个完备的智力理论必须说明智力的这三个方面，即智力的内在成分、智力成分与经验的关系以及智力成分的外在作用。完整的智力理论应包括对以上三方面的解释和说明。

一是智力成分亚理论。它的内容是要对解决问题中参与的心理过程或心理成分加以说明。在智力活动中参与的心理内容具体包括元成分、操作成分和知识获得成分三部分。所谓元成分是指那些用于计划、控制和决策的高级执行过程。它主要在确定问题的性质，选择解决问题的步骤，调整解决问题的思路，分配心理资源等方面发挥作用；操作成分则主要表现在任务的执行过程中，是指接受刺激，将信息保持在短时记忆中，并与已有的知识进行比较的心理过程，它负责元成分的执行；知识获得成分是指取得或保存新信息的过程，负责接收新刺激，作出判断和反应，对新信息进行编码和储存。在解决问题参与的心理成分中，元成分起着核心作用，它决定人们解决问题时使用的策略，对问题解决的效率起着至关重要的作用。例如，在不同年龄的学生之间，学习策略应用的差异非常明显。由低年级不能主动应用有效的学习策略到高年级学会应用恰当的方法解决问题是一个渐进的过程，是教师积极引导、学生主动学习的过程。能否使用有效的学习策略、使用何种策略是判断智力水平和特点的一个重要指标。

二是智力情境亚理论。它是指获得与问题情境相拟合的心理活动。所谓拟合就是把心智活动与特定的环境进行匹配，匹配良好就有利于问题的解决，否则，就会阻碍问题的解决。在日常生活中，它表现为个体有目的地适应环境、塑造环境和选择新环境的能力。就学生解决问题的过程而言，对问题背景的认识和把握将会影响其解决问题的效率。面对不同的环境，选择什么样的心理操作这在很多时候将直接影响问题的解决。一些学生对问题所处环境的适应性差，不能在不同的环境下解决相同的问题就是这方面不足的例证。教师通过各种变式呈现问题，多角度分析问题，甚至适当增加不同条件下的练习等形式都有助于学生此方面能力的提高。

三是智力经验亚理论。如果对我们所遇到的问题进行简单分类的话，可以作以下划分：一类是曾经遇到过的问题，另一类就是不曾遇到的问题。对这两类问题的解决，我们所采取的办法也是不同的。与之相应的就是两种智力的区分。一种是处理新任务和新环境的能力，另一种就是解决旧问题，进行信息自动化加工过程的能力。当遇到新问题时，有的人能够运用已有的知识和经验解决它，有的人则束手无策。从简单到复杂，两类问题解决的心智过程和性质也不尽相同。最简单的老问题，我们会毫不费力地应用已有的经验进行处理，但当问题是我们未曾遇到的或很复杂时，我们就需要进行许多的心智操作过程。这其中，只有一些操作自动化，复杂任务才能够得以完成。如学生在解决混合运算问题的过程中，对加、减、乘、除的运算必须达到自动化的程度，才能在此基础上进行四则运算的教学。没有这样的基础，混合运算问题的解决就不能顺利进行。

总之，智力三元理论从解决问题的过程角度，对何种心理成分参与在解决问题之中、个体对问题环境及背景的认识、问题解决中知识经验的运用进行了分析，说明了问题解决中三种不可或缺的心智过程。希望下面的简图对理解这种思想能有所帮助。

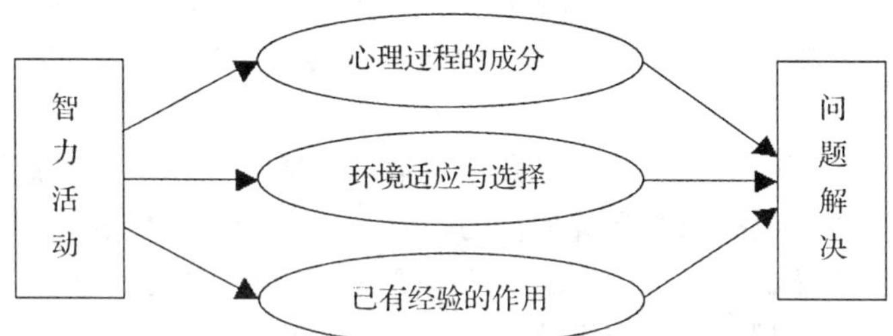

该图示形象地说明了问题解决的智力活动是针对特定问题情景，选择应用恰当心理操作和已有知识经验，并最终达到解决问题目的的过程。

（三）多元智力理论

在社会快速发展的今天，分工合作已成为解决复杂问题的主要方式。更多的人所从事的是性质单一或独特的工作和职业，只要在一种或少数几种活动中展示自己的才能，他或她就能够满足社会的需求和实现自己的理想。因此，具有一定特长和某方面能力的个体受到越来越多的关注和青睐，“不求样样通，但求一门精”成为个体立足社会、实现自身价值的追求。美国心理学家加德纳通过大量研究分析指出，人类的神经系统经过一百多万年的演变，已经形成了互不相干的多种能力。每个人可能在一种或多种能力上表现得更为突出。某方面能力的不足，并不意味着其他方面的能力也不足，智力的内涵是多元的。正所谓“东方不亮，西方亮；黑了南方，有北方”。显然，他的理论和思想迎合了当今社会的现实，给每个人的成功带来希望。通过观察和研究，他认为，智力至少应该由七种相对独立的成分构成。每种智力都是一个单独的功能系统，这些系统可以相互作用，产生外显的智力行为。这七种智力系统分别是：

（1）言语智力：是指个体运用言语进行思维，用语言表达思想和欣赏语言作品深层含义的能力。这种能力的杰出代表包括作家、诗人、记者、演说家、新闻播音员等。如，艾略特 10 岁时就创办了自己的杂志，他是这本杂志的唯一撰稿人。在寒假的短暂时间里，他编撰出了 8 期杂志，每期里都有诗歌、探险小说、随笔和幽默故事，其中一些流传至今，这展示了诗人的特殊天才。

（2）逻辑—数学智力：是指人能够计算、量化、思考命题和假设并进行复杂数学运算的能力。这种能力的杰出代表包括科学家、数学家、会计师、工程师和电脑程序设计师等。1983 年诺贝尔医学生理学奖得主巴巴拉·麦克林托克在研究中所经历的恍然大悟显示出其天资优异。我国数学家陈景润在哥德巴赫猜想问题中的探索和成就也是其计算能力、逻辑思维能力的非凡表现。

（3）空间智力：是指人们利用三维空间进行思维的能力。这种能力的杰出代表包括航海家、飞行员、雕塑家、画家和建筑师等。环绕西太平洋卡罗林群岛上的土著居民依靠有效的判断地理方位的方法，能够保证航海作业的完成，他们的空间能力在生活的经历中得到锻炼和提高。毕加索在其不朽作品中留给我们的是那超乎寻常的空间想象力和智慧。

（4）音乐智力：是指人敏锐地感知音调、旋律、节奏和音色的能力。这种能力的杰出代表包括作曲家、指挥家、乐师、音乐评论家、制造乐器者和善于领悟音乐的听众。在音乐智力的论述过程中，梅纽因的成长经历被加德纳用作例证。梅纽因 3 岁时，在听过一场音乐会后坚持向父母要一把小提琴，10 岁时，梅纽因就展现出对音乐的深刻领悟并以优异的表现成为了世界知名的小提琴家。

（5）运动智力：是指人能巧妙地操作物体和调整自己身体动

作的技能。这种能力的杰出代表包括运动员、舞蹈家、外科医生和手艺人。美国伟大的垒球运动员罗斯在这方面是个很好的范例。15 岁时的罗斯在没有任何经验的情况下，就坚信自己具有垒球天赋，第一次投出就将对手击打出局。

（6）社交智力：是指能够有效地理解别人和与人交往的能力。这种能力的杰出代表包括教师、社会工作者、演员、政治家等。安妮·沙利文教育海伦·凯勒的过程充满智慧，并最终取得非凡的成功。

（7）自知智力：是指关于建立正确的自我知觉并善于用其来计划和指导自己人生的能力。这种能力的杰出人物包括神学家、心理学家和哲学家。

七种智力涵盖了现实生活的多个领域，各领域中涌现出来的杰出人才是这种理论的极好验证。现实生活中，具有特殊才能的人屡见不鲜，他们在特殊领域所具有的非凡才能让我们对其所拥有的特殊智能深信不疑。虽然强调七种智力各自的独立存在，但加德纳认为，智能总是以组合的方式运作的。任何有经验的成年人在解决问题时，都会运用多种智能的组合。各种智能都因有典型的个体作为其理论的佐证材料，使得我们有理由相信其思想的合理性和现实性。

下面的图示只是为简要、形象说明该理论的主要观点，并不能代表其整个理论。

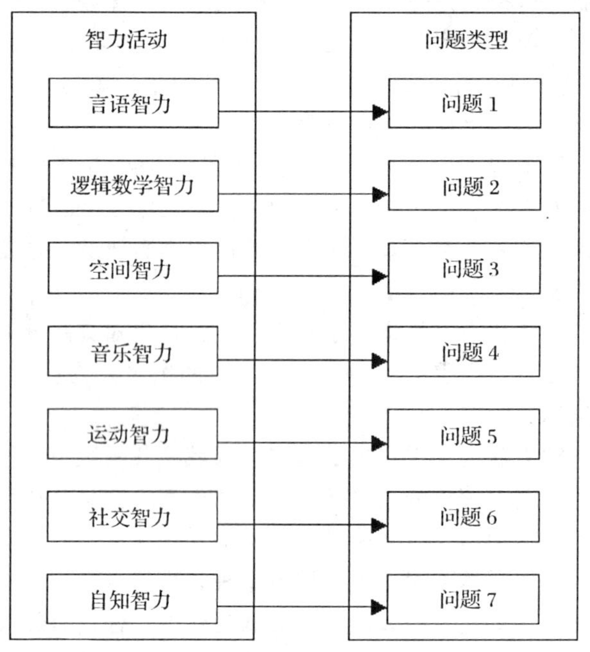

（四）流体智力和晶体智力

随着智力研究向揭示现实问题方向的延伸，人们逐渐意识到，在解决问题的过程中，个体心智存在历史延续和个体发展两个方面的问题。根据智力在人一生中的不同发展趋势以及智力和先天禀赋与社会文化因素的关系，有人将智力分为流体智力和晶体智力。流体智力是指在信息加工和问题解决过程中所表现出来的能力，它较少依赖文化和知识的内容，主要决定于个人的先天禀赋。一般而言，人在 20 岁后，流体智力的发展达到了顶峰；30 岁后将随着年龄的增长而降低。晶体智力是指获得语言、数学等知识的能力，它主要决定于后天的学习，与社会文化有着密切的关系。晶体智力在人的一生中一直不断发展，只是到了 25 岁以后，发展的速度逐渐缓慢。其智力发展如下图所示。

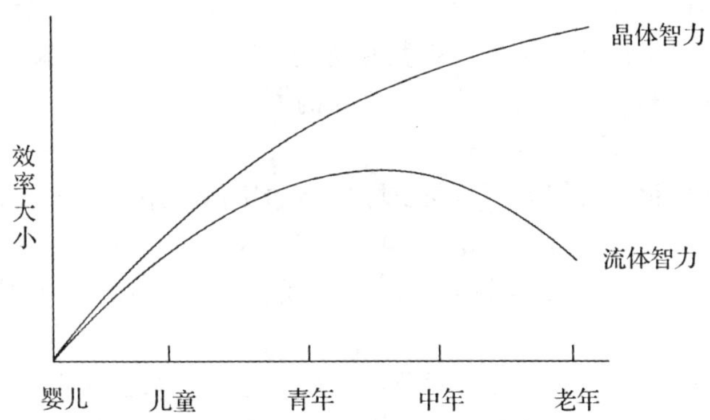

如同把智力划分为一般因素和特殊因素的思想一样，在理解流体智力和晶体智力关系时，我们也应认识到，在问题解决过程中，两种智力是要一起发挥作用的。

中小学阶段是流体智力发展速度最快的时期。在解决学习中遇到问题的过程中了解学生的智力发展状况和特点，通过教育与教学活动促进学生流体智力的健康发展是重中之重。同时，学校教育是个体系统掌握知识经验的重要阶段，晶体智力的发展在学校教育中也必须得到重视。

三、智力测验与智商

智力的数量化是智力理论应用于现实的必然要求，也是不同个体间智力存在差异的客观反映。正是因为如此，智力测验以及智商测验才得以面世。智力测验的历史源于 1882 年英国高尔顿的研究，1905 年法国的比奈和西蒙针对教育甄别学生的需要而编制的智力测验成为现代智力测验开始的标志。随后，智力测验在其他国家，乃至整个世界逐渐发展起来。智商，即智力商数，作为智力测验的数量化形式也因此被人们所熟知。

（一）智商的含义

智力测验是对智力进行评价的一套标准化程序和问卷的总称。智力测验的目的在于对智力进行量化以求对不同个体的智力状况加以比较。而智力商数简称智商（IQ），是智力数量化的单位，是对个体智力水平进行数量化的估计值。在应用的过程中，比率智商和离差智商是两种最主要的方法。

1. 比率智商

比率智商是智力年龄与实际年龄的比值。用公式表示就是：

IQ＝100（MA/CA）

其中，IQ代表智商，MA是指智力年龄，CA是指实际年龄。

比率智商的计算比较简单，也便于理解。从公式中我们可以看出，如果一个人的智力年龄大于其实际年龄，通俗地讲，就是8岁的孩子表现出10岁孩子的智力，那么他的智商就高些（IQ＝125），智力就较好；如果8岁的孩子表现出6岁孩子的智力，那么他的智商就低些（IQ＝75），智力就较差。比率智商虽然方便理解，但在应用中有其固有的缺陷，由于特定智力测验总分的固定不变，而年龄却不断增长，因此，一定年龄之后（一般为18～20岁），就不宜再使用了。

2. 离差智商

离差智商是用标准分数表示的智商。用公式表示就是：

IQ＝100＋15Z＝100＋15（X－x/SD）

其中，IQ代表智商，Z是标准分数，x代表样本平均数，SD为样本标准差，X为个人的分数值。

它是基于个体与同龄人相比较而计算得来的。用一个人在智力测验中的成绩在相同年龄被试群体中所处的相对位置来反映他的智力状况克服了比率智商的缺欠。虽然这种离差智商的计算有点复杂，但随着计算机应用的普及，已经不成为其应用的障碍。现在人们更普遍使用的就是这种离差智商。

3. 智力的人群分布

智力在人群中的差异用智商来衡量是很符合常态分布的。如果我们所选定的样本足够大，那么，离差智商的分布就可得到以下的结果。

IQ 分数	所占百分比	评定结果
145 以上	0.13	天才
130～144	2.15	极优秀
115～129	13.59	优秀
100～114	34.13	中上
85～99	34.13	中下
70～84	13.59	临界
55～69	2.15	弱智
54 以下	0.13	智力低下

上表反映了智力在特定年龄中的理论分布情况，从中我们可以看出，以 100 为平均值，15 为一个标准差的智力分布呈两端少，中间多的正态形式。也就是说，智商极高和极低的个体是极少数，大部分人的智商在平均值左右。这样的智力分布对我们如何看待学生，如何开展因材施教具有重要的指导意义。

4. 智力与智商的关系

通过以上智力和智商的介绍和分析，我们可以了解到智力的本质就是解决问题的效率。虽然在解决问题的过程中个体所依据的智力手段和成分可能不同，但只要能够具有同样程度的效率，我们就可以认定他们的智力水平相当。正可谓“条条大路通罗马”。然而，现实生活中我们更多关注的不是这种一致性，而是个体间智力存在的差异性。这种差异性主要表现在两个方面：一是随着个体年龄的增长，解决问题的能力和效率都在不断地增强。也就是说，我们每个人的智力都处在不断地变化和提高之中。小学生不能解决的问题，到了中学就可能很容易解决。这是个体智力发展性差异的表现；另一个是个体之间的差异性。对个体之间进行比较后，我们不难发现，不同个体解决问题效率的差异是显而易见的。学生甲解决不了的问题，学生乙可能就能够解决。为了对现实中两种智力差异，特别是个体间的智力差异的事实加以描述，研究者经过长期的探索，提出了智力商数（简称智商）的概念用来量化智力。

把个体现在的智力状况和以往某个时间段的智力状况相比较，显然能在一定程度上反映出个体智力的变化情况。但在现实生活中，我们更多的是要在个体间作比较。正是出于这样的考虑，经过不断的尝试，最后人们普遍接受了以相同年龄其他个体为比较对象的做法。我们现在所提到的智商就是此背景下的智力商数概念。把相同年龄的个体作为一个群体加以考察，把这一特定群体解决问题的平均水平作为一个标准后，让单个个体问题解决水平和这个标准相比较，我们就能够对此个体的智力情况有个高低的判断。如果高于这个标准，我们就可以说这个个体的智力水平高于他所在年龄组的平均水平，否则，就低于他所在年龄组的平均水平。

通过这样的说明，我们对智力和智商之间的关系就该有个清楚的认识。

首先，智力水平的变化发展是必然的。就个体的成长历程来讲，智力水平及其构成的诸多成分都将随着时间的变化而发生变化。这种变化有时向着高水平方向前进，有时也会向低水平变化；有的时候是某些成分发生了变化，有的时候是整体水平上的变化。

其次，智商是相对稳定的。由于我们比较对象参照体的相对稳定，智商获取技术的变化相对有限，使得我们的智力水平在特定群体中所处的位置相对稳定，进而使个体保持着相对稳定的智商。

再次，智商反映的只是智力的部分因素或成分，不能用智商完全代替智力。智商的获得有赖于对智力结构的理解和操作。复杂的智力不是一种智力理论就可以说清楚的。智商乃至智力测验不可能完全反映个体的智力状况。但作为一种有效的技术和手段，智商对现阶段了解个体的智力水平、智力结构、智力成分等方面仍不失为可用的指标。

（二）几种智力量表的简单介绍

智力量表是心理学家依据一定的智力理论，通过一系列标准化程序编制的旨在了解个体智力状况的问卷。它是现今我们了解个体智力情况最有效、最科学的工具和手段。虽然在应用过程中还有很多必须加以慎重使用的要求，但并不妨碍其广泛的使用。目前，较权威的智力量表有斯坦福—比奈智力量表、韦克斯勒智力量表、瑞文团体智力测验量表等。下面就简要介绍两种。

1. 韦氏智力量表

韦氏智力量表由三个结构相似但适应不同年龄个体的量表组成。韦氏学前和小学儿童智力量表（WPPSI）适用于3～7岁的儿童；韦氏儿童智力量表（WISC）适用于6～16岁的儿童；韦氏成人智力量表（WAIS—R）适用于成人阶段。下面以韦氏儿童智力量表（WISC）为例对其加以简单介绍。

韦氏儿童智力量表共包括12个分测验。其中言语量表包括6个分测验，操作量表包括6个分测验。

第一部分：言语量表。

常识：题目的选择是要对儿童一般知识掌握情况加以考察。主要涉及天文、地理、历史、节日、物品等方面的常识。要求儿童对是否了解相关知识作出反应。

相似性：题目要求儿童指出一对名词所代表事物之间的相似之处或对它们之间的共同之处加以概括。

算术：给出的题目要求儿童通过心算得出答案。

词汇：要求儿童对给出的词汇加以界定。

理解：要求儿童对一些自然、人际关系、社会活动等方面的问题给出解决的办法。

数字广度：要求儿童复述主试以特定速度口头呈现的随机数字。

第二部分：操作量表。

填图：让儿童对所呈现的不完全图片补充完整。

图片排列：要求儿童按随机给出的一些图片间的内在逻辑关

系将它们重新排列起来。

积木图案：要求儿童将9块积木按主试呈现的方式进行重新排列。

物体拼凑：要求儿童把所给出的一套已切割的拼板组成一个完整的物体。

译码：8岁以下儿童完成图形对符号的译码，8岁以上儿童完成数字对符号的译码。

迷津：要求儿童从迷津中间画起，不穿越墙线地走出来。

在我国，心理学工作者对韦氏儿童智力量表开展了修订和本土化工作。其中以1979年林传鼎和张厚粲主持的修订工作和1991年龚耀先主持的修订工作成果最为显著。现在应用广泛的中国韦氏儿童智力量表（C—WISC）就是龚耀先主持修订的成果。其中包括11个分测验。分别是知识测验，分类测验，算术测验，词汇测验，编码测验，数字广度测验，填空测验，图片测验，积木图测验，图形拼凑测验，领悟测验。其中前6个是言语测验，后5个为操作测验。

2. 斯坦福—比纳智力量表

该量表是斯坦福大学的推孟根据比纳—西蒙智力量表编制而成的。经过几次修订，现已成为世界各地普遍应用的智力量表。离差智商取代比率智商的智力表示方式为此量表的广泛应用提供了极大的便利。

测验量表（第四版）的被试适用范围从2岁至成人。该量表总共包括15个测验，涉及4个认知方面的内容，其中包括言语推理、抽象/视觉推理、数量推理、短时记忆。言语推理包括词汇、理解、挑错、言语关系4个分测验；抽象/视觉推理包括图形分析、临摹、矩阵推理、折纸和剪纸4个分测验；数量推理包括数量、数字系列、列出等式3个分测验；短时记忆包括小珠记忆、句子记忆、数字记忆、物体记忆4个分测验。

(三) 智力测验与学绩测验

智力测验关注的重点是个体的潜能，其结果往往被用来推测个体解决问题可能性的大小。但对在校学习的中小学生而言，更多时候需要面对的是各种各样的学业测试。教师要通过测验的方式了解学生知识掌握的情况，并据此调整教学活动以实现促进学生发展、学业进步的教学目的。可见，智力测验与学绩测验在编制目的上存在的差异是显而易见的。不仅如此，学绩测验与智力测验之间还存在许多技术层面的差异。如题目选择，难度确定，施测程序，评分标准等均有不同。两者不同目的、不同作用的相互补充，对全面评价学生至关重要。

1. 学绩测验的内容

学生经过一段时间的学习后，教师、学生、家长势必要了解学生的学习效果。教师通常是以学绩测验的形式来实现此目的。学生在学绩测验中的结果是评价其此阶段学习效果的主要依据。理论上讲，学业成绩应是对经过一定的教学或训练后所学到东西的反映，是一个比较明确的、相对限定范围内的学习结果。这种评价学习结果的科学性、权威性、准确性和有效性很大程度上依赖于学绩测验编制的科学性、合理性。一个好的学绩测验应该能够全面反映学生在特定阶段、对特定要求的掌握程度。要想达到此目标，必须使学绩测验内容的选择满足以下基本条件：

首先，学绩测验所测知识和技能的范围要明确界定。无论是单元测试还是期末考试，甚至是升学考试，都应该以学生已经学习的知识和技能为出题范围。显然，教学大纲是学绩测验内容选择的主要依据，同时还要体现教师在教学过程中对学生提出的要求。

其次，学绩测验所测量的应该是要求学生必须掌握的重要的知识和技能。一个阶段的学习内容很多，有限的测验时间和内容不可能面面俱到，测验内容的选择应以有利于学生知识结构的构建为宗旨，那些必须掌握和反映教学重点、难点的知识和技能应该成为测验项目选择的重点。

再次，学绩测验应该选择学生有同样机会学习的材料。学生掌握的知识和技能不仅来源于学校的教学活动，还有其他的来源渠道，如自学、参加各种培训班等。虽然这些会对学生知识和技能的扩展和加深有一定的帮助，但作为系统教育特定阶段学习效果的评价工具，学绩测验要以在校传授的知识和技能为主，只有这样才能使学生在机会同等的前提下，反映学生的学习成果。

2. 学绩测验的形式

在学绩测验的内容选定之后，以什么样的方式考察学习效果就成为测验编制要考虑的问题。根据不同需要，我们可以在以下两种形式中加以选择。

第一，标准化的学绩测验。所谓标准化学绩测验一般是由专门的测验机构按照一整套标准化程序编制的学绩测验。这样的学绩测验一般是要许多人共同参与编制才能完成的。在共同拟定测验计划之后，进行专业性的分工，题目由学科专家或专职的题目编写者拟订，把测验的初稿对学生进行预测后，由测验专家对题目进行必要的统计分析，鉴别出符合具有所期望特性的题目，修改和删掉一些题目，经过反复修订后，再经学科专家和测验编制专家审查后方进行使用。一般而言，标准化学绩测验在可信度、有效性等方面比其他类型的测验更好。但其也有明显的不足，主要表现为要投入大量的人力，要花费一定的时间，教学效果检验的时效性会因此而受到一定的影响。

第二，教师自编的学绩测验。这是被普遍采用的学绩测验形式。教师根据教学进度和教学大纲的要求以及具体的测验目的，采取再认式、回忆式、论文式等方式对学生学绩加以考察。其学习效果检验的时效性、针对性能够得到很好的保障。但由于教师自身专业的限制和主观印象的影响，测验难免在客观性、科学性上会有些问题。如果教师能够主动请教相关专家，把编制测验的一些基本要求反映在其测验的编制和实施过程中，这样的学绩测验也会取得满意的评价效果。

（3）学绩测验的作用和功能

学绩测验的目的在于了解学生的学习效果，而学习效果了解的目的在于有效实施进一步的教学活动。因此，学绩测验只有达到这样的目的才能说是必要的和有效的。无论是测验的编制还是测验结果的应用，都必须以此为出发点，达到最终实现其应有的作用和功能。一个好的测验应该能够实现以下几种功能。

第一，反馈功能。测验的结果反馈给教师和学生，可以为调节教师的教学活动和学生的学习活动服务。在实际应用的过程中，不仅要以量化的分数加以反馈，使学生了解自己对相关知识和技能的掌握程度和在团体中的相对位置，更要以细致的定性分析让学生和教师了解差距的来源。

第二，评价功能。学绩测验不仅具有评价学生学习效果的作用，也可以作为评价教师，乃至评价学校教学效果的指标之一。通过学绩测验结果的比较，我们可以对不同学生、不同班级、不同学校的教学有所了解，并针对存在的问题加以改进。

第三，研究功能。一个内容选择合理，表现形式规范，编制程序科学的学绩测验，其结果可以用来作为研究学生知识和技能掌握程度之用。在教育科研中，学业成绩往往是一个方便、有用的数据来源。而这些原始数据真实性、全面性、客观性的有力保障则主要依赖于测验的质量。

第四，选拔功能。选拔功能是在合理评价的基础上实现的。不仅可以利用学绩测验结果对学生进行一定方向的选拔，也可以为一定的选拔目的，专门编制特定的学绩测验。依据测验结果进行选拔具有经济、便捷的优势。

4. 学绩与智商的关系

智力与智商是心理学的研究内容，而教师、家长和学生更关心的则是学生的学业成绩。那么，两者之间到底存在怎样的关系呢？研究表明，智商与学习成绩之间确实存在一定程度的正相关。也就是说，智商越高，学习成绩越好；智商越低，学习成绩越差。但在具体的理解和应用过程中，应注意以下几方面的问题。

第一，智商的获得应来源于正规、可靠的智力测验。智力测验的种类繁多，但不是所有智力测验都能够给出智商的结果。智商的获得要以权威智力测验，专业施测人员，按照标准化程序进行的测验结果为依据。现阶段比较权威、有效的智力测验有韦克斯勒智力量表，瑞文推理测验，斯坦福—比奈智力量表等。

第二，学习成绩是学习成果的反映，是教育、教学评价的主要方式。受教育评价目标和功能的影响，学习成绩具有明显的时效性、单一性、教育性。从考试形式上看，试卷的编制多采取非标准化程序，甚至评分标准和功能都带有很大的主观性。因此，学习成绩的变化远较智商的变化更大。

第三，智商与学习成绩的相关度有限。对中小学生的实证研究表明，二者之间的相关度并不太高，大多被认为属于中等程度的相关度。这是因为，学生的学习成绩还会受到其他很多因素的影响，这些因素的可变性会导致成绩出现较大的起伏。

第四，智商也不是一成不变的。虽然智力受遗传影响较大，智商保持相对稳定，但智商并不是一成不变的。事实上，良好的教育及个人努力对智力的发展有促进作用，并可以通过智商在一定程度的变化反映出来。

第五，智商难以预测未来成就。智商不仅对当前的学习成绩只表现出中等程度的相关，而且追踪研究表明，它对个人的未来也缺乏预测性。以智商的高低预测个体在社会生活中的成就是极不恰当的。

第二章　智力的发展变化

在个体的成长过程中，随着年龄的增长和知识、经验的积累，学生解决问题的效率、方式都处在不断的变化之中。智力的发展变化因对学生各个方面产生着重要的影响而受到广泛的关注。一些经典的研究多角度揭示出这些变化的过程，一些真知灼见的思想为我们把握智力变化的规律提供了理论依据。这些为心理学研究者和教育工作者普遍关注的知识和理论，不仅丰富了我们对智力变化的认识，也为我们开展教育指明了方向。

一、对智力发展的基本认识

儿童智力的发展是整个心理发展的重要组成部分。儿童智力发展的基本规律和变化特点主要反映在以下几个方面。

（一）儿童智力发展的连续性和阶段性

个体从出生到死亡，智力一直处在不断变化和发展的过程之中。这种变化是一个由量变到质变的连续过程。在人的一生中，无论是智力的整体水平，还是构成智力的各个成分都会随着生理的成熟和环境的影响而发生变化。而某一时间段相对平稳的发展速度和共同的智力特征又使得智力的发展表现出阶段性特点。一个阶段向另一个阶段的过渡有时来得平稳些，有时则显得快速些。处在中小学学习阶段的青少年是能力发展最重要的时期。从3、4岁到12、13岁，智力的发展与年龄的增长几乎等速。之后，与年龄的增长相比，智力的发展呈负加速变化。随着年龄的增长，智力发展趋于平缓。人的智力在18～25岁间达到顶峰（也有人说40岁），但智力的不同成分达到顶峰的时间有所不同

（见下图）。

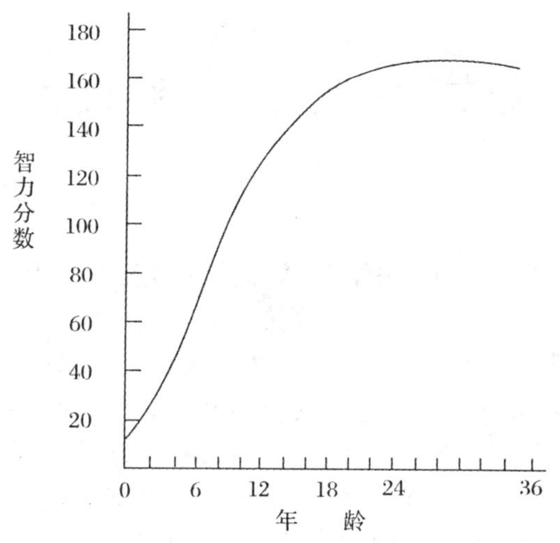

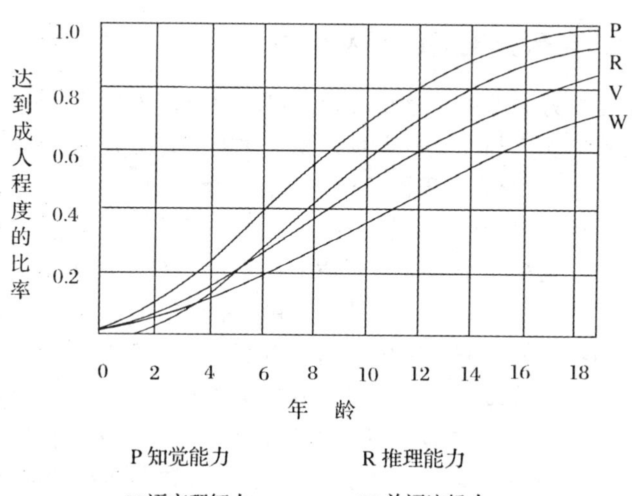

P 知觉能力　　R 推理能力

V 语言理解力　　W 单词流畅力

（二）儿童智力发展的方向性和顺序性

在正常情况下，儿童的智力发展总是沿着一定方向并按一定顺序进行的。具体表现为具有不同特点的各个阶段之间的先后顺序是固定的、不可逾越的。一个阶段的发展结果必然是另一个阶段，而不会是其他阶段。如小学阶段儿童的具体形象思维到初高中阶段的抽象逻辑思维。这样的发展是必然的。而构成智力的各个成分和内容也具有这样的发展规律。如在记忆方面，小学低年级学生还很少主动应用复述策略巩固记忆内容，但随着年龄的增长和心理活动目的性的增强，到了小学高年级阶段学生主动使用策略进行记忆就已经很普遍了。一种智力特点发展为另一种智力特点的过程表现出其特定的方向性和顺序性，且这种顺序具有不可逆转的性质。

（三）儿童智力发展的统一性和不均衡性

儿童智力发展的统一性体现为特定阶段智力要素间的共性和和谐性。不论智力的各个要素还是它们之间的关系都会在特定阶段表现出一些共性和一致的特征。正是这样的统一性使我们能够对智力发展进行阶段性的区分。而智力发展的不均衡性则意味着儿童智力的发展不是一个直线变化的过程。不同的年龄阶段，智力发展的速度是不同的；构成智力的各个成分在特定的时间范围内，其发展水平也可以是不同的；不同个体之间在水平、结构上也是不同的。总之，智力的发展不是千篇一律，并非是按相同的模式发展变化的。

（四）儿童智力发展的共同性和差异性

儿童智力发展既有一定的规律性，也表现出个体之间的差异性。就儿童的整个人群而言，有的儿童智力高些，有的就很一般，总体成一种正态分布的状态（见下图）。即使智力总体水平相当的儿童，在智力构成上也可能各有特点，有的言语能力强些，有的动手能力强些。此外，在智力发展的趋势上也存在个体间的差异。能力高的发展快，达到高峰的时间晚；能力低的发展慢，达到高峰的时间早，表现出能力发展早晚的差异，甚至还存在能力的性别等方面的差异。

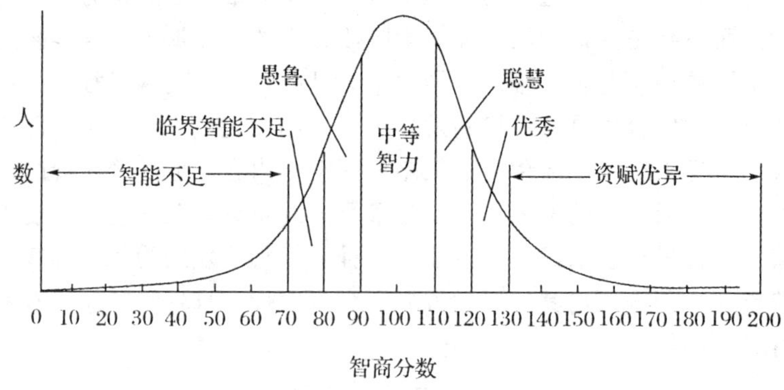

智力发展的一般规律和特征是心理学家长期观察、研究的总结。理解这些基本的观点，对我们从整体上把握智力开发大有帮助。

二、皮亚杰的儿童智力发展理论

瑞士心理学家皮亚杰以其深邃的思想、独到的研究方法、非凡的研究成就在心理学，尤其是儿童心理学领域享有盛誉。他的研究成果不仅丰富了儿童心理理论，而且对教育的指导作用也十分显著。其独具特色的临床实验法更是让人觉得科学原来离我们如此之近。用科学的眼光观察、理解、分析发生在儿童成长过程中的生活事件，那些看似生活中的普遍现象，完全可以作为我们了解儿童心理特点的基础和材料，只要我们有一颗不断努力探寻儿童内心世界的心，我们就能成为掌握儿童心理发展规律，促进儿童智力发展的实践者。

（一）皮亚杰对智力、智力发展的理解

要了解皮亚杰的儿童智力发展理论，就不能不从他对智力本质的理解开始。在他看来，智力的本质就是适应，是个体与环境在不间断的相互作用过程中形成的一种动态平衡。个体在遗传获得的先天反射行为的基础上，不断与客观环境发生相互作用，在相互作用的过程中，人的反应模式不断变化，从低级向高级发

展。这种反应模式的变化来源于两个方面，一个是同化过程，即把环境因素、客观要求纳入到个体已有的反应结构，进而丰富和强化个体行为模式的过程；另一个是顺应过程，即改变已有的心理反应模式以适应环境因素、客观要求的过程。个体的心理发展、智力变化就是在不断地同化和顺应相互平衡中得以实现的。

个体从出生到青少年阶段，是其智力发展的重要时期。皮亚杰认为，不断发展的智力会表现出一定的阶段性，各个阶段会具有各自不同的心理结构。后一个阶段要以前一个阶段为基础，是对前一个阶段的改组和超越。对此，皮亚杰指出，第一，每一阶段都有独特的、相对稳定的心理结构，这些相对稳定的结构决定着儿童行为的一般特点。儿童发展到某一阶段，就能从事与这时心理水平相当的各种性质的活动。第二，各阶段出现的先后顺序是固定不变的，不能跨越，也不能颠倒。所有正常的儿童都遵循这样的发展顺序，因而阶段的发展顺序具有普遍性。虽然由于环境、教育等因素的影响，每个人心理发展的时间可能出现一定的提前或滞后，但各个阶段的顺序是不变的。第三，认知结构的发展是一个连续建构的过程，每一阶段都是前一阶段的延伸和飞跃，是一种在新水平上对前面阶段进行改组而形成的新系统。第四，每一阶段的结构是一个整体，它不是心理特性的简单并列和混合。各个阶段的整体结构具有本阶段所特有的特征和构造。第五，在心理发展过程中，相邻阶段不是截然不同的，彼此存在一定的交叉，是一个由量变到质变逐步发展的过程。

（二）智力发展的阶段及其主要特征

皮亚杰认为儿童智力发展主要要经过以下四个阶段。

1. 感知运动阶段（出生～2岁左右）

儿童从出生至2岁左右，是智力发展的感知运动阶段。刚刚来到人世的婴儿其心理发展水平还十分有限，其与环境的相互作用的方式只是为数不多的反射性动作。他们还只能靠这些感知动作对周围环境的影响作出反应，并以这样的形式影响着环境。婴儿正是通过他对客体的行动和由这些行动所产生的结果来认识世界的。这一阶段婴儿形成的是以动作模式为主的认知结构。

此阶段儿童智力活动的变化和发展主要表现在以下三个方面。第一，逐渐形成物体永久性（不是守恒）的意识。通过对儿童行为的观察，皮亚杰发现，当一个物体（如爸爸、妈妈、玩具）出现在他面前时，婴儿能够感知到这个人或物的存在，而当这个人离开或移走这个物体，使他们不在他的感知范围内，儿童仍能意识到该物体是存在的。即爸爸妈妈虽然走开了，但婴儿相信他们还会出现；被大人藏起的玩具也还是存在于什么地方，儿童会翻被子，打开抽屉，认为这样就还可以找到他们。这种行为的形成，标志着稳定性客体的认知模式已经建立。第二，在客体永久性认知模式形成的过程中，儿童空间—时间组织也达到了一定水平。因为儿童在寻找物体时，他必须对物体存在的空间加以定位，只有定位准确，才有可能找到它。又由于这种定位总是遵循一定的时间顺序的，所以，儿童也一定同时意识到了时间的连续性。第三，儿童心理发展中出现了因果关系认识的萌芽。这也与物体永久性意识的建立及达到一定空间—时间组织水平密不可分。儿童的动作与其所产生结果之间形成的联系是儿童因果关系的最初表现形式。这种原始的意识会逐渐扩展到客体之间的运动关系。

2. 前运算阶段（2～7 岁）

在感知运动阶段的基础上，前运算阶段儿童的智慧在质的方面有了新飞跃。在感知运动阶段的大部分时间里，儿童只能根据当前感觉到的事物通过动作进行思维，到了此阶段的后期，逐渐形成了物体永久性意识。而在前运算阶段，儿童的这种物体永久性意识得到进一步巩固，动作内化明显。特别是随着语言的快速发展及初步完善，儿童不断借助表象符号（语言符号与象征符号）来代替外界事物，儿童开始从具体动作中摆脱出来，凭借象征意义的形象和符号在头脑里进行“表象性思维”。所以，这一阶段又称为表象思维阶段。皮亚杰举过这样的一个例子：有一次皮亚杰带着 3 岁的女儿去探望一个朋友，这位朋友家有一个 1 岁多的小男孩，当时，这个小男孩正在独自嬉玩，嬉玩过程中婴儿突然跌倒在地下，紧接着便愤怒而大声地哭叫起来。皮亚杰的女儿惊奇地看到了这一情景，口中喃喃有声。三天后在自己的家中，皮亚杰发现3岁的女儿似乎在照着那个小男孩的模样，重复跌倒了几次，但她没有因跌倒而愤怒啼哭，而是咯咯发笑，似乎在以一种愉快的心境亲身体验着她在三天前所见过的“游戏”的乐趣。皮亚杰指出，三天前那个小男孩跌倒的动作显然早已经内化于女儿的头脑中去了。

此阶段儿童的智力具有以下几方面特点：第一，自我中心主义。即儿童把注意力集中在自己的观点和自己的动作上，按照自己的想法和方式处理事物，而不能理解和接受其他人的指导和帮助。自我中心主义的主要特点是缺乏可逆性，且没有运算，不能成功完成守恒作业。如将两行有十个红色、蓝色小圆片中的一行间隔加大或缩小，儿童会认为这一行小圆片的数量发生了变化。到了此阶段后期，儿童才能形成两行数量没有变化的认识。这样的变化就是数量由不守恒到守恒的变化。第二，不可逆性。它是指思维的单向性。例如，问一个有哥哥（名字是大明）的4岁小孩有没有哥哥，他回答“有”，并能说出哥哥的名字。但是，如果问大明有没有弟弟呢，大多数此阶段的孩子会说“没有”。第三，知觉的集中性。即当儿童的注意力集中在问题的某个方面时，就不能同时注意到另一个方面。例如，给一个5岁孩子10个不同颜色的玻璃球，其中3个为红色，7个为白色。如果问他红色的玻璃球多还是白色的玻璃球多，他会回答“红色的多”。这时儿童只集中于玻璃球颜色，而没有顾及到整个玻璃球的数量。

在运用表象进行思维的过程中，儿童主要运用符号（包括语言符号和象征符号）的象征功能和替代作用，在头脑中将事物和动作内化。内化就是把感觉运动所经历的东西在自己头脑中进行重新建构的过程，内化加工会舍弃一些无关的细节，形成表象。由此看出，内化是一种在思想层面上的操作而不是具体的躯体动作。内化的产生是儿童智力的重大进步。皮亚杰将此阶段的思维称为半逻辑思维，与感知运动阶段相比，这是一大进步。

3. 具体运算阶段（7～11 岁）

此阶段儿童的智慧发展以可逆的、守恒的、逻辑的思维为重要特征。皮亚杰所谓的运算就是指一种能在心理层面上进行的、内化了的可逆动作。而具体运算则是指思维还需要具体的事物来加以支持。皮亚杰举下面这样的例子来说明此阶段儿童这种思维的特点。爱迪丝的头发比苏珊的淡些，爱迪丝的头发比莉莎的黑些，问儿童："三个中谁的头发最黑"。这个问题如果是以语言的形式出现，处于具体运算阶段的儿童就难以回答正确。但如果拿来三个头发黑白程度不同的布娃娃，分别命名为爱迪丝、苏珊和莉莎，按题目的顺序两两拿出来给儿童看，儿童看过之后，提问者再将布娃娃收藏起来，再让儿童说谁的头发最黑，他们会毫无困难地指出苏珊的头发最黑。

具体运算阶段儿童思维的主要特点表现在以下几个方面。第一，去自我中心主义。儿童逐渐学会了从别人的观点看问题，意识到别人可以持有与自己不同的观点和看法。他们也会逐渐学会接受别人的意见，甚至以此来修正自己的看法。这种去自我中心主义是儿童社会化发展的重要标志。在感知运动阶段和前运算阶段，儿童是以自我为中心的，他以自己为参照系来看待每件事物，他自己的心理世界是唯一存在的心理世界，这妨碍了儿童客观地看待外部事物。在具体运算阶段，随着与外部世界的长期相互作用，自我中心逐渐克服。有研究者曾经做过这样的一个实验：一个 6 岁的孩子（前运算阶段）和一个 8 岁的孩子（具体运算阶段）一起靠墙坐在一个有四面墙的房间里，墙的四面分别挂着区别明显的不同图案（A、B、C、D），同时这些图案被分别完整地拍摄下来制成四张照片（a、b、c、d）。让两个儿童先认真看看四面墙的图案，然后坐好，将四张照片呈现在孩子面前，问两个儿童哪一张照片显示的是你所靠坐墙对面的图案？两位孩子都会很困难地正确选出（a）。这时继续问孩子；假设你靠那面墙坐，这四张照片中的哪一张将显示你所靠坐墙（实际没有靠坐在那面墙，是假设）对面的图案？6岁的前运算阶段儿童仍然答的是他实际靠坐墙对面的图片（a)，而8岁的具体运算阶段儿童指出了正确的图案照片（c)。为了使6岁的男孩对问题理解无误，研究者让8岁男孩坐到对面去，再问6岁孩子，8岁孩子对面的墙的图案照片是哪一张？6岁孩子仍然选了他自己靠坐墙对面的照片（a)。第二，思维的具体性。儿童在运用运算进行思维推理时，仍然根据对象进行推理，而不是根据假设进行推理，推理还离不开具体事物的支持。例如，问一个7～8岁的儿童这样的问题：假设A>B，B>C，那么，A与C哪个大？他们回答起来感到困难。但如果这样问：张老师比李老师高，李老师比王老师高，张老师和王老师哪个高？他们回答起来就很容易。第三，守恒性和可逆性概念的形成。守恒性包括质量守恒、重量守性、对应量守恒、面积守恒、体积守恒、长度守恒，等等。具体运算阶段的儿童并不是同时获得这些守恒的，随着年龄的增长，先是在7～8岁获得了质量守恒，之后是重量守恒（9～10岁)、体积守恒（11～12岁)。皮亚杰确定质量守恒概念的形成是儿童进入具体运算阶段的标志，而将体积守恒形成的时间作为具体运算阶段的结束或下一个运算阶段（形式运算阶段）的开始。这种守恒概念获得的顺序在许多国家儿童进行的反复实验中得到了验证，几乎没有例外。在可逆性形成方面，借助传递性，儿童表现为能够按照事物的某种性质（如长短、大小、出现的时间先后）进行顺序排列。例如，给孩子一组长度不一的棍子（从长到短为A、B、C、D……)，儿童会用系统的方法，先挑出其中最长的，然后依次挑出剩余棍子中最长的，逐步将棍子正确地顺序排列（这种顺序排列是一种运算能力)，即A>B>C>D……当然这个阶段的孩子还不会使用代数符号表示他的思维。第四，产生了类的认识，获得了分类和包括的智慧动作。分类是按照某种性质来挑选事物，例如，他们知道麻雀（用A表示）少于鸟（用B表示)，鸟少于动物（C)，动物少于生物（D)，这即是一种分类包括能力，也是一种运算能力。儿童还可以把不同类的事物（互补的或非互补的）进行序列的对应。简单的对应形式为一一对应。例如，给学生编号，一个学生对应于一个号，一个号也只能对应于一个学生，这便是一一对应。较复杂的对应有二重对应和多重对应。二重对应的例子，如一群人可以按肤色而且按国籍分类，每个人就有双重对应。

4. 形式运算阶段（12～15 岁）

皮亚杰所谓的形式运算是指对命题之间的意义联系进行思考的运算。在此阶段，青少年能够把知识的形式和内容区分开来，产生了假设—演绎推理。具体运算阶段的儿童只能利用具体的事物、物体或过程来进行思维或运算，不能以使用语言、文字陈述的事物和过程为基础进行运算。例如，爱迪丝、苏珊和莉莉谁的头发黑的问题，具体运算阶段不能根据文字叙述来进行判断。而当儿童智力发展进入形式运算阶段，思维就不必从具体的事物和过程开始了，他们可以利用语言文字，在头脑中进行想象和思维，重建事物和过程来解决问题。儿童可以很容易地答出苏珊的头发黑而不必借助于娃娃的具体形象。这种摆脱了具体事物束缚，利用语言文字在头脑中重建事物和过程来解决问题的运算就叫做形式运算。除了利用语言文字外，形式运算阶段的儿童甚至可以根据概念、假设等为前提，进行假设演绎推理，得出结论。因此，形式运算也往往称为假设演绎运算。皮亚杰认为，此阶段的青少年还能够进行一切科学技术所需要的一些最基本运算。如考虑一切可能性；分离和控制变量，排除一切无关因素；观察变量之间的函数关系，将有关原理组织成有机整体等。

为了解释此阶段青少年运算逻辑模式，同时也用于了解和确定形式运算阶段的平均年龄范围，皮亚杰及其学派成员设计了一系列实验或测试题（皮亚杰作业）。下面举几个例子加以说明。

（1）辨别液体实验

此实验的目的是要检验形式运算阶段儿童是否能够考虑一切可能性的组合。在被试面前放置装有不同无色透明液体的 5 个瓶子，分别标志为瓶1、瓶2、瓶3、瓶4、瓶5。这5瓶中的液体分别是稀硫酸（瓶1）；水（瓶2）；过氧化氢溶液（瓶3）；硫代硫酸钠（瓶4）；碘化钠溶液（瓶5）。主试向儿童做化学演示，让被试儿童观看不同液体混合后的颜色反应，但不让儿童知道混合了哪几瓶中的液体。演示后让儿童自己做试验，判断哪一瓶或哪几瓶中的液体与瓶5中液体混合能产生特定的颜色（棕色），哪一瓶或哪几瓶中的液体与5瓶中液体混合不能产生棕色。

正确的答案是瓶1和瓶3的溶液加上瓶5中的溶液形成棕色（生成碘），瓶2的水没有什么用处，只是为增加组合的复杂性而增加，瓶4中的液体妨碍棕色形成，或者如果已经形成棕色，它可以还原碘来消除棕色。

这一实验并不是要测验儿童对化学知识的掌握情况，而是要了解儿童组合思维的能力。在儿童做此项试验的过程中可以发现，有的乱撞瞎碰，而有的却在找其中的规律性，大约十四五岁或以上形式运算阶段的青少年能按五瓶溶液的顺序①②③④⑤进行配合：①+②，①+③，①+④，①+⑤，接着②+③，②+④，②+⑤……去概括，揭示其中的规律，得出正确答案。

（2）看不见的磁力

试验的材料是带有8个扇形的一块大的圆木板，相对的扇形与颜色相配。在相配的扇形上是数对盒子，其中一对闪着光亮的盒中装有隐藏在蜡中的磁铁。被试不知道隐藏中的磁铁。让被试解答的问题是：为什么中央的金属条每时每刻总指向同一对盒子而不是指向放置在圆面周围的其余盒子。为了归纳出金属条是被磁力所吸引的结论，被试必须做出假设演绎并证实演绎的正确性。假设演绎能力正是形式运算阶段儿童思维的最基本特征。

（3）比例问题

实验材料包括两个人物模型（一个高，一个矮）、圆形纽扣及回形针。让儿童先用纽扣分别测高个子和矮个子的身高，例如测得高个子身高是6个纽扣，矮个身高是4个纽扣。然后再让儿童用回形针测量矮个的身高为6个回形针，但却不许用回形针测高个的身高，而要求儿童根据已有的条件算出高个的身高来（用回形针表示）。

形式运算思维是儿童智力发展的高级阶段，但并非儿童成长到 12 岁以后就都能达到形式运算的思维水平。有研究表明，在美国大学生中（一般 18～22 岁），有约半数或更多的学生，其智力水平或仍处于具体运算阶段，或者处于具体运算和形式运算两个阶段之间的过渡时期。虽然 15 岁以后人的智力还将继续发展，但总的来说仍属于形式运算水平。皮亚杰认为，智力的发展受若干因素的影响，与年龄没有必然的联系。所以，达到某一具体阶段的年龄即使有很大的差异也不表明皮亚杰理论存在重大问题。

三、中小学生其他几种认知能力的发展

皮亚杰关于儿童智力发展理论的主要依据是儿童思维的发展和变化。就人的智力活动而言，除了思维过程以外，感知能力、记忆能力、注意力等方面的内容也是其中的重要组成部分。这些能力的发展变化不仅有其特殊的规律性，对学生学习和教师教学也具有重要的意义。即使是思维能力的发展变化，也因其问题的复杂性，可从不同的角度加以分析和总结。我国心理学工作者结合教育实施的实际情况，就智力发展问题对中小学生进行了分阶段、多角度的系统研究。随着研究成果的不断丰富，其中的规律性逐渐得到揭示。下面就对儿童其他几种认识能力的发展情况加以简要介绍。

（一）观察力的发展

观察是儿童认识世界的基本形式之一，是一种有目的、有计划、主动的感知过程。儿童从 6～7 岁进入小学进行系统的学校学习开始，教师就会通过向其提出系统的、有目的的要求，在已有心理发展水平的基础上，来促进其观察能力的提高。

小学阶段是儿童观察力快速发展的时期。其高质量的观察行为在几年的教学过程中不断得到完善，主要表现为以下几方面的特点。第一，在观察的精确性方面，刚刚进入学校的一年级小学

生还不能全面细致地感知客体的细节，只能说出客体的个别部分或颜色的个别属性，处于较低的观察水平；三年级学生此方面就有了明显提高，是发展较快的时期。五年级学生有了进一步发展，能够感知到观察对象的细微差异和整体关系。第二，在观察的目的性方面，一年级学生还很难按老师和自己的目的对观察对象进行持续的感知，随意性较强，容易受各种因素的干扰且排除干扰能力较差，集中注意使观察服从于规定的任务要求的时间较短，观察的错误较多。三年级和五年级学生已有所改善。第三，在观察的顺序性方面，一年级学生没有经过训练，不能按照一定的顺序和标准观察事物，表现为观察事物零乱、不系统，看到哪里就到哪里。三年级和五年级学生观察的顺序性有较大发展，一般能从头到尾，边看边说，而且在观察表述前往往能先想一想再说。第四，在观察的判断力方面，一年级对所观察事物做出整体概括的能力较差，表述事物特征不系统、分不清主次，往往注意于各种无意义的特征而忽略了有意义的特征。三年级学生的判断力有较大的提高。五年级学生有了显著发展，观察的分辨力、判断力和系统化明显提高。

与小学生观察品质发展水平相比，中学生的观察品质有了很大的发展。在观察的目的性和自觉性方面，青少年要比小学生有明显的增强。中学生能够自觉、主动地确立自己的观察对象和观察目的，并独立地完成较细致的观察任务。在观察的持续性方面，青少年大大高于小学生。在观察的精确性方面，初中生好于小学生，高中生好于初中生。在观察的概括性方面，青少年比小学生发展得要好。

（二）记忆力的发展

记忆是在头脑中积累和保存个体经验的心理过程，是人脑对外界输入的信息进行编码、存储和提取的过程。记忆在个体的心理发展中具有重要的作用。没有记忆，就没有经验的积累，也就没有心理的发展。记忆能力的发展是儿童智力发展的重要组成部分。

第一，有意记忆能力的发展。学校学习是系统的、有目的的活动。学生有目的地积累知识经验是完成学业的必要条件。小学低年级的学生有目的地去记住一些东西的能力还十分有限，以无意记忆为主。但随着中小学生年级的提高，有意记忆会逐渐取代无意记忆而占主导地位。第二，意义记忆能力的发展。简单重复的机械记忆是低年级学生记忆材料的主要形式。随着中小学生年级的升高，以理解为基础的意义记忆能力明显增长。第三，视觉和听觉记忆能力的发展。7 岁到 11 岁左右，听觉记忆和视觉记忆发展迅速，并且速度也差不多。但 11 岁以后，视觉记忆发展的速度明显快于听觉记忆。第四，短时记忆能力的发展。随着中小学生年级的升高，他们的短时记忆能力也在不断提高。但中小学阶段学生的短时记忆容量发展受材料特征的影响比较明显。当材料是有意义的时候，中小学生的短时记忆容量呈现随年级增长而加大的趋势；当材料是无意义的时候，中小学生短时记忆容量在初中二年级时达到顶峰，之后开始下降。第五，记忆策略的发展。随着年龄的增加，中小学生会发展出更好的记忆策略，并在完成记忆任务中不断提高。常用的记忆策略包括复述、组织、精细化。复述就是有意地重复所记忆的内容以提高记忆成绩的方法。研究表明，儿童到 6 岁才开始自动使用复述策略。儿童的复述策略发展经历三个阶段。(1) 幼儿不会想到用复述策略，也无法教他们有效地使用该策略；(2) 小学低年级学生不会自己想到在完成记忆任务时使用复述策略，但可以教他们学会使用复述策略；(3) 10 岁以后的学生则会自动使用复述策略，随着年级的升高，使用这种策略越来越灵活。组织策略是将所记的材料按意义进行分类以提高记忆成绩。研究表明，9～10 岁的儿童一般不会使用组织策略。如果教 6～8 岁的儿童组织策略，能够提高他们的记忆成绩。精细化策略是在两个或多个识记材料之间建立起意义联系。研究表明，只有中学生才开始使用这种策略来提高他们的记忆成绩，小学生很少使用。

（三）注意力的发展

注意是心理活动或意识对一定对象的指向和集中。它具有调动有限的心理资源，选择特定信息进行心理加工的功能。儿童在注意力方面的发展对学生维持正常的学习活动，保障学习效果意义重大。

第一，注意的集中性发展。小学儿童与幼儿相比，注意的集中性有了很大的发展，无论是有意注意还是无意注意都比学前儿童集中的时间更长，强度更大一些。一年级儿童对学习的聚精会神状态往往不能持续很久，到了小学中年级，注意的集中性就有了很大的提高。7～10 岁儿童可以连续集中注意 20 分钟左右，10～12 岁儿童在 25 分钟左右。如果教材新颖，教法得当，高年级学生可以保持 40 分钟。第二，注意广度的发展。小学低年级的学生注意范围一般比成人狭小。有研究表明，小学二年级的注意广度不足 4 个，小学四年级的注意广度是 5～6 个，而成人一般为 7～9 个。第三，注意稳定性的发展。童年期儿童注意稳定性的发展非常迅速。有研究表明，小学二年级的学生注意稳定性成绩为 3.0285，小学五年级学生注意稳定性的成绩为 5.3698。第四，注意分配和注意转移能力的发展。有研究表明，小学二年级和小学五年级的注意分配能力基本处于同一水平。小学五年级较二年级注意转移的速度明显加快。

第三章　影响智力的因素与智力开发

智力是一种复杂的心理现象。它不仅有其赖以产生的生理基础，也随着个体的逐渐成熟，在特定环境，尤其是教育的影响下，有着其特有的发展规律。了解影响智力发展的各种因素，对于遵循规律，促进儿童智力的发展大有好处。

皮亚杰的儿童智力发展理论不仅揭示了儿童智力发展的连续性和阶段性特征，而且对影响儿童智力不断发展的因素也进行了探索。在不同阶段儿童所具有的独特智慧结构由低级向高级的演变过程中，他充分肯定了成熟、物质环境和经验以及社会环境的传递在儿童智力发展进程中的重要作用，认为这些因素是必不可少的。但他同时也提出，不断成熟的内部组织和外部环境的相互作用因素，即平衡（又称调节）和自动调节才是智力发展的决定因素。

一、智力的影响因素

（一）生理与成熟

智力作为一种心理现象，其必然有其所赖以发生的生理基础。而所谓成熟，即指在遗传程序控制下，机体、神经系统和内分泌系统逐渐发育成长的过程。儿童之所以随着年龄的增加而表现出心理和智慧发展的连续性，与一定的生理条件和成熟过程有着密切的关系。有的研究者甚至认为，人的遗传基因决定了其心理、智慧的发展水平，儿童的智力何时达到何种水平似乎早有安排，后天表现只不过是先天遗传因素的逐渐显露。这种观点就是所谓的“遗传决定论”。而“自然成熟论”虽也不忽视环境因素的作用，但始终认为儿童智能的发展有一定的生物内在进度表。

虽然极端的“遗传决定论”和“自然成熟论”者已越来越鲜有存在，但随着研究的深入，个体生理、成熟因素与智力之间的关系还是受到很多学者的重视。如有研究表明，一个人的身高、体重与其 IQ 之间存在一定的正相关。在磁共振成像技术测量脑量的基础上，有研究结果显示，脑量与 IQ 存在显著的正相关。大量的脑电研究还表明，α 波与 IQ 之间有很高的相关，即 α 波的频率越高，IQ 越高。与脑电的频率相比，脑电的复杂性与 IQ 的相关更高。

以研究行为特点的遗传问题为对象的行为遗传学，通过其特有的研究方法也揭示出诸多智力与遗传和成熟之间关系的成果。一项对 8 万人的研究资料表明，在父母双方都不是智力落后者情况下，其后代出现智力落后的可能性为 2%，当父母双方都是智力落后者时，后代中出现智力落后者的可能性增加到 70%。也有人对大量文献进行分析后得出，(1) 在男性群体中出现智力落后的比率较高；(2) 智力落后的女性比智力落后的男性更可能生下智力落后的孩子；(3) 在后代中，女性出现智力落后的危险性比男性高。总之，与智力落后的父亲相比，后代出现智力落后的危险性更多地受母亲的影响。

在研究遗传与智力之间关系的问题上，最具特点、非常有说服力的证据多来自双生子的研究。由于同卵双生子间遗传基因相同的特点，这为遗传与智力之间关系的研究提供了方便的条件，也使得区分其他非遗传因素成为了可能。这方面的研究成果绝大多数验证了遗传与智力间存在很高正相关的结论。有人总结大量的双生子和其家庭成员间的 IQ 相关值后得出，遗传相同个体的 IQ 相关明显比遗传相关的个体 IQ 相关要高，而遗传相关的个体要比遗传无关的要高。具体见下表。

遗传相关程度与智力相关程度的关系

	相关	N（配对）
遗传相同		
同一个人测两次	0.87	456
同卵双生子养在一起	0.86	1300
遗传相关		
异卵双生子养在一起	0.62	864
非双胞胎养在一起	0.31	455
父母—儿童生活在一起	0.35	2715
父母—儿童因收养而被分开	0.29	342
遗传无关		
养在一起的无遗传关系儿童	0.25	553
养父母收养孩子	0.15	1578

皮亚杰也认为，生理机能的成熟，特别是神经系统的成熟对智力发展有着重要作用。这种成熟因素的变化规律在使儿童心理及智慧发展的连续性、阶段性具有顺序性、稳定性等方面起着不可缺少的作用。但皮亚杰认为，在智力的发展过程中，成熟不是决定条件，神经系统的成熟只能决定某一特定阶段的可能与不可能。环境因素对于实现这些可能性是始终不可缺少的。智力不是天生的；概念也不是天生的。仅就与年龄有密切关系的语言来说，一个儿童如果不处于人类社会中，就不会在任何年龄获得人类语言。

概括起来，成熟是影响智力发展的一个因素，它为智力结构的演化提供了可能，但是在可能性和现实性之间，还必须有一些其他因素，例如练习、经验和社会等方面的因素。

（二）经验因素

皮亚杰认为经验对人的智力发展是不可缺少的。他非常重视经验在智力发展中的作用，指出经验是知识的来源，是智力增长的重要条件。他进一步把个体获得的经验分为物理经验和逻辑数理经验。所谓物理经验是通过一种简单的抽象过程从客体本身中引出的，是对客体属性的认识。例如儿童关于物体的重量、物体的颜色、物体表面的光滑程度、声音的高低等方面的经验就是儿童通过触觉、视觉、听觉等从客观物体中抽出来的。这种经验最本质的特点是它来源于物体本身，这些物体的性质（重量大小，声音高低）是客观存在的，即使儿童不去看、不去摸或不去作用于这些物体，这些物体性质依然存在。

逻辑数理经验虽也来源于主体与客体的相互作用中，但这种经验不是由物体本身抽象出的，而是产生于主体对客体所实施的动作及相互协调之中。皮亚杰举过一个例子来解释这种逻辑数理经验：他有一位数学家朋友曾经讲过一个故事。这位数学家小的时候在沙滩上玩卵石，他把 10 个卵石排成一行，发现不论从哪端开始数都是 10 个，然后他又把卵石排成另外的形状，如排成圆形、四方形等，数出来的数目仍然不变。于是他得出“数量与顺序无关”的结论。皮亚杰认为，这件事对于成人来说极为平常，但对儿童来说却是一件了不起的发现。在玩卵石的时候，可以感受到卵石的重量、形状及大小等，这是物理经验。而“数量与顺序无关”也是经验，但它不是由直接的感知获得的，反映的也不是卵石的物理性状，故不是物理经验。儿童是通过计算卵石数量的动作得到的这种经验，它是关于数和数的交换性的概念，这就是逻辑数理经验。

物理经验和逻辑数理经验是本质完全不同的两种经验。由物理经验可以认识物理性质，但物理性质不依赖于物理经验。物理性质无物理经验（无动作）也存在；逻辑数理经验则来源于动作，而不依赖于物理性质，无动作则无逻辑经验。两种经验包含着性质不同的两种抽象过程，物理经验是一种简单的本义抽象，只考虑物体某一性质（如重量），不考虑其他，即只把“重量”抽象出来；而逻辑数理经验是一种反省的抽象，这种抽象是对自身动作的抽象，这就不仅要求考虑其他特性，还需要一个新的再建过程。

在皮亚杰看来，一切运算都是动作，所形成的经验都是逻辑数理经验。逻辑数理经验对于认知结构的形成具有极其重要的意义，智力主要表现为具有最必要的逻辑数理经验。任何一个动作都可以抽出物理经验和逻辑数理经验，但人们一般容易注意获得物理经验而不容易注意获得逻辑数理经验。因而在儿童智力培养中，一方面应该注意丰富儿童的生活，提供各种的自然环境材料，使儿童获得物理经验；另一方面，也许是更重要的，应该在上述活动环境中，指导孩子通过分析、综合、思索和探究事物之间的内在联系和规律，获得逻辑数理经验。

（三）社会环境因素

社会环境的差异和变化对儿童智力的影响显而易见。生活水平的提高给我们的一种直观感觉就是儿童仿佛变得越来越聪明了。社会的进步使人们有机会接触到更多的信息和技术，儿童解决问题的手段和途径的丰富，对其智力发展无疑会起到积极的促进作用。

作为社会基本单位的家庭，在影响儿童智力发展中扮演着重要的角色。大量研究结果表明，家庭成员素质、家庭结构、家庭氛围等因素与儿童智力有着密切的联系。例如，有研究表明，因父母职业复杂水平不同，家庭中子女智商会有一定的差异（见下表）。父母职业越复杂，子女的智商就越高。

父母职业	子女年龄			
	5～5.5	6～9	10～14	15～18
高级专业	114.8	114.9	117.5	116.4
半专业、管理	112.4	107.3	112.2	116.7
技术性职业	108.0	107.9	107.4	109.6
半技术性职业	104.3	104.6	103.4	106.7
低技术性职业	97.2	100.0	100.6	96.2
非技术劳动	93.7	96.0	97.2	97.6

另有研究结果表明，家长的教育方式对子女的智商测试结果也有一定的影响（见下表）。

父母	IQ组	放任的	过度保护 过度替代	专制虐待	溺爱期待	过分严格	迁就	民主
父亲	IQ_1	19.7	22.4	7.5	24.9	24.9	34.8	79.6
	IQ_2	17.64	25.1	9.6	23.2	38.2	26.5	58.8
	IQ_3	32.2	28.3	6.4	22.7	25.3	31.1	59.7
	IQ_4	40.7	28.8	7.8	20.4	20.4	46.3	40.7
	IQ_5	32.4	28.3	8.1	14.9	22.4	34.9	62.4
	IQ_6	21.4	28.3	8.6	19.1	28.6	42.8	56.6
	IQ_7	31.7	63.4	44.9	31.7	22.4	31.7	11.1
母亲	IQ_1	20.7	23.9	4.1	24.1	24.1	36.8	69.5
	IQ_2	31.7	26.5	5.1	31.7	24.1	22.4	62.4
	IQ_3	34.9	28.3	4.6	22.4	31.7	31.7	51.2
	IQ_4	34.9	32.7	6.1	28.3	26.5	28.3	43.6
	IQ_5	28.3	37.4	10.0	12.1	33.8	34.9	43.6
	IQ_6	31.1	44.4	9.6	15.2	30.4	30.4	30.4
	IQ_7	37.4	86.7	79.6	2.3	2.3	37.4	18.9

还有研究发现，儿童在 2 岁前与父母亲之间的关系（或称家庭情感气氛）与孩子 18 岁时的智力是呈正相关的，关系较好，智力较高，否则就低。皮亚杰十分强调社会环境因素在儿童智力发展中的重要作用。但是儿童智力发展具有连续性这一事实又说明社会环境因素不是发展的充分因素。

（四）平衡化因素

生理成熟、自然环境和社会环境都是儿童智力发展必不可少的前提和条件，但各自都不是充分的条件；儿童智力成长也不是这些因素简单相加的结果。皮亚杰提出了平衡化因素的概念，并认为平衡化是儿童智力发展的决定性因素。在皮亚杰看来，既然成熟、经验及社会环境各自都不能完全解释发展的根本原因，那么必然存在其他因素，这个因素在原有三种因素之间起着协调和调节作用，这个协调者或调节者就是平衡化。

皮亚杰认为智力是一切认知结构趋于平衡的形式。智力是有其结构基础的，智力的提高就是智力结构的不断发展，而同化与顺应则是智力不断建构的两个基本过程。个体在遇到外部刺激（自然环境与社会环境）时，首先与之发生作用的是已有图式，这种图式，在婴儿出生时，是由遗传决定的，是先天的。这个先天图式，随着成熟及有机体与外界的交互作用而逐渐演变成现存图式。按照现存图式，机体吸收外界的信息并作出反应，完成同化过程。反复的同化使图式或认知结构得到巩固。人们在认识事物、解决问题时总是要利用到原有的思维和行为模式，这就是同化的表现。当一个新刺激出现，机体仍用原有的或现存的图式去应对，但结果可能是不成功的，于是新刺激在被主体同化的同时，将使这一认知格式发生改变，完成顺应过程。改变认知格式并不是瞬间完成的，需要经历一定的过程。过程进行中，同化与顺应处于一种不平衡状态，旧的图式与将形成的新图式之间存在冲突，表现在人们认知方面就是旧观念与新观念的斗争。如果新图式终于建成，即宣告同化与顺应的不平衡状态结束，新的平衡得以实现，儿童智力获得了发展。以此新图式为基础，儿童又开始了新的同化和顺应过程，儿童智力正是这样一步一步由低级向高级发展的。成熟、自然环境和社会环境都在发展中起作用，而平衡化因素则调节着这三个因素，使儿童智力向着一定的方向发展。

皮亚杰曾用黏土球试验，解释了平衡化作用在具体运算阶段儿童获得质量守恒概念的过程。实验的方法如下：把两个大小、形状、重量完全相同的黏土球显示给 6～8 岁的儿童，然后将其中一个黏土球制成薄饼状或香肠形或是数个小糖果状，然后问儿童，黏土的多少有无变化？皮亚杰观察到，儿童在这一质量守恒概念形成过程中，经历了四个阶段：

第一阶段：当黏土球被做成薄饼状、香肠形或分做成数个小糖果状时，儿童认为黏土多了，因为薄饼大、香肠长、小球多。也有正好相反的答案。

第二阶段：当薄饼被做到更薄、香肠更长、小球的个数更多，那些刚刚回答黏土多的孩子开始认为黏土又少了。原因是太薄、太细、太小。

第三阶段：矛盾阶段。经过上面两个阶段后儿童感到为难，判断时表现出犹豫，来回摇摆。

第四阶段：儿童认识到，两边是一样多的。

皮亚杰对这四个阶段进行了分析，第一阶段的儿童，属于前运算阶段。在以其前运算的认知图式对此刺激（问题）进行同化时，由于其图式特点所决定，他们只能将注意力集中在泥球状态的一个方面。或是长的东西多，短的即少；或是粗的东西多，细的即少；两者是不可兼容的，即粗的就不会少，细的就不会多。第二阶段仍是前运算阶段，虽然他开始注意到了泥球状态变化的另外一个方面，但仍只是一个方面。第三阶段时儿童感到问题难以回答，说明通过上述两个阶段后，儿童已注意到泥球粗与短、长与细、数目多与小是有关联的，而原有的图式已不能适应这一刺激。因此，在同化（吸收）这一刺激的同时，被吸收的刺激将改变原有图式，使儿童由注意泥球状态的一个方面过渡到注意泥球状态的两个方面。过渡阶段表现出的拿不定主意即是不平衡状态。第四阶段，新刺激已整合进旧图式，新图式（二维集中）已经建成，儿童同化与顺应达到了新的平衡，正确地回答了两边一样多，获得了质量守恒概念。

二、智力的教育与开发

（一）智力教育的基本要求

皮亚杰关于智力的发展理论，经过世界范围的长期、严格的检验，得到了肯定的评价。理论的意义在于对实践的指导，并在实践中得到检验和完善。目前世界很多国家应用皮亚杰理论指导儿童教育与培养，已取得了巨大的成果。在我国，皮亚杰的理论已受到重视，在全面介绍皮亚杰理论的同时，我国心理学家、教育家们也对皮亚杰理论进行了研究、检验并将其应用于儿童教学实践中。

1. 适时性原则

在婴幼儿的智力培养中，应特别强调适时教育的原则。感知运动阶段，是儿童形成物体永久性概念的时期。因此，在婴幼儿教养问题上，父母亲就应充分利用和创造各种机会帮助婴幼儿形成物体永久性概念。通常在婴幼儿物体永久性概念的形成过程中，母亲永久性（或是最亲近的人）的形成较早，因而，母亲要在这段时期较多地与婴儿在一起，母亲在育儿过程中与婴儿的短暂分离后又出现，就能使婴儿逐渐相信，母亲这个形象是永久的。与此有关的是育儿专家常常告诫父母，在此阶段，不宜频繁地更换保姆。另外父母亲经常和婴儿进行如远近摇摆拨浪鼓、“躲猫猫”及找物体的游戏，亦是非常有益的。事实上这一阶段的婴儿对于这种失而复现的游戏会表现出极大的兴趣。9 个月的婴儿总是喜欢抓起东西又扔掉，父母拾起后，婴儿又重复这个动作，父母已经烦躁，但婴儿却可能在咯咯大笑。

适时教育对儿童的智力发展是有益的，而所谓的超阶段教育就未必会收到很好的效果。曾有一位美国心理学教授为将自己的孩子培养成天才，设计了一整套超前教育计划并精心实施。孩子果然不负父望，很小年纪就考上了著名大学，但同时却患了精神分裂症，病愈后做了一个普通小学教师。在我国，父母教 1 岁半的孩子认字，2～3 岁的孩子学外语，4～5 岁的孩子熟背唐诗几百首的现象并非罕见，而其最后的效果却未必如愿。由于没有真正理解这些字、诗的含义，强记之后必是迅速地遗忘。同时由于父母的强迫，造成孩子的反感以至泯灭了孩子在这些方面的学习兴趣。爱好跳舞的 4 岁孩子，因为父母强迫进行正规的舞蹈训练而发誓今后绝不跳舞；并无音乐兴趣的儿童，因为在父母棍棒下训练弹钢琴而切断手指的现象也有发生。这是父母的期望与儿童能力的差距给儿童造成巨大压力的结果。超阶段教育的无效和恶果由此可见。

天才来自勤奋，但勤奋也要在适合阶段特点的前提下实现。众多培养出“天才”的成功父母的经验在于激发兴趣，通过逐步的适时而有效的教育，使孩子的潜能、天赋得到充分的发挥。家长和老师应认识到并非所有的孩子都具有成为音乐家、美术家或科学家的天赋，对大多数儿童而言，教养应以全面发展为宜，父母应该帮助孩子发展爱好的多样性，从中发现儿童的潜能，采用合适的方法加以培养。专业训练不宜过早，而应适时。

近年来，对于儿童成长过程中关键期的研究对于开展适时教育是很有启发的。目前已发现了培养儿童多种能力的关键期。一般认为，儿童某种能力的成熟早期是该能力的关键期，对孩子的早期教育应从关键期开始。下面列举儿童一些能力发展的关键期，供读者参考。

6 个月是婴儿学习咀嚼和喂干食物的关键期。

9 个月～1 岁是分辨大小、多少的开始。

2～3 岁是计数发展的关键年龄，也是学习口头言语发展的第一个关键时期。

2 岁半～3 岁是教孩子学会讲规矩的关键期。

3～5 岁是儿童发展音乐才能的关键期。

5 岁前后是儿童口头言语的第二个关键期。

4～5 岁是学习书面语言的关键期。

4 岁以后是形象视觉发展关键期。

5～6 岁是掌握汉语词汇能力的关键期。

5 岁左右是掌握数字概念的关键期。

错过关键年龄，许多能力的补偿培养会显得困难。

当前儿童智力培育方面的另一种错误倾向是父母受当前一些经济观和价值观的影响，认为“读书无用”、“早赚钱好”，对婴幼儿的智力培养采取漠不关心的态度，甚至不让子女受到法律规定的义务教育，因而使孩子的智力一再错过发展的大好时机，即在婴幼儿智力发育的适当时期未予适时教育。这种现象也应引起重视。此外，部分父母对婴儿的教育不全面，在某些方面对儿童要求严格，例如：练字、学琴、背唐诗；而在其他方面，特别是在生活方面却对孩子过于保护、过度限制或是包办代替。如不许玩“脏”游戏，不必做家务，3 岁孩子每顿饭都要妈妈一口一口地喂，8 岁孩子不会系鞋带。这事实上也是对儿童智力发展的估计不足，未能适时而教的一种表现。因为，对儿童来说，智力发展除了接受文化教育、语言训练之外，在各种活动中获得物理经验和数理逻辑经验亦是智力发展的一个重要因素。

超阶段教育的错误是明显的，婴儿不可能没有学会走就会跑。没有建立物体永久性，就不可能有守恒和可逆性的概念的获得。教育不能超越阶段，对婴幼儿早期教育必须循序渐进地进行。不同的儿童可以在不同的年龄达到某一智力水平，这与皮亚杰智力理论并不冲突。因为文化、教育等方面的差别，也将造成儿童智力发展水平的差异。但限于自然成熟的作用，儿童达到某一智力水平的差异总是有限的。同时，现有的智力水平也必是从前一个阶段逐渐发展起来的。没有超阶段的智力发展。

2. 全面性原则

影响智力发展的四个因素包括成熟、自然环境、社会环境及平衡化。在智力培养过程中，必须全面运用这四个因素，不应片面强调一两个因素，而忽略其他因素。

第一，平衡化因素。儿童必须具有同化某一信息的结构，才可能在反复同化（量变）的基础上，当遇到新刺激时出现顺应（质变）。平衡化则是同化与顺应之间矛盾的解决状态。3 岁儿童通过训练，可以背出“欲穷千里目，更上一层楼”这样的诗句，然而他缺乏对这一诗句理解的能力，没有同化这一诗句的结构，故就根本不会有顺应，平衡化也就无从谈起，智力不可能因此获得提高，迅速遗忘是不可避免的。当儿童已具备某一同化性的结构，反复地训练也很有必要。因为量变产生质变要求量必须有一定的积累。一个处于前运算阶段的4岁半女孩，常由父母带去附近的公园，由家至公园要途经自由市场（A）、百货公司（B）、工地（C）、汽车站（D）、最后到达公园。父母领着孩子反复去过几次公园，途中经常提醒她所经A、B、C、D的地名及特征，很快孩子就能分别说出A、B、C、D的地名，并能领着父母去公园了。但她却不能从公园回家，再让她说出从公园到家所经的地名，她不能说出D、C、B、A，而仍说A、B、C、D（可逆性缺乏）。在以后从公园回家的途中，父母亲又有意识地给予指点，说出D、C、B、A。很快女孩学会了从公园回家，并说出D、C、B、A及“从家去公园与从公园回家一样远（守恒性）”。这是一种可逆性训练和守恒性训练。在这个训练中，体现了两次同化与顺应过程，智力也因为训练获得两次提高。首先由家去公园，4岁半的儿童在动作、记忆等方面的能力已使她具有完成和从事这项训练的能力，但她过去没尝试过，这是新刺激。在父母的带领和有意识地提醒下，女孩先是从家到公园，后是由公园到家，说出A、B、C、D及D、C、B、A，并最后发现从家到公园与公园到家是一样远近。这是运用皮亚杰理论指导教育的一个例证。

第二，重视经验因素。必须充分考虑到存在两种经验，即物理经验和逻辑数理经验，因而在教养中，应十分注意丰富儿童的生活，充分利用儿童好奇心强，兴趣广泛又活泼好动，喜欢探究，肯于思索的认识特点，鼓励儿童在不同的环境中积极活动，不仅要让儿童玩变形金刚、游戏机，也应允许孩子玩沙堆，在水沟中筑水坝，玩“脏”游戏等。家长应经常带孩子到各种不同的、有益的、自然的和社会环境中去，让儿童较早、较广泛地接触外界，认识环境，观察自然与社会，亲身实践，这样就可以从中获得生动丰富的经验，包括物理经验和更为重要的逻辑数理经验。

3. 及早性原则

儿童早期教育问题是社会十分关注的一个话题。事实证明，运用皮亚杰的智力发展理论指导儿童早期教育可以取得较好的效果。20世纪60年代以来，美国对儿童的早期教育进行了积极的探索和努力，涌现出了许多的早期教育模式。一些教育模式，如帕利学前教育计划，提倡对3～4岁的小儿实行早期正规教育，由于没有考虑儿童认知及情感等发育的特点而置幼儿于繁重的学习压力之中，不仅没有取得良好的教育效果，相反因为使幼儿感到压力过大，剥夺了幼儿美好的童年时光，把本来天真活泼的儿童变成了呆头呆脑的“没有童年的儿童”。这种教学模式已受到质疑或是严厉指责。而另一些教育模式（如直接教育模式），由于在幼儿教育中强调以教师指导为主，幼儿只是模仿和训练，虽也取得了短期的积极效果，但根据长期的追踪，这些儿童成年后，在心理的各个方面都显得平庸和落后。取得较好效果的早期教育模式是开放教学模式和幼儿中心模式。其中开放教学模式即是以皮亚杰的智力发展理论为指导，重视儿童经验的获得和主动学习，帮助儿童利用感官直接探索，培养和发展儿童的语言能力、象征能力、分类能力、时间关系、空间关系，等等。教学中，幼儿不是通过单纯地模仿教师获得发展，而是在积极的探索活动中以及与小伙伴及成人的相互交往中获得发展。在这种教学模式中，教师为幼儿提供可探索的、丰富的且轻松愉快的环境，帮助幼儿主动探索、相互交往和组织自己的思维过程，达到智力和社会性发展的目的。

按照皮亚杰理论指导的开放教学模式的实践是成功的。在随后进行的近十年的追踪研究显示，与直接教学模式相比，开放教学的儿童解决实际问题的能力强，社会性发展好，犯罪率低，家庭关系较和睦，参加体育活动积极，成就期望高。这说明早期教育方法的不同对儿童心理发展的影响也不同，亦从实践的角度证实了皮亚杰理论的正确性。

（二）智力训练与开发

正如我们所了解到的，影响智力的因素主要包括两个方面，一是遗传素质及生理成熟，二是环境因素。智力的发展是这两种因素共同作用的结果，缺一不可。众多生理学、心理学等学科的研究结果为开展智力训练提供了丰富的理论基础和技术。如研究表明，早期经验的剥夺或缺失对个体一生的智力发展具有消极的影响。相反，丰富的早期经验则能够积极促进儿童的智力发展。后天的教育和训练能够在一定程度上改变大脑组织，进而为智力的发展提供必要的条件。正因为如此，为保障和促进智力的良好发展而进行的智力训练不仅有其必要性，而且存在可能性。

1. 观察力训练

观察是一种有目的、有计划感知事物的行为。它是我们认识世界、获取知识的重要途径，也是其他一切重要心理过程的基础和前提条件。

第一，明确观察的目的和任务。

观察效果与观察目的是否明确有着密切的关系。明确观察目的和任务对观察活动具有导向作用和组织功能。把有限的注意资源有的放矢地集中于要观察的事物，将会取得事半功倍的效果。儿童进入学校接受正规的教育后，通过课堂授课的形式获得系统知识就成为其主要任务。对于入学伊始的小学生而言，学会听课是一项艰难而重要的任务。在学生还缺乏行为目的和难以把握行为的情况下，教师所要做的重要内容之一就是要不断提醒学生应该听什么，应该看什么。这种明确学生观察目的的提示，对于小学低年级的学生十分必要。随着年级的升高，学生有目标、有重点地选择听课重点的能力逐渐增强，观察的目的性明显提高。可以说，在整个学校的学习过程中，教师作为学生学习的引领者，针对不同时期学生的特点，及时、恰当地提示学生在一门功课、一个单元、一节课中应该掌握的重点，明确学生观察行为、学习行为的目的和任务，对学生高效率地学习至关重要。与此同时，学生也应结合自身实际，通过观察目的性的训练实现轻松学习。

第二，掌握有效的观察方法。

观察方法就是在观察过程中所采取的策略。观察策略选择的合理性是实现有效观察的前提条件。指导学生合理选择和应用一定的观察策略要以学生的心理发展水平和自身特点为基础。小学低年级学生的观察策略应体现目标明确、具体、简单、生动、典型的特点，而随着年级的升高，观察策略的选择将逐渐向复杂、抽象、概括的方向转移。具体的观察方法主要有：重点观察。把要观察事物的一个或少数几个方面的特征或属性作为目标加以观察。全面观察。就是以观察对象全面特征为目标，力争了解事物的整体。对比观察。把观察的对象与其他事物放在一起，通过比较他们之间的异同实现观察目的。反复观察。对同一观察对象进行不同时间上的反复观察。

第三，养成良好的观察习惯。

学习是贯穿一生的活动。作为学习前提的观察行为也必将始终影响我们所获取知识和经验的多少和质量。养成良好的观察习惯会让我们受益终生。经验和研究告诉我们，下面的一些观察习惯对我们大有帮助。一是制订必要的观察计划。观察计划是观察目的性的体现。观察什么，怎么观察，如何记录，如何应对观察中的变化等等都可以反映在计划之中。二是要运用多种感官进行观察。视觉、听觉、味觉、嗅觉、皮肤觉等多种感官的运用不仅会使我们的观察更为全面，而且也能使鲜活的事物保持得更为持久。三是做好观察记录和整理工作。俗话说，好记性不如烂笔头。及时和客观的记录不仅是积累知识和经验的必要方式，也为综合整理提供了必要的素材。课堂笔记、考试试卷等材料都是复习已学知识、改正以往不足、提高学习成绩的良师益友。

2. 记忆力训练

作为输入、存储、提取知识经验的心理过程，记忆在智力中的地位十分重要。在记忆事物的过程中，注意使用不同的信息加工策略和方法会使记忆的效果实现优化。

第一，复述策略是信息存储的基本手段。

复述就是对要记忆的材料反复进行感知和识记。这种看似简单的方法对材料的记忆十分必要。低年级小学生记忆中存在的缺欠就是不会主动进行复述，老师对复述的要求和引领就显得十分必要。随着年级的升高，学生不仅能够主动进行复述，而且在复述的过程中会采取一定的方法，进一步提高记忆的效果。如把简单的机械复述和精密复述相结合，将新学习的材料和已有的知识经验联系起来。把材料进行组织，使之形成有利于记忆的单元进行记忆。在复述的过程中，对材料的加工深度也将影响记忆的效果。加工得越深，识记的效果越好。从教师引导学生复述到学生主动应用复述策略是一个渐进的过程，复述策略使用的及时和有效将对其智力活动产生积极的影响。

第二，运用联想法提高记忆效果。

联想是利用材料之间的关系或主动建立材料之间的关系。材料之间所形成的关系越牢固，我们就越容易记住，也越容易回忆出来。建立联想的具体方法主要有以下几种。一是接近联想。材料在时间和空间，乃至意义上的接近是形成联想的有利条件。二是对比联想。通过把性质相反的两种材料加以比较会大大增强记忆效果。三是相似联想。把具有相似特征的材料作为一组来加以记忆会起到事半功倍的效果。

第三，及时有效的复习是保持记忆持久的好办法。

复习就是要对以往识记过的材料进行重新学习的过程。心理学关于遗忘的经典研究告诉我们：记忆材料的遗忘具有先快后慢的规律。为了减少遗忘，使更多的知识保持在我们的记忆之中，在强调复习作用的同时，还必须做到以下几点：一是要做到及时复习。复习得越及时，遗忘得就越少，复习的效率也就越高。二是合理分配复习的时间。在复习的初期，可以使用连续进行的集中复习方式。而以后采用间隔一定时间的分散复习的方法效果会更好。三是要把阅读和试图回忆有机地结合起来。看上文，想下文；看下文，回忆上文的做法，不仅可以检验对材料的掌握程度，也可以提高复习的效果和效率。

3. 思维力训练

思维是对事物间接和概括的认识，是智力的核心。思维能力在儿童智力发展和学习中都占有核心地位。无论是概念的形成，还是问题的解决都离不开思维。

思维品质是个体思维活动中智力特征的表现，就是思维在发生和发展中表现出来的个性差异。主要包括五个方面：

第一，思维的深刻性。指个体在智力活动时表现出善于思考问题，抓住事物的本质和规律，预见事物发展进程。中小学生思维的深刻性表现在：在形成概念、构成判断、进行推理和论证的深度上有差异；思维方法上有个性差异；在思维规律上有个性差异；在思维的广度和难度上有差异。

第二，思维的灵活性。指思维活动的智力灵活程度。它包括：思维起点灵活。从不同角度、方面，能运用各种方法来解决问题；思维过程灵活。从分析到综合，从综合到分析，全面而灵活地做到"综合地分析"；概括—迁移能力强。运用规律的自觉性高，善于组合分析，伸缩性大；思维的结果往往是多种合理而灵活的结论，这种结果不仅有量的区别，而且有质的区别。

第三，思维的独创性。指独立思考创造出有社会（或个人）价值的具有新颖性成分的智力品质。它的特点包括：常与创造活动联系在一起；思维与想象的有机统一；有灵感参与；分析思维与直觉思维的统一；发散思维与辐合思维的统一。

第四，思维的批判性。指思维活动中善于严格地估计思维材料和精细地检查思维过程的智力品质。它的特点有：分析性，即在思维过程中不断地分析解决问题所依据的条件和反复验证业已拟定的假设、计划和方案；独立性，即不为他人所左右；正确性，即思维过程严密，组织有条理，思维结果正确，结论实事求是。

4. 用结构—定向教学理论来发展学生的智力

结构—定向教学是结构化与定向化教学的简称。所谓结构化教学观点，就是教学首先确立以构建学生的心理结构为中心的观点。也就是说，所有的教学工作或教学系统的各个方面都是为了使学生的心理产生预期的变化，以使一定的心理得以形成和发展。一定心理的形成与发展是通过一定的心理结构的构建来实现的。这是一切直接或间接从事教学工作的人必须首先确立的教学观点。所谓定向化教学的观点，就是教学的成效在于心理结构的形成。为了提高教学的成效，则必须依据心理结构形成、发展规律，实施定向培养。

5. 以“动脑筋练习”来发展学生的智力

有专家认为，智力是脑神经活动一些特点的心理反应。提高一个人的智力可以直接通过提高脑神经活动的机能来实现。脑神经机能是在脑神经活动中提高的。所以，设法激活脑神经活动可取得提高智力的效果。为此，针对脑神经活动的“动脑筋练习”体现了以下几方面思想：能突出地启动个体脑神经的活动水平；尽量摆脱智力测验的形式和内容；适合于个体的能力和知识水平；适合于在教室中集中进行；为了避免可能出现实验者效应，要求训练人员对课题严格保密；课题内容力求多种多样，既可以从多方面激发个体开动脑筋，又可以利用新颖性吸引个体的兴趣。

6. 以工具性强化训练法来发展学生的智力

工具性强化训练法的目标是：矫正从认知行为中观察到的认知结构、态度和动机等功能的缺陷；训练完成各种不同要求所需要的认知操作；通过习惯的形成培养内在动机；使学生了解自己不同认知过程的本质和效用；激发学生对任务的兴趣；使学生从被动接受信息变为主动产生信息。

工具性强化训练法包括的内容：一是点的结构。让被试从给出的一组范例中找出其中的结构关系和规则，然后把它们投射到没有组织的点上；二是空间定向。让被试正确地把握空间方位之间的关系；三是比较。让被试看一幅画，然后给他们看另外的画，让他们比较后呈现的画与先前呈现的画有什么不同；四是分类。让被试看一些画，给画中的物体命名，然后按它们所属范畴分类；五是表征图案设计。让被试运用具有颜色、形状、大小的图案在心中重新构建一个图案；六是家庭关系。将家庭中人物之间扮演的角色告诉被试，让他们指出每个人扮演的角色是什么；七是时间关系。让被试掌握时间的延续性、相对性和不可逆转性；八是数列。给被试呈现一串数字，让他们发现其中所隐藏的规律；九是关系转换。让被试根据已知元素之间的关系进行推理，从中发现某些元素之间的大于、小于或等于的关系；十是三段论推理。让被试根据所呈现的抽象符号进行三段论式的推理。

7. 数学能力的培养方法

数学能力结构主要由三种数学能力（运算能力、空间想象能力和逻辑思维能力）和五种思维品质（深刻性、灵活性、独创性、批判性和敏捷性）组成的 15 个交结点的开放性动态系统。

对于数学思维敏捷性的培养要求是：在数学教学中有速度要求；使学生掌握速算的要求。

对于数学思维灵活性的培养要求是：一题多解；一题多变；同解变形；恒等变形。

对于数学思维深刻性的培养要求是：培养数学概括能力，培养空间想象能力，培养数学判断能力。即培养学生的直接推理和间接推理能力；采用综合法和分析法；采用归纳法和演绎法；采用比较法。

对于数学思维独创性的培养要求是：独立完成作业；自编应用题；引导学生新颖而独特地解题。

对于数学思维批判性的培养要求是：抓学生自己反思自己思维过程的能力。每步推导所依据的概念、定理和法则；对错误的简要分析和改正；题型或思路小结；解题注意事项；其他体会。

8. 语文能力的培养方法

语文能力结构主要由四种语文能力（听、说、读、写）和五种思维品质（深刻性、灵活性、独创性、批判性和敏捷性）组成的 20 个交结点的开放性动态系统。

听能力的培养方法：从语音培养抓起，要天天听广播，并用拼音记下一条新闻；利用“天天说”（说话表演）的机会，要求学生迅速记下说话内容，并及时强化；课堂上要有听话训练，甚至听配乐朗诵；听力有考查。

说能力的培养方法：课前有两分钟的说话练习；培养学生说

的能力；引导学生复述课文；创造各种说话的机会，如演讲比赛；说话能力有考察。

阅读能力的培养方法：朗读能力的培养。具体要求：第一，正确。要合乎普通话的语言规范、正音、正读，不加字，不颠倒，读出句读，轻声和儿话音；第二，理解。能理解词、句、段的意思，领会中心思想；第三，流利。要求句读分明，不重复，不断读，有一定速度要求；第四，有感情。感情要真挚、自然。具体技巧：首先是语调，从课文内容出发，运用不同的语调表达不同的情感；其次是速度和节奏，要根据故事的情节、作者思想情感的变化，运用不同的速度和节奏，以表示出文章的思想、情节的起伏变化；再次是重音；最后是停顿。

默读能力的培养。做到不出声；不动唇；不指读；编写提纲；记录阅读要点；概括要义；提出问题；集中注意力。

阅读中逻辑思维能力的培养。引导他们抓住每段的中心，语言要准确、简练、完整，概括出段落大意，理解各段的意思，在段与段之间内在联系的基础上，进行归纳和演绎，加以条理化，概括出全文的中心思想；通过分段、概括段意和中心思想，引导学生编写提纲，从段落提纲开始，引导学生编写情节提纲，景物描写提纲，人物评论提纲，说明顺序提纲等，从而不断地提高概括能力，进而提高沟通能力和写作能力的关系，提高写作能力；在概括段意、中心思想的基础上，引导学生领会文章的布局构思方法，把书本知识变为自己的知识，进而转化为学生的语文能力，取得学习的主动权。

写作能力的培养方法：对于小学低年级学生，采取“看图说画—看图写话—忆图写话”的练习方法。对于小学中年级的学生，采取“仿写”的方法。独立写作练习。独立写作主要是过三关，即语言关、内容关和选择关。

第四章　特殊人群的智力问题

一、智力缺损儿童

智力缺损是指智力明显低于正常儿童，同时伴有适应行为缺陷为主要特征的一组疾病。由于智力缺损者的学习能力极差，他们在日常生活中很难自理，他们的学习能力、适应能力显著落后。轻度智力缺损者的学习过程比一般人要慢，但经过特殊训练能独立生活，且能从事一定的工作和职业；严重智力缺损者生活不能自理，也不能完成简单的任务。

（一）智力缺损的划分

智力缺损者的人数很多，根据世界卫生组织的报告，在儿童中，智力缺损严重的患病率为4‰，而轻度者为30‰。如加上成人患者，患病率还要高很多。有些学者认为，任何年龄人群中都有近乎1%的智力缺损。由于患病率高，智力缺损被认为是导致人类伤损的最大的一类疾病。患者有明显的性别差异，男性比女性多两倍。

智力缺损程度	智商
极度（白痴）	低于20
重度	20～34
中度	35～49
轻度	50～70

1. 极度智力缺损

患者智商在20以下，又称白痴。这类患者对周围的一切大都不能理解，生活各方面都需要人照顾。他们经常重复一些单调和无意义的动作，表情愚蠢，情绪反应原始；不会简单的说话，只是嚎叫，至多发出个别单音节的词，大多伴有癫痫发作。他们缺乏自卫和防卫能力，大多早年夭亡。该类占智力缺损者比例不足1%。

2. 重度智力缺损者

患者智商20～34。这类儿童早年各方面的发育均迟缓，发音含糊，词汇贫乏，理解能力极差，动作也十分笨拙。他们缺乏数的概念，不会简单计算。他们能辨别亲疏，进行简单的交往，表现一定的感情，但建立不起较深的联系。经过训练可养成一些生活和卫生习惯，也可以从事简单的体力劳动。

3. 中度智力缺损

患者智商35～49。这类儿童早年不论行走、说话或大小便控制等均较迟缓。他们的词汇贫乏，吐词不清，表达能力差，尤其抽象概念不能建立。因此，他们只能反映事物的表面、片段现象。他们也许可进行10以内的加减计算，或模仿书写，但不理解其中的意义。长大后，在他人的监督帮助下可从事一般性劳动。

4. 轻度智力缺损

智商50～70，又称愚鲁。这一类儿童在各方面的发育也稍迟缓。他们的言语发育也较晚，在生活用词上虽困难不大，但掌握抽象词汇极少，在理解、综合和分析方面，缺乏逻辑性联系。他们能进行简单的计算，但对应用题就难以理解，能进行成段的背诵，但不能正确运用；大多数在加强辅导下，可达到小学一二年级或再高些水平。他们经训练和教育，可从事简单的工作。轻度者占智力缺损患者总数的80%。

智力落后者的发育特征

智力落后程度	学前（0～5岁）的成熟和发展表现	学龄（6～20岁）的训练与教育	21岁以上成人的职业适应
极度	严重落后，感觉运动功能极差；需要专人照料	有某种运动发展；能对极小或有限的训练作出反应	有一些运动和言语的发展；能做极有限的自我照料，仍需有人护理
重度	运动发展差；不大能说话，一般不能通过自我帮助训练有所进步；很少或没有交往技能	能讲话或学会交往；通过训练能养成基本的健康习惯；在系统的习惯训练后有所进步	在全面监护下可稍能维持自己的生活；在控制的环境下能发展一些自我保护技能
中度	能说话或学会交往；社会意识差；有较好的运动发展；经过自我帮助训练有所进步；只需稍加监督	经过训练能获得社会和职业技能；难以学会小学二年级以上的课程；能学会在熟悉的地方单独行动	在保护条件下能独立从事非技巧性的或半技巧性的工作；在略微紧张的社会条件下则需要有人监督指导
轻度	能发展社会和交往技能；感觉运动有轻度的发展迟缓；长大前难以看出有异常	几乎到青年期才能学会小学六年级的课程；在指导下能适应社会	一般能获得社会和职业技能，可维持个人最低的生活水平，但在不平常的社会或经济压力下，需要有人指导和帮助

（二）致病原因

智力缺损的原因十分复杂，涉及的范围广泛，现今只查明部分原因，尚有很多病例原因不明。

1. 遗传因素方面

染色体畸变：由于某种原因，染色体发生数目和结构的改变，导致智力缺损。

基因突变：细胞染色体内脱氧核糖核酸（DNA）是遗传的物质基础。DNA分子按特定的顺序排列有很多基因。当基因发生突变时，改变DNA分子上氨基酸的排序，使遗传信息的传递发生障碍，进而形成遗传性代谢障碍的智力落后。

2. 环境因素方面

胎儿期：母亲妊娠期患有感染性疾病，发生过中毒，用药不当，如为保胎服过激素、受过辐射、营养不良、精神紧张等因素，都会影响胎儿的正常发育。一般讲，胎儿的神经系统是在母亲怀孕 3～5 周内形成，如果胎儿头两个月内因种种因素使神经受损，中枢神经系统会产生不可弥补的缺陷。

出生时：出生时的窒息是智力落后者常见的原因。因为缺氧易引起长期的认知障碍和神经系统异常。早产儿童在 1 岁时出现神经系统异常者比非早产儿童多 3 倍。

出生后：幼儿营养不良、感染性疾病、中毒、头部损伤等均可导致儿童智力低下。营养不良方面：儿童食物中缺乏某种物质可引起各种神经系统障碍。如，缺碘可引起可汀病或呆小病；缺乏蛋白质会阻碍脑的发育；缺乏维生素 B_1 易引起智力落后等。感染性疾病方面：婴、幼儿患有脑膜炎、脑炎或脑病造成的脑损伤都可导致智力低下。尤其是脑炎是引起智力低下的主要因素，脑炎幸存者多有精神障碍或身体障碍。中毒：铅和汞被吸入体内可损伤脑的功能。外伤：有统计表明，1%的智力低下者是由头部外伤引起的。幼年由于摔伤、交通事故或受虐待挨打引起的头部损伤可导致较严重的行为障碍。心理社会因素：儿童大脑功能的发育需要外界适宜的刺激。如果婴儿期缺乏丰富的刺激和充分的照顾，比如从小生活在孤儿院里的小孩，一般智力明显低下。此外，缺乏适当的早期教育和训练也可使儿童的智力发展迟缓。

（三）智力缺损者的治疗

治疗的关键是及早发现、及早查明原因，采取适当的方法。教育与训练是治疗智力缺损的关键。过去人们认为，一旦有人被诊断为智力缺损并被列入极度、重度、中度或轻度的智力缺损和适应行为落后的范畴，那么他就终生停留在这个水平而不能改善。近年来，根据对智力缺损者采取一些积极措施的结果表明，通过专业人员的训练和教育，他们的智能和社会适应能力是可以提高的，并能对社会作出一定的贡献。但是，每个人改善的程度取决于他能得到什么样的治疗、社会和教育方面的帮助和训练以及社会能为他提供什么样的机会和条件。

在每位智力缺损者接受有效的训练措施之前，必须详细、缜密地评定个人的潜能，提出适合其个人发展水平的训练计划。对其要求太高、压力过大，其会难以接受；对其要求太低，训练将失去效果。

教育训练的目的是充分挖掘和发挥他们脑部保存的功能，并应用各种适合的刺激来促进大脑神经细胞的生长发育。智力缺损儿童训练开展得越早效果越好。内容一般从简单到复杂，从培养自我技能起，对轻度智力缺损者可进行基础知识教育，对较大儿童逐步训练简单的劳动技能。方法以具体形象的直观法为主，如利用鲜艳的图片、动听的音乐和活动的玩具等培养学习的兴趣和陶冶性情。

二、智力超常儿童

超常儿童是指那些聪明过人，智能发展明显超过同龄常态儿童水平或在某方面有突出发展的具有特殊才能的儿童。

（一）超常儿童的鉴别

鉴别的指标由单一指标（智商）发展为多项指标，鉴别方法由描述性到定量。我国的鉴别指标主要包括：(1) 一般能力，以思维为主要指标；(2) 学习能力和成绩；(3) 特殊才能及个性品质。

认知（智力）：思维、感知、记忆——认知实验、智力测验。

创造力：创造性思维、创造性想象、创造性解决问题的能力——创造性思维测验、发散性思维测验、创造性想象测验、创造力问卷。

学习能力：知识掌握的速度、方式、深度和巩固性——学习能力及成就测验、学习过程的观察、作业分析。

特殊能力：数学能力、领导能力、绘画、书法、音乐以及外语能力等——有关特殊能力测验、作品评定。

个性特征：求知欲、自信心、坚持性等——问卷、观察、教育实验。

（二）超常儿童心理特点

1. 认知方面的特点

第一，感知敏锐、观察力强：知觉的目的性、观察的条理性、周密性较好。他们善于从相同的事物中找出不同，从不同的事物中发现相同且具有较强的观察力。90％以上的超常儿童成绩优于比他们大 3～4 岁的常态儿童。

第二，注意力集中、记忆力强：一些超常儿童的注意力范围既广又能高度集中。特别是他们感兴趣的事情，往往专心致志，可以高度集中注意 2～3 小时。实验检查，超常儿童的记忆成绩超过比他们大 3～4 岁儿童的平均成绩。不仅在记忆量和记忆速度上优异，在记忆组织及记忆监控上比常态儿童为好。

第三，语言发展好，表达力强：大多数超常儿童语言发展比较好，不少超常儿童口头语言和书面语言同步发展。

第四，思维敏捷，逻辑性强：超常儿童多数思维敏捷，反应快。在学习中一般对基础知识、基本概念认真分析，重视找出知识间或学科间的内在联系，具有逻辑性强的特点。

2. 个性与社会性的发展

有研究表明，超常儿童在个性特征方面具有好于常态儿童的特点。在非智力因素中，具有明显作用的因素有：独立性、好胜心、求知欲。

（三）超常儿童的培养

1. 家长应该成为超常儿童的发现者和教育者

美国心理学家推孟曾访问 282 位天才男童和 237 位女童的父母，结果发现，有些父母始终没有发现自己子女的超常智力。

另一位教育学家布卢姆对 120 名最有成就的艺术家、运动员、学者进行了 5 年的调查，得出结论，这些被调查的父母说，他们并没有想过他们的孩子会取得非凡的成功，只是在发现孩子对于某一方面感兴趣和有热情时，不断鼓励他们，并愿意花大量时间。

这些调查结果说明家长对子女在智力方面的情况还没有达到十分了解的程度，也许及早发现会使这些智力发育良好的儿童得到更好的发展。同时家长良好的心态和教育理念对智力超常儿童的发展有着重要的影响。首先，家长应该知道培养超常儿童和常态儿童一样，需要尽情地游戏，需要慈爱、安全、了解和鼓励。其次，尊重儿童的特点。再次，家长要有坚强的毅力。

2. 学校教育

学习环境方面：在学校教育方面通常会采取特殊编班、配备辅导室和巡回教师、开设特殊学校等形式进行培养。

教学内容方面：美国全国天才儿童领导训练研究所提出了7个主要原则。

第一，课程内容的重点应是更为精细、综合和深入地学习那些把知识和思维过程结合起来的主要思想、问题和主题；

第二，应鼓励创造性思维技能的应用和发展，从而使学生重新形成关于现有知识的概念，并创造新的知识；

第三，课程应使学生不断地探索变化着的知识和信息，并使他们形成在广阔世界中追求知识的态度；

第四，课程应能促进学生的首创性、自我指导的学习和成长；

第五，课程要鼓励学生寻找、选择和利用专门的适合的知识源泉；

第六，课程应促进学生自我意识发展，以及他们对自己与他人、与社会结构、与自然界和文化之间关系的理解的提高；

第七，对课程的评价应与以上原则相符合，强调高水平的思维技能、创造性和优异成绩。

三、学习障碍儿童

学习障碍是20世纪60年代提出的一个概念。所谓学习障碍是指智力正常，但由于听、说、读、写、算和沟通技能方面出现落后而导致的学习成绩低下的现象，其实质是学习成绩与智力的不相匹配。

(一) 学习障碍儿童的主要表现

学习障碍儿童虽看上去聪明，但各项能力发展不均衡。由于儿童起初是通过身体运动和感知来接触这个世界的，学习障碍儿童恰恰在这些方面会出现缺陷。

(1) 感觉动作方面：学习障碍儿童往往在感觉动作方面落后于同龄儿童，常见表现如下：走、跑、坐姿势不佳；运动技巧差，不灵活；动作太快或太慢；经常打翻东西、弄脏或损坏笔记本；经常跌倒，撞伤自己；身体或肩部不能放松；对方位常常弄不清楚。感觉动作对语言书写、数字计算能力及社交都有很大的影响。

(2) 视觉动作特征：写字常缺一笔、多一划，部首张冠李戴；模仿笔划时经常出现错误，线条歪斜，比例位置常不正确；执笔姿势怪异，用力太重或太轻，写字在格子边上或超出格子；作业时间拖得太长；不善劳作或美术；写字时常偏向一侧，有时需要转动纸张的角度来绘画。视觉能力发育不良，对图形、文字的分辨有困难，从而导致记忆困难，错别字增多。

(3) 语言的表达和接受：在这个方面，学习障碍儿童均有缺陷。说话喋喋不休，内容重复，无组织能力，对因果、次序表达欠佳；语言发声、语速和轻重度与同龄儿童有异；不爱说话，答非所问；对口头交代的事情常弄不清楚；不能专心听讲，注意力短暂；记不住一连串的声音或语言。

(4) 阅读能力：长于背诵，但不甚理解；朗读尚佳，但对内容一知半解，不知所云；默读时不专心；以手指头协助阅读，指示文字方向；逐字阅读；朗读常错误、遗漏、增字、前后颠倒；朗读时太急或太慢。

(5) 算术特征：时常忘记计算过程的进位或错位；将数字抄错、遗漏或前后顺序颠倒；直式计算中，个位、十位、百位排列不正，将个位加到百位上；对应用题有理解上的困难；答题空间内时常写不下或太拥挤。忘记进位或错位，是因为视觉记忆受计算操作的干扰，抄错或遗漏是由于视觉分辨力和视觉记忆发展不够。应用题的困难则反映的是阅读能力的不足。

（二）判断学习障碍儿童的方法

排除法是普遍采用的方法。首先要排除的是智力落后。其次要排除家庭和学校环境的问题。最后要排除的是情绪与人格障碍。一般而言，学习障碍要有专家采取以下方法加以判定：

（1）感觉动作功能评估。评估儿童的平衡能力、节奏与韵律、肌力和方向感。考察儿童上述基本能力方面是否落后于实际年龄的发展。

（2）知觉——动作测验。采用视动统合测验评估儿童的视知觉与手动作的协调能力。这种知觉——动作统合能力是制约儿童做作业质量和速度的一个重要方面。

（3）学习障碍儿童行为问卷。利用问卷，我们可以了解学习障碍儿童在具体行为上的操作表现，了解儿童的学习困难性质和严重程度。这种问卷也是对动作测查和知觉——动作测验结果的重要补充。

（4）自我监控测验。这种测验主要是要了解儿童的自我计划能力和自我控制能力。学习障碍儿童多伴随着注意力不集中，做事情无计划性，较为冲动，无节制地玩，自我管理和独立生活能力很差。

（5）智力测验。主要考察智力的发展水平和结构特点。有团体智力测验，还有韦氏智力测验等个别实施的测验。

（三）学习障碍儿童的教育

（1）进行个别教学。所谓个别化教学，就是要针对学习障碍者的特定学习状况，进行符合其自身特点的教学。在此过程中可以考虑学生的意见，甚至可以吸收家长加入。一个完整的个别化教学方案一般应包含以下内容：对学生目前学习状况的描述和分析；教育长期和短期目标的制定；具体教育措施的选择；实施教育的过程管理；教育效果的评估。

（2）注意扬长避短。俗话说“尺有所短寸有所长”，学习障碍儿童通常是学习能力发展不够均衡所致，并不是一无是处。家长和教师要善于发现学生的长处，不能只看到学生的不足和短处。让学生的长处得到发挥，能很好地调动其学习的积极性，在成功和肯定中找到自信，进而迁移到其他方面，弥补自身不足。

（3）鼓励主动学习。很多家长和教师抱怨学习障碍的儿童没有进取心，学习不主动。其实这是一种不现实并带有偏见的观念。没有学生不希望取得好成绩，没有学生不希望获得成功，只是由于某种原因，使得他们看不到希望或害怕失败，从而逃避学习。从学生的自身实际出发，适当降低学习难度，辅以适当的学习方法，让学生在不断成功中获得自信，其学习的主动性和乐趣就会得到极大地提高。

（4）培养勤奋学习。勤奋是成功者的重要品质，是学习成功的必要条件。让学生在勤奋中得到肯定和成功，是改变学习障碍者逃避学习的重要措施。这些学生往往因迟迟看不到预期的效果而不愿忍受过程的寂寞。及时给予关注和鼓励，就能够使勤奋成为个人品质的一部分。

（5）不吝给予爱心。对学生的爱是激励其前进的永恒动力。学习过程中出现各种各样的问题并不可怕，最可怕的是失去他人，尤其是家长和老师的关爱。只要我们有足够的耐心和爱心，学生总会加倍地给予回报。

第二部分　情感教育

生活在现实社会中的我们，每时每刻都体验着不同的情绪状态。这些不同的情绪状态不仅反映出人们生活态度的差异，也对生活各个方面有着截然不同的影响。积极的心态不仅有利于活动效率的提高，也是心理健康不可或缺的要素。“你的心情现在好吗？你的脸上还有微笑吗？……请你多一点开心，少一些烦恼。”表达了人们对愉悦、快乐、幸福等积极情感的渴望。而消极情绪则会严重降低我们的工作和学习效率并影响着我们的心理健康。在追求美好生活的过程中，人们总是在不断地为激发、维持积极的心态，改善、控制消极的情绪而努力。学习效率和生活质量可以在这种调整中不断得以提高和升华。

对于在学校学习的学生而言，繁重的课业负担和升学压力，使得消极情绪广泛存在于学生之中。显然，这样消极的情绪对学生的学习和成长是极为不利的。教师、家长和学生了解情绪的相关知识和特定阶段学生情绪和情感发展的特点，掌握必要的情绪调控技术和方法对改善不良情绪状态，保持心理健康十分必要。为此，这一部分我们将就如何正确理解情绪和情感，了解学生情绪和情感发展的特点，情绪调控的技术和手段，特殊的情绪问题等几个方面加以介绍，以期使教师、家长和学生在掌握相关知识的基础上，树立信心，通过有效的情绪调控手段实现快乐学习和生活的目标。正是从这个意义上讲，开展情绪情感教育，不仅是促进学生学业进步的需要，更是营造快乐校园、追求幸福人生的必然要求。

第五章　如何理解情绪和情感

一、情绪和情感的含义

在认识和适应客观环境的过程中，人们总是基于个人的需要对客观事物产生一定的看法，同时内心产生出某种不同的主观感受或体验。与人的需要和愿望相符的客观事物，会使人产生愉快、满意、喜爱、赞叹等积极的体验，而与人的需要不相符的客观事物，则会引起人的烦恼、不满、忧愁、厌恶、愤怒等消极体验。我们通常说，这些内心体验就是我们所指的情绪或情感。情绪或情感既然是一种主观体验，我们又是如何了解自己及他人的这种情绪状态的呢？激动时我们能感觉到自己心跳的加快，愤怒时我们又能看到他人的怒目而视；我们内心的满足和幸福有时会喜上眉梢，有时又会溢于言表。显然，无论是什么样的主观体验，它们通常都会伴随着特定的行为表现和生理反应。正是这些表现使得我们对自己和他人的情绪和情感能够作出相应的判断。在学校，学生也会有各种各样的情绪体验。受到表扬的喜悦，考试失败的懊恼，被误解的愤懑等等都是情绪的现实表现。这些情绪体验会以各种不同的表现形式受到同学和老师的关注。心理学研究认为，情绪和情感是客观事物是否符合人的需要而产生的态度体验及相应的行为反应。在情绪状态的辨别中，主观体验是情绪的核心，行为是情绪的外在表现，而生理变化则是个体的内在反应。通常情况下，个体在产生某种情绪体验的时候，一般会伴随着身体各个部位动作、姿势的变化，同时，还有一系列的生理反应。正是这些内心体验的表现使得人们之间的情绪状态得以沟通，成为彼此相互交流的重要内容。

（一）情绪和情感之间的区别与联系

无论从科学研究的需要出发，还是从现实中的实际应用情况看，把情绪和情感加以区分都是十分必要的。情绪与情感之间既有区别又有联系，其关系主要表现在以下几个方面：

（1）由于情绪和情感的产生是以个体需要为内部原因的，因此，不同类型的需要就可能产生不同类型的情绪和情感。那么，就有必要从个体需要的角度对两者加以区分。我们说，情绪更多的是与生理需要相联系的体验，如饥饿时得到食物就会产生愉快、高兴、满意的情绪。而情感则多与人的社会性需要相联系，如学生在与老师和同学的不断交往中，逐渐把自己融入班集体之中，把为班级争取荣誉当做自己的义务，班荣我荣，班耻我耻。这样的学生，我们说他已经形成了积极的集体归属感。

（2）从情绪和情感发生时的状态和持续时间上看，情绪和情感的表现程度和时间长短不尽相同。情绪的特点主要表现为情境性、冲动性和短暂性。它往往由某种情境引起，一旦发生，冲动性较强，不容易控制，外显的成分比较突出，在表现形式上带有较多的原始动力特征。而时过境迁，情绪就会随之减弱或消失。小学低年级学生在交往中此方面表现非常突出。因为一点点小事，两个人可以断交，但过不了多久，两个人又可以“不计前嫌”地一起玩耍。情绪的情境性、冲动性十分明显。而情感则具有稳定性、深刻性、持久性，是对人、对事稳定的态度体验，它始终处于意识的控制之下，且多以内隐的形式存在或以微妙的方式流露出来。例如，学生没有取得满意的成绩可能会引起家长的不满，甚至为此产生愤怒的情绪，但通常这是极具情境性的，任何一位家长决不会因为孩子一次甚至几次的成绩不良而失去亲子之爱的情感。

（3）从情绪和情感产生的种系发展过程看，随着动物的进化和人类的出现，不仅人的认识能力发生了本质的变化，情绪和情感也发生了一定的变化。在个体发展和人类进化中，情绪发生早，是人和动物共有的。一些原始的情绪在动物和人类中表现出了高度的一致性，而情感的发生就晚些，它是人在社会化过程中产生的。比如，在身处危险境地的情况下，动物和人都会产生一种恐惧的情绪，而在探索世界、积累知识经验的过程中，人类会因求知欲的满足而产生愉悦的情感，这是在动物身上所难以见到的。

（4）情绪和情感之间的区分是必要的，但他们又是相互联系的。虽然依据一定的标准对情绪与情感进行了区分，但两者又有着十分密切的联系。一方面，情感依赖于情绪。人先有情绪而后有情感，情感是在情绪的基础上发展起来的，而且情感总是通过各种不断变化的情绪得以表现，离开具体情绪，人的情感就难以表现和存在。这方面在儿童的成长历程中有着明显的表现。刚出生的婴儿还只有少数几种最原始的情绪性表现，但随着其社会化进程的发展，其情绪也逐渐分化，越来越多的复杂情绪，乃至情感得以产生。另一方面，情绪也有赖于情感。情绪的变化，一般都会受到个人已经形成的社会情感的影响。试想一下，当一个具有强烈集体荣誉感的学生，在班级受到不公平待遇的情况下，他会有怎样的情绪表现呢？愤怒的情绪一定会迸发。从总体上看，情绪与情感是同一物质过程的心理形式，是同一事物的两个侧面或两个着眼点，是相互依存、不可分割的，有时甚至可以互相通用。

（二）情绪的功能

智力活动在人类认识世界中扮演着重要的角色，它使人们能够了解世界，认识世界，改变世界。情绪作为一种内在需要与外在环境之间关系的体验和反应，不仅贯穿认识过程始终，并对智力活动产生着巨大的影响，而且在种族延续与生存，个体行为动力等方面具有很多智力活动所不具备的功能和作用。虽然有人曾强调情绪的消极影响而视其为洪水猛兽，但随着人类文明的进步和科学研究的深入，情绪在人类生活中的地位显得越来越重要。其功能得到了更为全面和积极的认识，主要体现在以下几个方面。

1. 适应功能

情绪和情感不仅是动物和人类适应环境的结果，也是动物和人类适应生存和发展的一种重要方式。正是由于情绪能够使个体在面对不同的刺激环境和事件中产生不同且灵活自如的适应性反应，才使得个体能够调节或保持与环境间的特定关系。环境对个体的意义在情绪和情感中得到了充分的体现。如动物遇到危险时产生害怕的情绪，从而发出呼救信号，这不仅是动物进化和种系遗传的结果，也对自身生存具有积极意义，成了动物求生的一种手段。人类婴儿的哭声向成人传递自己身体不适或饥饿的信息，以获得成人的照顾和需要的满足。情绪在个体社会性交往过程中也拥有很强的适应功能。当一个人暴怒的时候你会远离他，这样可以避免自己受到攻击和伤害；当某人给出微笑表情的时候，你可以靠近他，成为相互交往的开始。在日常的生活中，情绪直接反映着人们生存的状况，是人们心理活动的晴雨表。学生的情绪表现是学校生活适应好坏最直接、最敏感、最重要的参照指标。教师和学校管理者了解学生的情绪状态，会对指导学生适应学校生活和学习活动十分有利。

2. 动机功能

动机是激励人们进行活动的内在动力，它可以引发并维持主体有组织、有目的、有方向的行动。情绪和动机关系密切。情绪是动机的源泉之一，是动机系统的一个基本成分。适度的情绪反应能够激发人的活动，提高人的活动效率，进而推动人们有效地完成工作任务。学生在面临考试等重要事件时，教师常指导学生要有适度的紧张，既不能不当回事，也不能过度看重。究其实质，就是要调节学生的情绪，使其在适度的状态下，发挥出自己应有的水平，取得成功。现代科学更清楚地提示了人在紧张情绪发生时会表现出一系列生理变化，如血压升高、呼吸频率提高、肾上腺分泌增加等。这一切都有助于一个人充分调动体力，去应付紧急状况。情绪和情感的动机作用也有正反两个方面，积极的情绪可以使人们提高行为效率，起正向的推动作用；消极的情绪则会干扰人的行动，降低活动效率，甚至引发不良行为，起反向的推动作用。在某方面受到表扬而沉浸在喜悦中的学生，会更加努力在这方面下功夫，直至取得更大的成功。相反，因某种原因受到批评而处于懊恼中的学生，可能会采取逃避的形式避免再次受到伤害。学校中的厌学、逃学等现象很多源自这种情绪体验的逃避，非常值得教师关注。

3. 组织功能

情绪和情感这种由需要的满足与否引起的特殊的心理活动，对其他心理活动具有组织作用。这种作用集中表现为积极情绪的协调作用和消极情绪的破坏、瓦解作用。情绪一旦产生，便会影响整个认知过程，使整个认知过程都染上情绪的色彩。一般而言，中等强度的愉快情绪有利于提高认知活动的效果，而消极情绪如恐惧、痛苦等会对作业效果产生负面影响。创设轻松、愉悦的学习氛围，是许多有经验的教师经常采取的提高学习效率的方法。在这样的情境中，学生不仅会乐于学习，而且学习的效率会更高。情绪的组织功能还表现在人的行为上。当人们处在积极、乐观的情绪状态时，对事物注意的就多，且坚持的时间长，更容易注意事物美好的方面，行为也比较开放，愿意接纳外界的事物；当人们处在消极的情绪状态时，对事物会视而不见，难以保持长久注意，更易失望、悲观，放弃自己的愿望，甚至产生攻击行为。不仅是学生，就是教师也会因轻松、愉悦的课堂氛围而觉得时间在不知不觉中过得很快。相反，沉闷、压抑的课堂气氛会让学生产生快点上完课的想法，甚至用做一些无关的动作打发时间。两种不同的情绪状态对学习的不同影响是显而易见的。

4. 信号功能

情绪和情感在人际交往中具有传递信息、沟通思想的功能，这种信号作用，是人际交流的重要形式。信号作用尤其是情绪情感的外显形式——表情，是传递内心感受的重要途径。面部表情的喜怒哀乐、声音表情中的音调变化以及身体姿势都显示出主体的情绪状态。从他人这些情绪的外部表现中，就能得知他对一定事物的好恶态度。有经验的教师大多能通过教学教育过程中学生的表情来了解学生的心理状态，并据此及时调整教学和教育活动。这样会大大提高教学效率，使课堂教学组织得既有针对性又能流畅进行。而婴儿与成人相互交流的唯一手段也是表情，他们从周围成人的表情中能了解哪些事情受鼓励、应该做，哪些事情受责备、不应该做。情绪的适应功能也正是通过信号交流的作用来实现的。

（三）情绪的主要类型

情绪的表现形式多种多样。依情绪发生的强度、持续性和紧张度，可以把情绪划分为心境、激情和应激。

1. 心境

心境是一种比较微弱而又持久的情绪状态。心境具有弥散性，它不是关于某一事物的特定体验，而是由一定情境唤起后在一段时间内以同样的态度体验对待一切事物。心境使人的整个精神活动都染上某种色彩，正所谓“人逢喜事精神爽”，就是心境的绝好写照。由于引起特定心境的事件常常被忘记，使得人们常常“不明不白”地处于一种情绪状态之中。在这种状态下，不是“看什么都喜欢”，就是“看什么都烦闷”，这是其弥散性的表现。从这种情绪状态的持续时间上看，有时可能是几小时，也可能是几周、几个月或更长时间。某种心境的持续时间依赖于引起这种心境的客观环境和个体的人格特征。但心境发生时的强度一般并不强烈。

心境产生的原因多种多样。有研究表明，人的心境与生物节律有着密切关系。例如，当体温处于一天当中的低点时，人们常常容易体验到低落的情绪；当体温处于高峰时，即使你一夜没睡觉，也可能有一个积极的心境。另外，心境还表现出一定的周期性。对于那些正常上班或上学的人来说，星期一是他们心境的最低点。与周末相比，人们在工作日的心境的确要差一些。此外，个人生活中的重大事件，如事业的成败，工作的顺逆，人际关系和谐与否，都可能引起某种心境；个人身体的健康状态，身体是否患有慢性疾病，工作疲劳、休息不佳也会影响一个人的心境；自然界的时令变化，如南方的梅雨时节，阴雨连绵等也可以影响一个人的心境。虽然心境的产生总是有原因的，可人们并不总是能清楚地意识到它，因而经常可以听到人们这样说："不知道这几天为什么这么高兴"。对产生原因的无意识性也是心境的特点之一。

心境对人的生活、工作、学习和身体健康有很大的影响。心境有积极和消极之分，积极的心境使人振奋乐观，朝气蓬勃。积极乐观的心境会促进人的主动性和创造性的发挥，有利于提高活动效率，并有益于人的身心健康。消极的心境使人颓丧悲观，感到生活和学习枯燥乏味，不利于主观能动性的发挥，还危害人的身心健康。所以，学校和教师营造一个有利于学生产生良好心境的环境对学生的学习和身心健康是大有益处的。与此同时，要指导学生逐渐学会对自己心境加以调节，使其做自己心境的主人，这样的话，学生的学校生活、学习活动才能让学生留恋，进而促进其健康成长。

2. 激情

激情是一种强烈的、短暂的、爆发式的情绪状态。这种情绪状态往往是由对一个人生活中具有重要意义的事件所引起的。例如，当时任国际奥委会主席的萨马兰奇宣布北京成为2008年奥运会主办城市消息的一瞬间，会议现场内和收看直播的华夏儿女无不欢欣鼓舞，那一刻的情绪迸发，让人至今不能忘怀，这样的激情让人至今回味。另外，对立意向的冲突或过度抑制也很容易引起激情。教师在这方面应十分注意。有些学生激情的爆发就是因为想法差异的人为扩大或情绪的长时间压抑造成的。学生激情的表现不仅带有明显的爆发性，还常伴有明显的、剧烈的外显行为，甚至伤害性行为。例如：拍案而起、暴跳如雷、攻击行为。在激情状态下，人的认识活动范围缩小，分析能力受到抑制，自我控制力减弱，对自己行为的后果不能作出适当的估价，容易出现轻率的举动。但激情持续的时间短，犹如暴风骤雨，来去匆匆。激情也是完全有可能控制的。教师要善于利用积极的激情状态，陶冶情操。只要正确引导，让青少年在有益于身心健康和成长的活动中释放激情，学生就会体验到快乐，就会在快乐中找到前进的动力和方向。当前教育中的一大弊端就是学生的生活缺乏激情，无论在家里还是在学校，学生的活泼天性很难找到表现的机会。这样的环境不仅不符合儿童发展的规律，更不利于身心的健康，必须作出改变。

3. 应激

应激是出乎意料的紧张情况下所产生的情绪状态，是人们对某种意外的环境刺激作出的适应性反应。一些突发事件或重大事件的来临是应激产生的客观条件。如亲人的突然离去，中考或高考考试范围的临时变动等。在这些不寻常的紧张状况下，人体会把各种身心资源紧急动员起来，以应付紧张的局面，这时所产生的复杂生理和心理反应都属于应激状态。产生应激状态的具体原因多种多样，如已有的知识经验与当前所面临事件的新要求不一致，新异情境的要求是过去所未经历过的，这时就会产生这种紧张的情绪状态；或者已有的经验不足以使人对付当前的境遇进而产生无能为力的压力感和紧张感。在应激状态下，人会产生一系列的生理反应、心理反应、行为反应和情绪体验。生理上，心跳过速，呼吸急促，血压升高；在行为上，由于发生普遍性的兴奋反应，在一定程度上会造成行为上的紊乱，动作不协调，姿势失常，语无伦次等；在心理上，由于意识自觉性的降低，造成思维的混乱，判断力减弱，知觉和记忆错误，注意的转移发生困难。有些人在应激状态下，全身发生抑制，使身体的一切活动受阻，呆若木鸡，甚至休克；还会伴有如焦虑、烦躁、恐惧、情绪波动、好激动、发脾气，也有自卑、自罪、害羞等情绪体验。由于应激状态伴随着有机体全身性的能量消耗，因此，长时间处于应激状态之中，会破坏一个人的生物化学保护机制，降低人的抵抗能力，以至于为疾病所侵袭。频繁受到突发而重大事件的影响，使人处于应激状态，会对人的心理产生严重影响，进而影响个体的身心健康。

（四）情感的主要类型

情感是与人的社会性需要相联系的主观体验，是人类特有的心理现象之一。人类高级的社会情感主要有道德感、理智感和美感。

1. 道德感

道德感是根据一定的道德标准在评价人的思想、意图和行为时所产生的主观体验。这里提及的道德标准是指个体内在的行为准则，以这样的标准评价自己及他人的行为、思想时，就会基于两者是否相符而产生特定的情绪体验。如果一个人的言行符合自身接受的道德标准，就会产生幸福感、自豪感；否则，就会感到不安、自责、内疚。同样当别人的言行符合这些标准时，就会对他产生爱慕、崇敬、尊重、钦佩等情感，而对那些违背这一标准的思想和行为，人们就会产生厌恶、反感、鄙视、憎恨等。儿童时期是道德行为准则内化的关键时期，社会总是会通过各种途径，把其所倡导的行为准则传递给他们。而学校教育是实现这一目标的重要渠道。道德教育就是要在学生掌握道德准则的基础上，通过道德情感的熏陶，养成符合社会道德标准的行为习惯。掌握知识和技能固然重要，但道德修养才是为人的根本。

2. 理智感

理智感是在智力活动过程中，在认识和评价事物时所产生的情绪体验。认识世界、改造世界是人类文明进步的基础和原动力。人们不仅享受着文明进步的成果，也在实践中体会着实现自我的快乐和满足。人类对探索未知事件有着极强的欲望，这种求知欲、认识兴趣和好奇心，会让我们在解决问题过程中体验到各种各样的情感。问题解决的愉悦、遇到障碍的烦恼等都是理智感的表现形式。儿童带着对知识的强烈渴望来到学校，教师如何让这种学习的动力长久不衰是一个非常重要但又往往被忽略的问题。我们常说，教育不仅要授之以鱼，更要授之以渔。而求知欲的满足、成功的喜悦等情感的体验就是送给学生最好的获取知识的手段。因此，让学生乐于学习，让学生在学习中体验积极的情感，让学生逐步养成和体验到自己在评价事物时坚持己见的热情和执著，为真理献身时感到的幸福和自豪，违背和歪曲事实真相时的羞愧，等等，应该成为一名合格教育者的责任和义务。

3. 美感

美感是根据一定的审美标准对事物进行评价时所产生的情感体验。美是一个如此复杂的问题，使得关于审美标准无论在学术界还是在日常生活中都很难达成一致性。在不同的文化背景下，不同民族、不同阶级的人对事物美的评价既有共同的方面，也有不同的地方。就学校生活而言，对美的评价会存在教师和学生之间、不同年级学生之间、不同性别学生之间的差异。如何在尊重差异中让学生接触美的事物、体验美的情感是摆在美育教育面前的难点问题。丰富学校的文化生活，让不同的群体在不同的活动中体验美感是解决此问题的有效办法。如女同学的体操和舞蹈学习，男同学的篮球和足球锻炼；小学生的动漫欣赏，中学生的动漫制作；教师的仪态仪表要求，学生的行为举止规范，等等。这些针对不同角色特点的活动和要求，会使具有不同审美标准的人群在其中欣赏到美，体验到美。

（五）情绪的两极性及外部表现

学校开展情绪教育的重要内容之一就是要指导学生学会控制自己的情绪。一方面要在程度上加以控制；另一方面就是在情绪性质上作出调整。因此，了解情绪的属性和表现就显得十分必要。

1. 情绪的两极性

情绪的两极性是指每一种情绪都有与其性质对立的另一种情绪。根据不同的标准加以划分，情绪状态在紧张度、激动度、强度、快感度等方面情绪都存在互相对立的两极。这种两极性是情绪的主要特征之一。

从紧张度来看，情绪有轻松和紧张之分；从激动水平来看，情绪有激动和平静之分；从强度来说，有强、弱之分；从快感度来说，有愉快的情绪，也有不愉快的情绪。情绪的两极一般是对立排斥的，二者可以在一定的条件下转换。对一种情绪状态的判断要以其在不同维度上的不同表现为标准，采纳的标准越多，对情绪的分析就越透彻。也只有在全面分析情绪状态的前提下，才能有针对性地加以调控，使情绪状态朝着有利于个体完成特定任务的方向发展。

2. 情绪的外部表现——表情

情绪和情感是一种内部的主观体验，表情则是情绪和情感的外部表现形式，是可以观察到的独特的情绪语言。表情主要包括以下三方面内容。

第一，面部表情。

面部表情是情绪状态在眼部肌肉、颜面肌肉和口部肌肉变化上的表现。由于面部表情能精细、准确地反映人的情绪，因此说，它是人类情绪最主要的外在表达方式，是了解他人情绪的主要渠道。儿童的天真很大程度体现在情绪表现的直接性上。“喜形于色”是其情绪表现的真实写照。教师可以充分利用这一特点把握学生的情绪状态为教育和教学服务。人的眼睛是最善传情的，不同的眼神可以表达人的各种不同的情绪和情感。例如，高兴和兴奋时“眉开眼笑”，气愤时“怒目而视”，恐惧时“目瞪口呆”，悲伤时“两眼无光”，惊奇时“双目凝视”，描述的就是在不同情绪状态下眼睛的变化。口部肌肉的变化也是表现情绪和情感的重要线索。例如，憎恨时“咬牙切齿”，紧张时“张口结舌”，等等，描述的就是特定情绪状态下嘴部肌肉的变化。鼻子的变化比较少，但是含义明确，如厌恶时的鼻子耸起，轻蔑时“嗤之以鼻”，愤怒时的鼻孔扩大，等等。有研究进一步表明，人脸的不同部位在表达不同情绪时的作用不同。例如，眼睛对表达忧伤最重要，口部对表达快乐与厌恶最重要，而前额能提供惊奇的信号，眼睛、嘴和前额等对表达愤怒情绪很重要。

第二，姿态表情。

姿态表情是除了面部之外身体其他部位的表情，姿态表情又可分成身体表情和手势表情两种。人在不同的情绪状态下，身体姿态和手势会发生不同的变化，如高兴时“手舞足蹈”，悔恨时“捶胸顿足”，恐惧时“手足无措”，愤怒时“摩拳擦掌”，紧张时“坐立不安”，等等。举手投足之间都表达着个人的某种情绪。手势通常和言语一起使用，表达赞成还是反对、接纳还是拒绝、喜欢还是厌恶等态度和思想。手势也可以单独用来表达情感、思想。姿态表情的使用与民族、文化有着密切的关系。如西方人的姿态表情就较东方人丰富而强烈。不同文化背景的姿态表情也存在一定的差异性。随着我国开放程度的加强，人们表达情绪的姿态表情也在悄然变化。如何看待和引导是情绪研究的课题之一。

第三，语调表情。

语音、语调表情也是表达情绪的重要形式，是情绪在语音、语调、音域、速度、节拍上的表现。悲痛时的语调缓慢而低沉；愉快时的语调轻快而高亢；激动时的语调紧张而高昂，等等。毋庸置疑，言语不仅是人们沟通思想的工具，也是表达情绪的重要手段。在教育教学过程中，教师利用语调表情来唤醒同学们的学习热情，传递知识中的情感成分，是实现教学中的教育性原则最有效的途径。抑扬顿挫的语调，快慢相间的语速，充满激情的语音会极大地增强教学的感染力，进而给学生留下深刻的印象。

二、情绪是怎样产生的

与我们朝夕相伴的情绪是怎样产生的呢？有时我们能够给出答案，有时则不能。即便是对情绪进行研究的科学家们，迄今为止也还没有找到一种被普遍认同的思想和理论。不同的理论，从不同的角度对情绪进行了不同的解释和说明，而正是这样一些卓有见地的思想和理论使我们对情绪的产生有了多方面的认识，加深了对情绪的理解。下面就对几种颇有影响的理论作以介绍。

（一）因哭泣而悲伤

这样的命题看似有悖常理，但这正是作为第一个系统阐述情绪问题的心理学家詹姆斯给出的解释。我们一般的感觉是先有情绪，而后才有情绪的表现。即因为悲伤才哭泣，因为愤怒才打斗，因为恐惧才颤抖，等等。与之相反，詹姆斯认为，悲伤乃由哭泣引起，愤怒乃由打斗而致，恐惧由战栗而来，高兴乃由发笑而生。情绪其实是对身体变化的知觉。当一个情绪刺激物作用于我们的感官时，立刻会引起身体的某种变化，激起神经冲动，传至神经中枢而产生情绪。这种思想真的在生活中找不到例证吗?想象一下，在黑暗中，你独自一人行走在校园里，也许黑暗这样的刺激开始并没有引起你害怕的情绪，但随着你脚步的加快，你会不会产生害怕的情绪呢?很多人的回答是“会的”。按照詹姆斯的理解，在黑暗这样的情绪刺激作用下，你不由自主地加快了脚步，而正是由于脚步加快所产生的植物神经冲动传至神经中枢才使我们有了害怕这样的情绪体验。生活中类似的事情还可以找到很多。因此，詹姆斯的理论得到了一定程度的验证。

与詹姆斯同时代的另一位心理学家朗格持有与之大体一致的观点，只是他强调的是，情绪是内脏活动的结果。他特别重视情绪与血管变化的关系。他认为，酒和某些药物都是引起情绪变化的因素，他们之所以能够引起情绪变化，是因为饮酒、药物都能引起血管的活动，而血管的活动是受植物神经系统控制的。植物神经系统支配作用加强，血管舒张，结果就产生了愉快的情绪；植物神经系统活动减弱，血管收缩或器官痉挛，结果就产生了恐怖。因此，情绪决定于血管受神经支配的状态、血管容积的改变以及对它的认识。

作为早期情绪理论的代表，两人的情绪产生理论被后人称之为詹姆斯—朗格理论。他们的基本观点就是，情绪刺激引起身体的生理反应，而生理反应进一步导致情绪体验的产生。其思想可用下图简要说明。

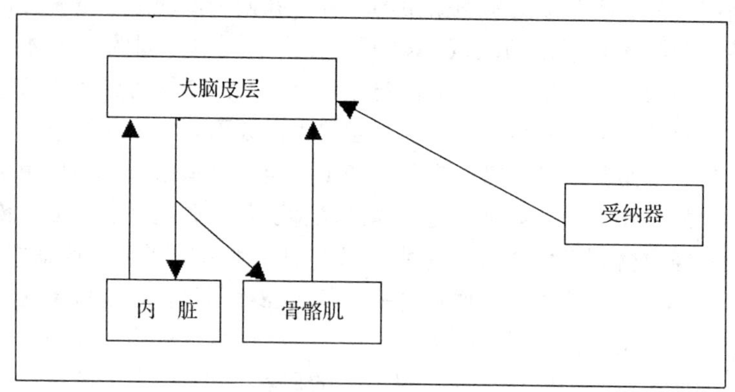

詹姆斯—朗格理论示意图

在后人的研究中，很多人对这种理论提出了质疑。其中最具代表性和有说服力的当属坎农的评论。坎农对詹姆斯—朗格理论提出了五点疑问：(1) 即使在内脏被与中枢神经系统分开，即内脏唤醒不能被觉知的情况下，一些情绪行为依然可能出现；(2) 似乎没有任何合理的方式和足够的证据去证明詹姆斯一直主张的内脏变化会在一种情绪和另一种情绪间存在差异，一些不同情绪的内脏反应似乎很相似；(3) 知觉和来自自主神经系统发出的反馈是那样的分散和模糊不清，以至于人们会设想内脏对它是根本感觉不到的，且不可能起到詹姆斯理论所要求的区分作用；(4) 自主神经系统的反应很慢，神经传导需要一定的时间，1～2 秒的慢启动意味着情绪不会在更短的时间内发生或变化，而实际上情绪的变化明显要更快；(5) 在用人为的方法（如通过注射肾上腺素）引起内脏变化的情况下，情绪状态似乎并不随着这一过程而发生变化。基于以上的观点和相关生理学实验结果，坎农在质疑詹姆斯—朗格理论的同时，提出了自己的理论。他认为，丘脑是产生情绪和情感的中枢。下图可以展示其基本的理论构想。

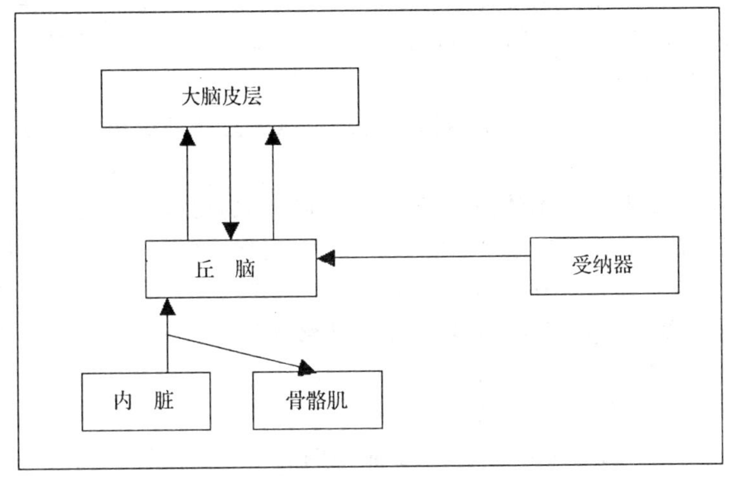

坎农理论示意图

（二）条件反射的建立是情绪产生的基础

行为主义心理学关于情绪的研究源于华生。他相信人类的情绪大多是学习和条件反射的产物。他的研究思路是：如果建立起被试对原本不恐惧的事物和恐惧情绪之间的条件反射，那么就能使原本中性的事物变得能够引发恐惧情绪，于是也就“学会”了恐惧。

为了证明其思想的合理性，华生以一名 9 个月大的婴儿艾尔伯特为被试进行了饱受非议的情绪实验研究。实验开始时，小艾尔伯特对巨大声响表现出本能的恐惧反应（先天的情绪反应），而对于兔子、白鼠、狗和积木等并不害怕（中性的情绪刺激）。实验过程中，研究者反复向艾尔伯特同时呈现白鼠和巨大声响。在白鼠与声音总共 7 次的配对呈现后，即使不出现声音时，艾尔伯特也对白鼠表现出极度的恐惧。

随后研究者发现，小艾尔伯特对白鼠的恐惧泛化到了许多相似事物上：他开始对狗、白色皮毛大衣、棉花、华生头上的白发以及圣诞老人面具等毛茸茸的东西都感到恐惧。实验还发现，以条件反射程序习得的恐惧，具有跨情境的稳定性，即小艾尔伯特对上述事物的恐惧在实验室环境以外也能被观察到；此外，在停止实验31天后，艾尔伯特的恐惧仍未消退，说明了这种习得情绪的持久性。

华生的实验说明了恐惧情绪是可以通过条件反射后天习得的。

在这种理论论述中，三种或四种基本的情绪被视为是天生的，情绪的复杂性来自于学习和条件反射。情绪本质上是反射性行为这一观点贯穿于行为理论之中（只是操作性和工具性的差别）。随着研究的开展，现代行为理论也开始关注情绪的生理机制，认为情绪的生理机制不仅和行为相互作用，在动机的范畴内与抑制过程也存在关联。

（三）对情境的评估是产生情绪的基础

20世纪后半叶，认知心理学的研究取向逐渐占据了心理学研究的主导地位。在情绪产生的问题上，认知理论的共同点是强调个体对情境的认知和评价在情绪产生中的作用。其中较有影响的研究和理论有阿诺德的“评定—兴奋”说和拉扎勒斯的“认知—评价”理论。

阿诺德认为，刺激情境并不直接决定情绪的性质，从刺激出现到情绪产生，要经过对刺激的估量和评价；情绪产生的基本过程是刺激情境—评估—情绪。就其神经机制而言，情绪的产生是大脑皮层和皮下组织协同活动的结果，大脑皮层兴奋是情绪行为最为重要的条件。她提出的理论模型是：引起情绪的外界刺激作用于感受器，产生神经冲动，通过内导神经上送至丘脑，在更换神经元后，再送到大脑皮层，在大脑皮层上刺激情境得到评估，形成一种特殊的态度。这种态度通过外导神经将皮层的冲动传至丘脑的交感神经，将兴奋发放到血管或内脏，所产生的变化使其获得感觉。这种来自外界的反馈信息在大脑皮层中被评估，使纯粹的认知经验转化为被感受到的情绪。

下图是其理论模型的形象展示。图中的C代表大脑皮层，R代表感受器，感受器接收到刺激，通过丘脑的转化站（SR）传到皮层，Ev 是对情境的评估，即将大脑皮层里原来储存的信息和现在输入的信息进行比较，看是危险的还是不危险的，从而产生情绪：F 代表恐惧，A 代表愤怒。情绪产生后，通过下行箭头 2 和 2′（即外导通路），经过交感和副交感神经系统的转化站（SNS 和 PNS），到达血管和内脏组织（BIV）。然后又把这些器官的变化，通过上行箭头 3 返回大脑皮层，产生关于内脏变化的感觉。这些反馈回来的信息也要受到存储信息的评估，最后使原来的情绪（F 或 A）附加上这些感觉成分。

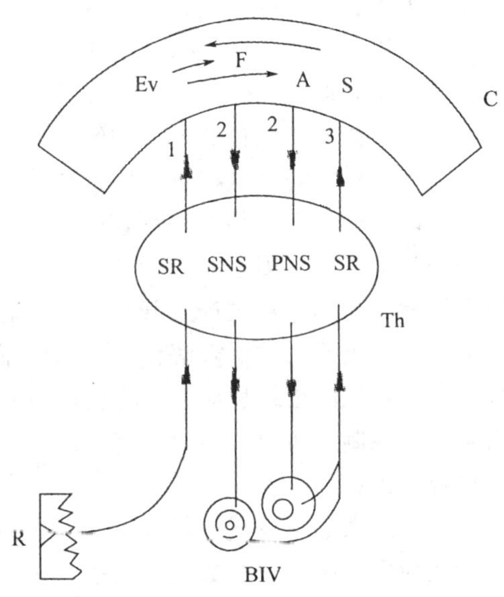

阿诺德理论示意图

在拉扎勒斯看来，情绪是人与环境相互作用的产物，是个体对环境事件知觉到有害或有益的反应。在情绪活动中，人们需要不断地评价刺激事件与自身的关系。具体来讲，有三个层次的评价：初评价、次评价和再评价。

初评价是指人确认刺激事件与自己是否有利害关系以及这种关系的程度。

次评价是指人对自己反应行为的调节和控制，它主要涉及人们能否控制刺激事件以及控制的程度，也就是一种控制判断。

再评价是指人对自己的情绪和行为反应的有效性和适宜性的评价，实际上是一种反馈性行为。

个体正是在这样不断地对情境进行评价的过程中，对情境的性质有了不同的判断，继而产生不同种类的情绪反应。

（四）情绪是生理唤醒、环境及认知共同作用的结果

情绪的复杂性说明，不是单一因素就能够解释清楚情绪的产生问题，考虑多种因素在其中的作用也许更现实些。但情绪多因素的实验研究的确难以操作。在前人研究的基础上，沙赫特等人作了积极、有效的尝试，取得了令人信服的效果。

沙赫特和辛格的实验试图探讨的是：情绪的产生是如何受到环境事件、生理唤起和认知解释这些多重因素的共同影响，以及在情绪产生过程中以上因素间的相互关系。研究者希望能综合地考察生理、认知和环境三方面因素对情绪产生所具有的特定的影响。他们希望在实验中：诱发被试产生某种生理状态，并诱导他们对自己的生理状态作出不同的认知解释，然后观察处于不同环境和认知解释组合下被试的情绪反应。这样就能分别对生理、认知和环境三因素进行控制，研究它们对情绪产生的综合作用。

具体实验过程如下：

第一步：先给三组大学生被试注射肾上腺素，使他们处于生理唤醒状态（这是为了使所有被试的生理唤醒状态相同）。

第二步：实验者对三组被试作了三种不同的说明来解释这种药物可能引起的反应。第一组被试被告知注射药物后将产生心悸、手抖、脸发烧等反应（这些是注射肾上腺素的真实效果）；第二组被试被告知注射药物后将产生双脚麻木、发痒和头痛等现象（这与肾上腺素的真实效果完全不同）；第三组被试被告知药物是温和无害的，而且没有任何副作用，即不告知这组被试肾上腺素的效果。这个步骤是要诱使三组被试对自己的生理状态作出不同的认知解释。

第三步：将每组被试再分成两部分，并让两部分被试分别进入两种实验情境中。其中一个实验情境是被试能看到一些滑稽表演，是一个愉快的情境；而在另一个实验情境中，则强迫被试回答繁琐的问题，并强加指责，是一种惹人发怒的情境。这个步骤是要使被试处在不同的环境中。以便实验者观察这两种环境下各组被试的情绪反应。

实验结果如下：

我们可以想象：如果情绪是由刺激引起的生理唤醒状态单独决定的，那么三组被试应该产生一样的情绪反应，因为实验中他们的生理唤醒状态都是一样的；如果情绪是由环境因素单独决定的，那么各组被试应该是在愉快的环境中感到愉快，在愤怒的环境中产生愤怒。

但实验的真实结果是：第二、三组被试在愉快环境中表现出愉快的情绪，在愤怒的情境中表现出愤怒的情绪，而第一组被试在两种情境中都比较冷静。显然，这是由于第一组被试能正确地估计和解释后来的真实生理反应，并将环境对他的影响也进行了认知解释，因而能平静地对待环境作用。而第二、三组被试对真实生理唤醒水平的认知解释是错误的，因而他们的情绪反应随着环境的不同而变化。由此可知，在情绪的产生中，生理唤醒和环境都有影响，但认知过程则起着至关重要的作用。大脑皮层将环境、生理和认知信息整合起来后产生了特定的情绪反应。

据此，沙赫特和辛格认为，情绪是认知过程、生理状态和环境因素共同作用的结果，其中认知因素对情绪的产生起关键作用。

第六章 中小学生情绪、情感发展特点及教育

情绪、情感不仅是个体心理发展的重要组成部分，也对其他心理发展有着重要的影响。情绪、情感和认识过程不同，它反映的是客观事物与人们需要之间的关系。它是从认知到产生行为之间的桥梁。情绪与情感对个体的行为既有促进作用，也会产生干扰作用。一定的情绪和情感往往是激励人的活动、提高人的活动效率的动力因素之一；情绪和情感在人际关系调节方面也起着重要的作用，借助于情绪的外部表现方式——表情，人们可以传递信息、沟通思想。因而了解和掌握中小学生情绪、情感发展的特点、规律，就成为情绪、情感教育的极其重要的内容之一。

一、情绪和情感的发展变化

（一）小学生情绪、情感发展的一般特点

小学阶段相当于心理学研究中的儿童期，大约是6～12岁。小学生入学后，由于生活环境的变化，教育与教学不断向其提出新的要求。他们的接触面广了，认识不断加深，从而使情感也发生了相应的变化。总体来说，他们的情感发展水平还不高，还很不稳定，带有很大的情境性。

1. 小学生情感内容不断丰富

儿童入学后，活动范围扩大了，学习成为他们的主导活动，学习内容不断增多，知识面不断拓展，他们体验到的情绪也来自于各种活动。如，学习的成功或失意，相应的就会产生愉快或沮丧的情绪体验。班集体生活则能使他们形成集体主义情感和同窗友谊感，而且这种情绪体验会不断加深，由低年级到高年级小学

生会形成集体行为准则，形成一定的班风和校风。随着年龄增长，小学生的情感也逐渐起着变化，由简单到复杂，内容不断丰富。

（1）小学生道德感的不断发展。小学生的道德情感处于不断发展的过程之中，其主要表现是情感产生所依据的道德标准从低年级的外在要求向内心的具体形象过渡。对低年级的学生而言，教师对行为的道德评判是他们的重要依据，学生的情感与教师的情感具有很高的一致性。到了小学高年级，这种情况有所改变，学生自己内心的道德形象，甚至简单的道德概念开始形成。因此，教师和一些社会公众形象在小学生的道德情感产生中扮演着重要的角色。情感发展也有一个从狭隘、模糊，逐步发展到初步深刻和比较稳定的过程，具有明显的转折期，情感体验容易受具体形象事物的感染，但还没有达到自觉意识的水平。

（2）小学生理智感的不断发展。由于理智感同人在认识活动中的成就获得、需要兴趣的满足、对真理的探索追求及思维任务的解决是联系着的。因此，带着强烈求知欲进入校门的小学生对学习知识有着很高的期望，在学习中得到肯定会让他们体验到愉悦与满足的情绪。相反，受到挫折和否定会让他们体验到沮丧的心情。这些情绪体验会随着学习活动的多样化，尤其是学习各科的兴趣分化而出现个体差异。总的看来，小学生对具体形象的兴趣逐步扩大到对抽象材料、社会和政治生活的兴趣。

（3）小学生美感的不断发展。小学生的美感，一般来讲，主要指向于内容，那些文学作品中的具体人物、特定时期被广泛关注的社会人物都可以成为美感产生的原形。他们还很少注意作品的艺术评价。对事物的审美更多地指向具体的事实，很少注意艺术的技巧。所以小学生的美感还不深刻，不细腻，还有待于后天的进一步提高。

2. 小学生情感的稳定性日益增强

小学生的情绪、情感不稳定，表现为较突出的冲动性。他们还很不善于掩饰，不善于控制自己的情绪。但是与学前儿童相比，他们的情感已经开始内化。随着年龄的增长，小学生已经逐步能意识到自己的情感表现以及随之可能产生的后果，并且控制和调节情感的能力也逐步加强，他们的情绪、情感逐步从冲动性、易变性向平衡性、稳定性方向发展。一般来讲，小学三年级是这种转变的转折点。小学生尚未面临升学、求职等重大压力，因而其基本情绪状态是平静而愉快的。

3. 小学生情绪、情感的深刻性不断增加

小学生的情感表现还是比较外露、易激动的，但情绪体验逐渐与一定的人生观、世界观、行为规范的道德标准等联系起来，情绪体验逐步增强。例如有专家对儿童恐惧的研究发现，小学生虽然也像幼儿那样害怕黑暗、怪物、生病，怕被车撞倒，怕被狗咬伤，等等，但更多的是对学校的恐惧。如：怕学业不佳、考试成绩不好，怕家长和老师批评，怕遭到同学的讥笑，等等。整个小学阶段，学生的热情都易受具体事物支配。大约在三四年级以后，小学生的情绪开始分化，具有一定的选择性，减少了盲目性。小学生富于表情，且比较容易变化。小学生容易激动，带有一定的易激惹性。小学生也出现心境，但持续的时间一般不太长。大约到中、高年级才逐步出现影响整个情感状态的心境。

（二）青少年情绪、情感的发展特点

中学生正处于青春期的 11、12～17、18 岁，“青年心理学之父”霍尔将这个时期形容为“疾风怒涛”时期。由于生理发育的急剧变化，内分泌系统和性发育的趋向成熟以及认知水平和社会地位的提高，使其情绪、情感发生了一系列变化。情绪、情感在这个时期得到了前所未有的发展，在青少年的生活中占有重要地位。这是一个从幼稚期向成熟期的过渡时期，是一个半幼稚、半成熟的时期，是独立性与依赖性、自觉性与幼稚性错综矛盾的时期。青少年的问题行为多是由于情绪、情感的障碍而产生的，如神经症、精神病、自杀等，青少年犯罪的直接原因之一也是情绪和情感发展的不成熟。

1. 情绪、情感两极性明显

处于青春期的中学生，情绪、情感体验强烈，情绪波动比较大，容易被某些事件所激励、所振奋，带有明显的两极性。例如当取得较好成绩时，他们会高兴得手舞足蹈，失败时则灰心丧气，悲观失望；在一种场合表现出很强的责任感、正义感，在另一种场合可能又不履行责任，甚至违反纪律。在一个少年身上可以看到情感的矛盾现象，他们能够爱护小同学，帮助老人、弱者，表现出同情心，而有时为了在同学面前逞能，却又故意捉弄小同学，欺负弱者，丝毫没有怜悯之心。在对人的态度上，有时由于一件小事情就能对人非常热情或者冷淡。中学生的情绪、情感有强烈粗犷的一面，又有温柔细腻的一面；有高亢、激情的一面，也有平和、含蓄的一面；有善良、爱心的一面，也有冷漠、麻木的一面。一句善意的话语、一个感人的故事、一支动听的歌曲、一首情理交融的诗歌，都可以使中学生情绪发生骤然的变化。随着年龄增长，两极性逐渐减弱，情绪、情感的控制力逐步增强。

2. 情绪、情感丰富多彩，复杂深刻

青少年随着年龄增长，在情感的形式、内容上更加丰富多彩。他们对自己喜欢的学科、活动表现出热爱，有的甚至入迷；对自己敬佩的人会表现出由衷敬佩。情绪体验来得快而强烈，他们富于激情，对人对事都比较敏感。青少年时期各种高级的社会情感也迅速发展起来。

(1) 在道德感体验方面，青少年已经对道德标准有了比较深刻的理解，他们能够按照一定的道德标准对自己和他人的思想和行为进行评价，并由此形成符合社会道德要求的情感体验。他们的道德感发展很快，主要表现在集体感和友谊感上。在集体感方面，他们特别重视自己在集体中的地位，能够掌握一定的原则，按照一定的思想、目标去形成集体。在友谊感形成中，比较注意共同的心理基础，有一定的选择性，往往容易选择兴趣相投、性格相近，在理想、信念、世界观上比较接近的人。交友比较理智，友谊存留时间较长。但初中生由于认识水平的原因，在交友过程中有时容易用义气代替道德原则，分不清是非，盲目地保持所谓的友谊。

（2）在理智感的体验方面，青少年时期是理智感发展的重要时期。理智感是在人的认识活动中产生和发展的，青少年又是一个人认识能力发展最迅速的时期，中学生理智感的发展主要表现在求知欲方面。中学生对学科兴趣的分化趋于明显，求知欲望更加扩大和加深，兴趣爱好广泛。他们能够结合自己的志向及今后希望从事职业的需要去学习，产生与兴趣、志向相联系的情感体验，并把这种情感变成一种学习的动力，进一步促使他们更深入、主动地扩大自己的知识面，从中感受到快乐。初中学生的理智感还存在走极端的倾向，高中学生的理智感更为深厚和稳定。

（3）在对美的体验上，青少年美感的发展也非常迅速，初中生已经能够把外在美的欣赏和内在美的评价有机结合起来，他们赞叹祖国山河的壮丽，开始重视自己的形象，对他人的外表也很关注。但是初中生对美的内涵的理解还是不够深刻，到了高中阶段对美的追求更加广泛，美感体验也逐渐深刻。对阅读作品更重视社会价值和美感因素，在艺术欣赏方面能依据一定的审美标准做出独立判断，对美的内涵理解明显深化。

3. 情感逐渐由不稳定到稳定

青少年情感从外露型向内隐型情感过渡，是中学生情感发展的一个重要特点。外露型情感是儿童情感的基本特征，内隐型情感是成人的情感特征。中学生的情感恰恰处于从儿童情感向成人情感的过渡时期。此方面青少年情感的特点主要表现在两个方面：一是情感逐步带有文饰、内隐的特点，他们的内心体验和外部表现形式并不完全一致，初中生情感还具有不少外露的色彩，易受刺激影响，外部表现和内心体验较为接近，高中学生情感的自我调节能力大大增加，内隐特性日趋明显，他们情感表露向后延迟，通常要在利弊权衡之后加以表达，有时情感的外部表现与其内心的真实体验并不一致，例如，他们内心厌烦的事情，表面上却显得十分平静。二是情感的自我调节和控制能力逐渐提高。喜怒无常的现象基本不见了，到了青年初期则出现了明显的稳定心境。

二、学生的情绪、情感教育

情绪、情感对青少年身心健康具有重要作用，加强青少年学生的情绪、情感教育是学校心理教育的一项重要任务。

（一）实施情绪教育的目的

情绪教育，简单而言就是指培养个人体验他人情绪、控制和表达自身情绪的能力。情绪和情感教育是教育过程的一部分，它所关注的是教育过程中学生的态度、情绪、情感以及信念，目的在于促进学生个体和整个社会的健康发展。情绪和情感教育是使学生身心愉快的教育，其教育目的具体体现为以下几点：

（1）将行为规范逐渐内化，增进自我控制的能力，使情绪表现符合社会的期望。

（2）将具有破坏及伤害性的情绪表达方式，转变为无害的，或者是有建设性的疏解方式。

（3）在情绪上逐渐独立，不用依赖成人。

（4）走出自我中心，多关心及帮助别人，增进情绪的适切性及深度。

（5）了解并接纳自己，避免因对自己过于严苛的评价而产生情绪困扰（如过度自卑、沮丧、烦恼、怨恨、愤怒等）。

（6）增进认知评价及判断能力，能客观解释所遭遇的情境。

（7）面对现实，承担责任，不逃避问题及冲突，增进挫折容忍力。

（8）避免过度的情绪反应，维持情绪稳定，常保持快乐的心情。

（二）情绪教育的重要作用

在现代学校健康教育中，情绪和情感教育具有重要作用：

（1）促进身体健康成长。基础教育阶段正是个体身心迅速发展、情绪极不稳定的时期，在此期间加强情感教育，帮助他们消除消极的情绪、情感，形成积极的情绪、情感，对增进他们的身体健康极为重要。美国学者辛德勒曾在《天天都过好日子》一书中说："每个人体内都有人所共知的、最有助于身体健康的力量——就是良好情绪的力量"。所以，为了学生身心的健康成长，在学校心理健康教育工作中必须要重视情感辅导的力量。

(2) 促进认知的发展。学生在愉快的情绪状态下学习，会感到思维活跃，记忆敏捷，学习效率高。比如，学生在愉快的情绪下学习，就会为学所乐，越学越想学，越学越能学，越学越会学；反之，就会为学所苦，越学越不想学、不能学、不会学，进而使学习效率降低。

(3) 促进品德的发展。教育是充满感情、充满爱的事业，没有感情的教育是苍白无力的教育。单纯的知识传授，不可能培养出有理想、有道德、有文化、有纪律的健全国民。良好情感是良好品德的行为动力，一切良好的品德和行为无不源于良好的情感。情绪和情感教育可以有效地把社会道德准则和行为规范内化为学生自身的心理需求和价值观念，而这种内化的关键就在于培养学生良好的情感。

（三）情绪和情感教育的内容

1. 培养学生各种健康、积极的情绪

健康、积极的情绪是与某种需要的满足相联系的，通常伴随愉悦的主观体验，并能提高人的积极性和活动能力。健康、积极的情绪是人体中最有助于身心健康的力量，它不仅能提高大脑和整个神经系统的紧张度，充分发挥有机体的潜能，提高学习工作的效率，而且能增强人对疾病的抵抗力和适应环境的能力。培养学生健康的情绪既是情绪教育的内容，也是情绪教育的目的。人们虽然对健康积极情绪有不同的解释，但所有的看法均有一个共同特征，即认为健康积极的情绪会产生愉悦感。那么什么样的情绪才是健康积极的情绪？积极健康的情绪判别有以下几条标准：

(1) 从产生情绪的原因上判断。每种情绪的产生都会有其适当的原因，特定事物引起相应的情绪是情绪健康的标志之一。如：高兴是因为有喜事；悲哀是遇到不愉快或不幸事件；愤怒是挫折引起的等。原因与结果的社会一致性是健康情绪的基本要求。该高兴时高兴，该愤怒时愤怒是正常的；反之，该高兴时生气，该愤怒时高兴，这就不是健康的表现了。

(2) 从情绪反应的强度上判断。情绪的反应强度应与引起它的情境相吻合，过于强烈的情绪反应或者过于微弱的情绪反应都是不适当的。如有人对足以引起喜悦或者悲哀的事情无动于衷；或者因一点小事、小的挫折就大惊小怪、反应过高都是不正常的。

(3) 从情绪的持续时间上判断。情绪的作用时间会随着客观情况的变化而转移，通常当引起情绪的因素消失之后，人的情绪反应就会相应的逐渐消失。例如，生活中不小心把东西丢了，当时可能会非常生气，事情过后，慢慢也就自己调节过来。如果长期生气，这就是情绪不健康的表现。

(4) 从情绪的稳定性上判断。情绪稳定表明个人的中枢神经系统活动处于相对的平衡状况，反映了中枢神经系统活动的协调。如果一个人的情绪长期不稳定，喜怒无常，则是情绪不健康的表现。

(5) 从情绪的性质上判断。心情愉快是情绪健康的重要标志。愉快表示人的身心活动和谐与满意。相反，一个人经常情绪低落，总是愁眉苦脸，心情总是处于苦闷之中，则可能是心理不健康的表现，要注意自我调节。

2. 培养学生控制和调节消极情绪的能力

消极的情绪会干扰心理活动的顺利进行，甚至会导致认识机能障碍与行为失调。然而，在生活中每个人都不可避免地会遇到挫折、失败和险境，从而产生各种消极情绪，如焦虑、烦恼、痛苦、愤怒等。这些消极情绪状态若得不到及时排解，这种不良心理能量的积聚超过一定负荷就会破坏心理平衡，对身心造成一定的伤害，所以，我们不鼓励“感情用事”而倡导情绪的适当控制，但不是过分地压抑情绪。因此，人们应采用适当的方法与策略，合理宣泄自己的情绪，用理智驾驭自己的情绪，努力做情绪的主人。

3. 培养高尚的情操

情操是指比较复杂的、带有理智性的、与正确评价结合在一起的各种高水平的情感综合体。主要包括三个方面：一是道德感。这是与行为评价是否符合道德规范相联系的高水平的情感体验。它要求以道德标准作为区分是非、善恶、好坏的标准。二是审美感。这是与崇高的人类进步事业相一致，是对种种美的高级情感体验。三是理智感。这是在评价事物的真伪过程中引起的情感体验，经常在试图寻找理性的行为中表现出来。要鼓励学生克服困难，在学习活动中体验成功的欢乐。

（四）情绪教育的途径和策略

1. 使学生的各种活动与积极的情绪体验相结合

在各种活动中，特别是在学习活动中，常常会产生各种情绪体验。经常产生积极的情绪体验，如高兴、快乐、幸福、满足等可使学生增强自信心。情绪高涨，精神饱满，既能增强其完成学习任务、参加集体活动的热情，又有利于其心理健康。要避免长期体验消极情绪，防止引发种种情绪障碍。积极的情绪体验会成为学生新的活动动机，使他们以更高的热情投入到学习活动中去。

2. 创造良好的气氛

情绪的产生依赖于情境，要培养学生积极健康的情绪就必须创造良好的气氛。心理学家罗杰斯指出："创造良好的教学气氛，是保证有效进行教学的主要条件，而这种良好教学气氛的创设又是以良好的人际关系为基础或前提的。"班级人际关系实际上是开展教学活动的重要背景，在良好的人际关系中进行教学，师生双方、同学之间的关系融洽，情绪愉快、互相支持、彼此合作的态度和良好的情绪气氛，都将促进教学效果的提高。相反，家长整天训斥孩子，孩子得不到爱抚，或者学校老师对学生表现冷漠，批评训斥过多，学生负担过重，学生情绪发展必然遭受挫折，进而形成自卑、胆怯、畏缩、孤僻或者冷酷等不良情绪。

3. 培养愉快情绪的方法

愉快是最有益于健康的情绪，愉快能使人在紧张中得到松弛，产生满意感和满足感，对外界产生亲切感；使人更易于与他人处在和谐关系之中，还能使人有一种超越的自由感，让人轻松、活跃、主动。学生怎样才能保持愉快的情绪呢？

（1）形成适当的需要。教师要帮助学生确定符合他们实际情况的奋斗目标，使其跳一跳能够得着，切忌好高骛远；要引导他们实事求是，不作非分之想，不苛求自己，尤其是优等生或争强好胜的学生，不要为小事而过于自责，凡事要放宽心，想得开。

（2）增强自信。自信是保护愉快情绪的重要条件。中小学生应看到自己的优点和长处，学会悦纳自己，欣赏自己，肯定自己，做到不自卑、不自怜、不自责。教师和家长要相信每个孩子都有他（她）可爱和可造就的一面，要经常肯定他们，鼓励他们。

（3）多找乐趣，少寻烦恼。教师要培养学生对各种活动广泛而稳定的兴趣，积极参与各种活动，从中获得快乐，享受生活的美好。人们的烦恼，与其说是外界给的，不如说是自己惹出来的。有的学生为一点小事就斤斤计较，忧心忡忡、恍恍惚惚。美国心理治疗专家比尔·利特尔这样告诫我们：不要滚雪球似的扩大事态，当问题第一次出现时就正视它；不要把别人的问题揽到自己身上而自愿自艾、引咎自责；不要总盯着事物的消极面；不要总预料会出什么坏事；不要把目标定得高不可攀；不要贬低自己的价值；不要小题大作，鸡蛋里挑骨头；不要总觉得自己在受苦受难。

（4）多与人交流。许多中小学生不善于与人交流，遇到什么事情往往表现得不知所措。培根说：“如果你把快乐告诉一个朋友，你将得到两个快乐；而如果你把忧愁向一个朋友倾吐，你将被分掉一半忧愁。”学生多与家长、教师和好朋友交流，可以增长知识，受到启迪，增进友谊，能给自己带来意外的收获和快乐。

4．克服消极情绪的方法

改变消极情绪的方法多种多样，如情绪宣泄、系统脱敏、理性情绪辅导、强化鼓励等，应具体情况具体处理，但应注意以下几个基本问题。

（1）承认不良情绪存在的事实。把自己情绪不良、有些焦虑不安这一事实全面接受下来，这样反而可减少一些惊慌和痛苦。其实，人有某些消极情绪并把它适当地表达出来，是一种正常现象。不必花费精力去掩饰它、压制它，或作其他无谓的挣扎，这是于事无补的。而且长久地压制消极情绪还会诱发过度的情绪反应。

（2）对情绪作合理的宣泄。宣泄就是把自己压抑的情绪向合适的对象释放出来，使情绪恢复平静。消极的激情一旦产生，人们觉得痛苦难忍，对这样的情绪如果过分强制和压抑会引起意识障碍，影响正常的心理活动。具体的宣泄方式有多种，如，可以把事情向自己的亲朋好友坦率地说出来，倾诉自己的痛苦和不幸；可以痛哭一场，俗话说“男儿有泪不轻弹”，这是不利于情绪健康的；可以合上眼睛听听音乐，让自己的感觉随音乐流动；可以在公园里独自散步，安静地想点什么，或把思维集中在一棵树或一座桥上；可以和知心朋友进行一次“坦诚的谈话”；可以给朋友写一封书信或记一篇日记述说自己的苦衷。“当局者迷，旁观者清”，别人的劝慰可以减轻自己的痛苦，别人的分析点拨可以使自己茅塞顿开。当然宣泄要合理，要注意对象、场合与方式，不可超越法规、纪律的约束，不能把别人当成自己出气的对象而伤害别人，也不能用毁坏公共财物等手段来发泄怒气。

（3）采取建设性的实际行动。凡是长期心情不好的人，都是想得多而有效行动少的人。因此，为解决不良情绪，必须采取建设性行动。凡是可满足自己需要的、自己感兴趣的、自认为有意义的、可创造一些社会价值、能促进人际关系改善的行动，都是建设性的行动。

(4) 把握现在。正视现实的生活态度可以使人的消极情绪平静下来。而现实感强烈的人很少追悔过去，也很少为将来焦虑。因为过去的已成为历史，将来的还未到来，最重要的是抓住现在，一步一步地为改变引起不良情绪的情境做点实事。

(5) 改善人际关系，增强自信心。消极情绪是“果”，基本需要未适当满足是“因”。因此，为建设和谐满意的情绪生活，从根本上说，就要在自身内部提高自我价值感、增强自信心；就要在外部提高人际交往水平、改善人际关系。有了内部与外部这两方面的经验，人的情绪生活一定能自己掌握。

(6) 放松训练——身体放松调节情绪的方法。放松训练又称为松弛反应训练，是一种通过肌体的主动放松来增强人对自我情绪控制能力的有效方法。它的基本原理是通过训练放松所产生的躯体反应，如减轻肌肉紧张、减慢呼吸节律和使心律减慢等，达到缓解焦虑情绪的目的。

三、情绪调控与心理健康

人是有感情的动物，喜怒哀乐、人皆有之，而有心理问题的人多在情绪上存在各种各样的困扰。情绪与心理健康有着密切的关系。现代身心医学、生理学和心理学的研究都证明了无论是积极的情绪还是消极的情绪，对人的身心健康都有重要影响。因此，要想保持心理健康，调控好情绪至关重要。

(一) 情绪与心理健康

1. 积极情绪对身心健康的作用

积极的情绪与个体需要的满足相联系，也与个体积极的态度相关联，积极的情绪通常伴随着一种愉悦的主观体验，能提高人的积极性和活动能力。积极情绪的表现形式主要有高兴、兴趣、满意、爱、崇拜、爱戴、自豪等。积极情绪的体验是人类本性的中心，它不仅有利于学习、工作和生活，也有助于延长生命，提高人类生活的质量。学生正处在身心发展的关键时期，在学校、家庭和社会环境中保持一种积极的情绪状态，对他们的成长具有十分重要的意义。

（1）积极情绪促进认知活动，有益于学习效率的提高

在积极情绪下，个体会表现出认知范围拓宽、认知灵活性提高的特点，显示出对人的认识和活动所具有的动力作用。积极的情感可以成为人们认识和活动的内驱力，推动个体高效率地完成各种任务。一个喜欢学校生活的学生在学习活动中会表现出积极的态度并取得满意的结果。与之相反，消极的情感却是一种阻力。有人利用电影诱发出四种情绪状态：快乐、满意、愤怒、焦虑，并且用一种中性情绪作为控制条件，然后用整体－局部性知觉加工任务来评估被试在不同情绪状态下的注意范围。结果发现，在两种积极情绪状态下的被试比中性状态下的被试有更大的注意广度。还有人进行了一系列考察积极情绪与认知之间关系的研究，结果发现，积极情绪比中性状态下的被试者，有更灵活、更有创造性的思维方式。

积极情绪能促使个体充分发挥自己的主动性，提高个体的认知灵活性，从而产生多种思想和行为，特别是能产生一些创造性或创新性的思想和行为，并把这些思想和行为迁移到其他方面。这样的作用对学生创造性思维的培养意义重大。积极情绪同样可以促进人际问题的顺利解决。积极情绪通过创造友好的氛围来实现这样的目的。同时，由于积极情绪下认知灵活性的提高，能够使个体想出更多的问题解决策略，进而提高问题解决的效率。此外，积极情绪在促进帮助、友好行为，密切人际联系，扩大人际资源方面也具有明显的作用。积极情绪还能够提高应对水平，促进社会适应。生活在快乐中的人能够承受更多的挫折，他们充满活力，具有决定性、创造性和友善性。社会心理学的一项传统研究表明，积极的情感体验能增加个体帮助他人的可能性。

（2）积极情绪有助于缓解紧张

由于生活的压力和人性自身的弱点，消极情绪几乎是不可避免的。因此，心理学的一大任务就是要帮助人们摆脱消极情绪的

困扰，释放由消极情绪造成的心理紧张。研究表明，积极情绪能使整个机体的免疫系统和体内化学物质处于平衡状态，从而增强对疾病的抵抗力。据此，积极心理学认为可以通过积极情绪的扩建作用来释放由消极情绪造成的心理紧张。积极情绪可以通过撤销消极情绪的体验和生理唤醒，使人释放由消极情绪造成的心理紧张，从而使人的机体保持健康和活力。有关实验研究表明，采用压力任务，使被试产生焦虑体验，同时有心率、心血管活动和血压升高这样的生理反应。之后，用电影诱发被试三种情绪：欢乐、满足、悲伤。结果发现，在两种积极情绪条件下（欢乐和满足）的被试，心血管活动恢复到基线的速度要明显快于控制条件下的被试，而在悲伤条件下，被试的心血管恢复速度最慢。

据说英国著名化学家法拉第，在年轻时由于工作紧张，神经失调，身体虚弱，久治无效。后来，一位名医给他作了详细检查，但没有开药方，只留下一句话："一个小丑进城，胜过一打医生。"法拉第仔细琢磨，觉得有道理。从此以后，他经常抽空去看滑稽戏、马戏和喜剧等，并在紧张的研究工作之后，到野外和海边度假，调剂生活情趣，以保持经常的心境愉快，结果活到76岁，为科学事业作出了很大贡献。有人调查发现，几乎所有长寿老人平时都非常愉快，并且长期生活在一个家庭关系亲密、感情融洽、精神上没有压力的环境中。积极情绪产生在安全的环境中，一般不会像消极情绪那样产生具体的行动倾向（如恐惧引发逃跑，愤怒引发攻击），所以积极情绪可以通过取消对具体行动的准备，有效地消除消极情绪的体验和生理唤醒。积极情绪有利于健康，有益于快乐感和幸福感。经常处于积极情绪状态的人不易生病。积极的情绪状态在保持生理健康上有重要意义。

（3）积极情绪具有增强对抗压力的功能

较易产生积极情绪的人被称为弹性个体，他们会从压力和消极情绪中迅速地恢复，并灵活地改变，以适应社会环境，就像弹性金属那样伸缩、弯曲，但却不会被毁坏。采用高压力性任务来诱发被试者的消极情绪，发现高心理弹性的个体在面对高压力任务时，积极采取应对策略，不管是任务前还是任务后，都能体验到较多的积极情绪。研究表明，有活力的个体能从压力环境中快速而有效地恢复过来。

(4) 促进良好人际关系的建立

积极情绪能够建设个体的心理资源，这为个体的社会适应准备了更为有利的条件，有利于提高个体的社会适应能力。而这些资源可以转化为更好的生存和获得成功的机会。有研究发现，积极情绪不仅能够提高认知类问题解决的效率，同样能够促进人际问题的解决。积极情绪能够促进帮助、友好行为，密切人际联系，扩大人际资源。积极情绪能够提高应对水平，促进社会适应。教育要为学生的终身发展奠定基础，在培养目标上要着眼于人的全面发展，这就要求教师不只要担当知识的传授者，还要求教师成为学生的引导者，引导学生学会做事，学会与他人合作。愉快的情感体验会促进人与人关系的融洽，建立良好的人际关系。

(5) 良好的情绪情感有助于人格的完善

现代情绪情感理论揭示了情感在人格结构中的核心地位。一个人经常表现出某种情绪反应，获得某些情感体验，他就会逐渐形成具有相应情感特点的人格特质。而这样的人格特质一旦形成，他就会为其生活的各个方面蒙上一层独特的情绪色彩。显然，我们希望这样的情绪色彩是一种积极、向上、健康的。中小学生的人格还处在形成过程之中，能够形成这样积极健康的人格特点是情绪教育的目的所在。

2. 消极情绪对心理健康的危害

消极情绪意指那些消极的或厌恶的情绪体验，如紧张、悲哀、烦恼等情绪。消极情绪的长期存在会影响人的机体免疫力，从而造成人体抗病能力下降。现已知不良情绪与癌症、糖尿病、风湿病等严重危害人生命的疾病发生、发展密切相关。不良情绪主要表现为两种形式：一是过于强烈的情绪反应；二是持久性的消极情绪。二者对人的健康和社会适应都是有害的。

（1）过于强烈的情绪反应

过度的情绪反应是指情绪反应过分强烈，超过了一定的限度，如狂喜、暴怒、悲痛欲绝、激动不已等。过度的情绪冲击，会抑制大脑皮层的高级心智活动，打破大脑皮层的兴奋与抑制之间的平衡，使人的意识范围变得狭窄，正常的判断力、自制力被削弱，并使工作和学习效率降低，甚至有可能使人精神错乱、神志不清、行为失常，许多反应性精神病就是这样引发的，严重时可以抑制生物体的免疫反应，使其失去活力，从而导致自杀。

有人做过这样一个实验：让几个大学生分别进入实验室，该室有四个门，其中三个门是锁住的，只有一个门可以打开，实际上只要按顺序将各门试一下，便能很快找到出路。但当实验者用冷水、电击、强光、大声等强烈刺激同时加之于受试者，使之趋于紧张状态时，好几个被试者呈现慌乱现象，不知道按顺序找出路，四面乱跑，已经试过是被锁住的门，会重复地去尝试，显然是被弄糊涂了。像这一类因情绪激动而失去理智的现象，在日常生活中屡见不鲜。好些学生平时成绩不错，到了考试时，由于过分紧张，成绩反而降低。有些运动员在重大比赛中，也常常因心情紧张而临场发挥不好。过度的精神紧张，还可能引起超限抑制，一个人吓得呆住或气得说不出话来就是这种表现。在盛怒之下引起心脏病猝发而突然死亡的事例也屡见不鲜。即使是高兴的情绪也需要适度，“乐极生悲”并不是耸人听闻。《儒林外史》中屡试不第的穷书生范进，直到50多岁时，突然听到自己“金榜题名”中了举人的消息后，喜极发疯，患了癫狂病。在观看世界杯足球赛时，由于自己喜欢的球队进球了，过度高兴而猝死的也大有人在。

（2）持久性的消极情绪

持久性的消极情绪常常会使人的大脑机能严重失调，从而导致各种神经症和精神病，例如焦虑症、抑郁症、强迫症、神经衰弱等。心理问题和心理疾病大多与长期消极情绪有密切关系。两千多年前，我国医学著作中就有关于不良情绪影响人的生理功能的记述，如喜伤心、怒伤肝、忧伤肺、思伤脾、恐伤肾。这里的喜、怒、忧、思、恐都是指情绪反应超过了一定的限度，或过分强烈，或持续过久。当人在焦虑、忧愁、悲伤、惊恐、愤怒、痛苦时，会发生一系列生理变化，这是正常现象；当情绪反应结束时，情绪波动与生理上的负担会逐渐消除，生理方面又将恢复平静。这没有什么不良的影响，并不一定造成心理疾病。但若情绪作用的时间延续下去，生理方面的变化也将延长，久而久之，就会通过神经机制和化学机制引起心血管系统、消化系统、泌尿生殖系统、呼吸系统、内分泌系统等各种躯体疾病。有研究表明，人们在经历一系列紧张事件后，各种疾病都会有所增加。据美国耶鲁大学医学院报告，在所有门诊病人中，属于情绪紧张而患病的占 76%。这些病人因为长期陷于某种情绪状态，对那种紧张心情已经习以为常，所以往往把注意集中到身体的症状上，而不觉得它和情绪有关了。在高度紧张之后，最好有一段相应的舒缓状态，休息几天就会安全无事的。否则，使应激紧张状态持续下去，就比较容易引起心理障碍和心理疾病。为此，一方面要解除消极情绪体验；另一方面要培养积极情绪体验。而且，由于积极情绪能够消解由消极情绪造成的心理紧张，使人的机体保持健康活力，因此，我们更要注重去培养人的积极情绪。正如积极心理治疗所遵循的不从功能紊乱出发，而从人的发展可能性和能力出发，培养人的积极情绪，这样才可以“预防”心理问题的产生。

3. 情绪调节类型

（1）内部调节和外部调节：内部调节来源于个体本身，如个体的生理、心理和行为等方面的调节；外部调节来源于个体以外的环境，如人际的、社会的、文化的以及自然的等方面的调节。

（2）修正调节、维持调节和增强调节：修正调节主要是对负面情绪所进行的修正和调节，如降低狂怒的强度使之恢复平静；维持调节主要是指人们主动维持对自己有益的正情绪，如兴趣、快乐等；增强调节主要是指把情绪由低或中度的状态调整到较强的积极性上来。

(3) 原因调节和反应调节：原因调节是针对引起情绪的原因所进行的调节，包括对情境的选择、改变，注意调整以及认知策略等方面的改变；反应调节发生在情绪或诱发之后，是指通过增强、减少、延长或缩短反应等策略对情绪进行调整。

(4) 良好调节和不良调节：良好调节是指为使情绪、认知和行为达到协调所进行的调节；不良调节是指没有实现情绪、认知和行为相互协调的目的的调节。

4. 情绪调节的内容

(1) 生理调节：是以一定的生理过程为基础的情绪调节。通过生理状态等方面的调节来实现情绪的改变。

(2) 情绪体验调节：通过调整情绪体验的强度来改变情绪。

(3) 行为调节：是个体通过控制和改变自己的表情和行为来实现情绪变化。

(4) 认知调节：改变对事物的认知，进而改变情绪。

(5) 人际调节：通过人际关系等外在因素的改变来实现情绪的变化。

【附】中学生心理健康综合测量

中学生《心理健康诊断测验》，是我国心理学工作者根据日本铃木清等人编制的《不安倾向诊断测验》修订而成的，可用于综合检测中学生的心理健康状况。该测验共有100个项目，在这100个项目中含有8个内容量表和一个效度量表（即测谎量表）。8个内容量表分别是：学习焦虑、对人焦虑、孤独倾向、自责倾向、过敏倾向、身体症状、恐怖倾向、冲动倾向。每个项目后面有“是”和“不是”两个选项，要求被试根据自己的真实情况进行选择。

中学生《心理健康诊断测验》属于团体测验（也可个别施测）。测验实施时，先发给每人一份答题纸，要求填上省、市、县、学校、年级、班级、学号、姓名、性别、测验日期等。填好后发测题本。要求被试根据指导语完成测验。听主试朗读的同时，做“例题”练习。掌握答题方法后正式开始测验。

【指导语】

A. 这些测题是调查你的心情和感受的，不是测验智力和学习能力，与学习成绩无关，答案也没有好坏之分，请按照你平时所想的如实回答。

B. 回答方法。本测验每一问题都只有“是”和“不是”两种可供选择的答案，回答纸上相应的附有 a、b 两个可供选择的英文字母，请把你所选择的答案在回答纸相应的英文字母上画“○”，即：你如果选择“是”答案，就在回答纸相应的“a”字母上画“○”；选择“不是”答案，就在回答纸相应的“b”字母上画“○”。按此方法，对下列两个“例题”进行练习。答案做在回答用纸的左上角“例题”的回答部分。

(1) 早晨起来，你是否感到头痛？

a. 是　　　　b. 不是

(2) 你是否想起今后的事情就感到担心？

a. 是　　　　b. 不是

C. 注意事项。

(1) 按你平时所想的如实回答。

(2) 每一个问题都要回答，但只能选择一个答案；难以决定时，请选与你最接近的答案。

(3) 有不明白的地方可以举手问老师。

(4) 修改答案时，要用橡皮擦擦干净。

(5) 回答时间没有限制，但不要过分考虑，请写出你最初想到的答案。

【问卷项目】

(1) 你夜里睡觉时，是否总想着明天的功课？

a. 是　　　　b. 不是

(2) 老师在向全班提问时，你是否会觉得是在提问自己而感到不安？

a. 是　　　　　b. 不是

(3) 你是否一听说“要考试”心里就紧张?

a. 是　　　　　b. 不是

(4) 你考试成绩不好时，心里是否感到不快?

a. 是　　　　　b. 不是

(5) 你学习成绩不好时，是否总是提心吊胆?

a. 是　　　　　b. 不是

(6) 考试时，当你想不起来原先掌握的知识时，你是否感到焦虑?

a. 是　　　　　b. 不是

(7) 你考试后，在没有知道成绩之前，是否总是放心不下?

a. 是　　　　　b. 不是

(8) 你是否一遇到考试，就担心会考砸?

a. 是　　　　　b. 不是

(9) 你是否希望考试能顺利通过?

a. 是　　　　　b. 不是

(10) 你在没有完成任务之前，是否总担心完不成任务?

a. 是　　　　　b. 不是

(11) 你当着大家的面朗读课文时，是否总是怕读错?

a. 是　　　　　b. 不是

(12) 你是否认为学校里得到的学习成绩总是不大可靠的?

a. 是　　　　　b. 不是

(13) 你是否认为你比别人更担心学习?

a. 是　　　　　b. 不是

(14) 你是否做过考试考砸了的梦?

a. 是　　　　　b. 不是

(15) 你是否做过学习成绩不好时，受到爸爸妈妈或老师训斥的梦?

a. 是　　　　　b. 不是

(16) 你是否经常觉得有同学在背后说你的坏话?

a. 是　　　　　　b. 不是

(17) 你受到父母批评后，是否总是想不开，放在心上？

a. 是　　　　　　b. 不是

(18) 你在游戏或与别人的竞争中输给了对方，是否就不想再干了？

a. 是　　　　　　b. 不是

(19) 人家在背后议论你，你是否感到厌恶？

a. 是　　　　　　b. 不是

(20) 你在大家面前被老师提问时，是否会脸红？

a. 是　　　　　　b. 不是

(21) 你是否很担心让你担任班干部？

a. 是　　　　　　b. 不是

(22) 你是否总是觉得好像有人在注意你？

a. 是　　　　　　b. 不是

(23) 在工作或学习时，如果有人注意你，你心里是否紧张？

a. 是　　　　　　b. 不是

(24) 你受到批评时，心情是否不愉快？

a. 是　　　　　　b. 不是

(25) 你受到老师批评时，心里是否总是不安？

a. 是　　　　　　b. 不是

(26) 同学们在笑时，你是否也不大会笑？

a. 是　　　　　　b. 不是

(27) 你是否觉得到同学家里去玩不如在自己家里玩？

a. 是　　　　　　b. 不是

(28) 你和大家在一起时，是否也觉得自己是孤单的一个人？

a. 是　　　　　　b. 不是

(29) 你是否觉得和同学一起玩，不如自己一个人玩？

a. 是　　　　　　b. 不是

(30) 同学们在交谈时，你是否不想加入？

a. 是　　　　　　b. 不是

(31) 你和大家在一起时，是否觉得自己是多余的人?

a. 是　　　　b. 不是

(32) 你是否讨厌参加运动会和文艺演出?

a. 是　　　　b. 不是

(33) 你的朋友是否很少?

a. 是　　　　b. 不是

(34) 你是否不喜欢和别人谈话?

a. 是　　　　b. 不是

(35) 在人多的地方，你是否觉得很怕?

a. 是　　　　b. 不是

(36) 你在排球、篮球、足球、拔河、广播操等体育比赛输了时，心里是否一直认为自己不好?

a. 是　　　　b. 不是

(37) 你受到批评后，是否总认为是自己不好?

a. 是　　　　b. 不是

(38) 别人笑你的时候，你是否会认为是自己做错了什么事?

a. 是　　　　b. 不是

(39) 你学习成绩不好时，你是否总是认为是自己不用功的缘故?

a. 是　　　　b. 不是

(40) 你失败的时候，是否总认为是自己的责任?

a. 是　　　　b. 不是

(41) 大家受到责备时，你是否认为主要是自己的过错?

a. 是　　　　b. 不是

(42) 你在乒乓球、羽毛球、篮球、足球、拔河、广播操等体育比赛时，是否一出错就特别留神?

a. 是　　　　b. 不是

(43) 碰到为难的事情时，你是否认为自己难以应付?

a. 是　　　　b. 不是

(44) 你是否有时会后悔，那件事不做就好?

a. 是　　　　　　b. 不是

(45) 你和同学吵架以后，是否总是认为是自己的错？

a. 是　　　　　　b. 不是

(46) 你心里是否总想为班级做点好事？

a. 是　　　　　　b. 不是

(47) 你学习的时候，思想是否经常开小差？

a. 是　　　　　　b. 不是

(48) 你把东西借给别人时，是否担心别人会把东西弄坏？

a. 是　　　　　　b. 不是

(49) 碰到不顺利的事情时，你心里是否很烦躁？

a. 是　　　　　　b. 不是

(50) 你是否非常担心家里人生病或死去？

a. 是　　　　　　b. 不是

(51) 你是否在梦里见到过死去的人？

a. 是　　　　　　b. 不是

(52) 你对收音机和汽车的声音是否特别敏感？

a. 是　　　　　　b. 不是

(53) 你心里是否总觉得好像有什么事没有做好？

a. 是　　　　　　b. 不是

(54) 你是否担心会发生什么意外的事？

a. 是　　　　　　b. 不是

(55) 你在决定要做什么事时，是否总是犹豫不决？

a. 是　　　　　　b. 不是

(56) 你手上是否经常出汗？

a. 是　　　　　　b. 不是

(57) 你害羞时是否会脸红？

a. 是　　　　　　b. 不是

(58) 你是否会经常头痛？

a. 是　　　　　　b. 不是

(59) 你被老师提问时，心里是否总是很紧张？

a. 是　　　　　　b. 不是

(60) 你没有参加运动，心脏是否经常扑通扑通地跳?

a. 是　　　　　　b. 不是

(61) 你是否很容易疲劳?

a. 是　　　　　　b. 不是

(62) 你是否很不愿吃药?

a. 是　　　　　　b. 不是

(63) 夜里你是否很难入睡?

a. 是　　　　　　b. 不是

(64) 你是否总觉得身体好像有什么毛病?

a. 是　　　　　　b. 不是

(65) 你是否经常认为自己的体型和面孔比别人难看?

a. 是　　　　　　b. 不是

(66) 你是否经常觉得胃肠不好?

a. 是　　　　　　b. 不是

(67) 你是否经常咬指甲?

a. 是　　　　　　b. 不是

(68) 你是否舔手指头?

a. 是　　　　　　b. 不是

(69) 你是否经常感到呼吸困难?

a. 是　　　　　　b. 不是

(70) 你去厕所的次数是否比别人多?

a. 是　　　　　　b. 不是

(71) 你是否很怕到高的地方去?

a. 是　　　　　　b. 不是

(72) 你是否害怕很多东西?

a. 是　　　　　　b. 不是

(73) 你是否经常做噩梦?

a. 是　　　　　　b. 不是

(74) 你胆子是否很小?

a. 是　　　　　b. 不是

(75) 夜里，你是否很怕一个人在房间里睡觉？

a. 是　　　　　b. 不是

(76) 你乘车穿过隧道或路过高桥时，是否害怕？

a. 是　　　　　b. 不是

(77) 你是否喜欢整夜开着灯睡觉？

a. 是　　　　　b. 不是

(78) 你听到打雷声是否非常害怕？

a. 是　　　　　b. 不是

(79) 你是否非常害怕黑暗？

a. 是　　　　　b. 不是

(80) 你是否经常感到后面有人跟着你？

a. 是　　　　　b. 不是

(81) 你是否经常生气？

a. 是　　　　　b. 不是

(82) 你是否不想得到好的成绩？

a. 是　　　　　b. 不是

(83) 你是否经常会突然想哭？

a. 是　　　　　b. 不是

(84) 你以前是否说过谎话？

a. 是　　　　　b. 不是

(85) 你有时是否会觉得，还是死了好？

a. 是　　　　　b. 不是

(86) 你是否一次也没有失约过？

a. 是　　　　　b. 不是

(87) 你是否经常想大声喊叫？

a. 是　　　　　b. 不是

(88) 你是否不愿说出别人不让说的事？

a. 是　　　　　b. 不是

(89) 你有时是否想过自己一个人到遥远的地方去？

a. 是　　　　　　b. 不是

(90) 你是否总是很有礼貌?

a. 是　　　　　　b. 不是

(91) 你被人说了坏话，是否想立即采取报复行动?

a. 是　　　　　　b. 不是

(92) 老师或父母说的话，你是否都照办?

a. 是　　　　　　b. 不是

(93) 你心里不开心，是否会乱丢、乱砸东西?

a. 是　　　　　　b. 不是

(94) 你是否发过怒?

a. 是　　　　　　b. 不是

(95) 你想要的东西，是否就一定要拿到手?

a. 是　　　　　　b. 不是

(96) 你不喜欢的课，老师提前下课，你是否会感到特别高兴?

a. 是　　　　　　b. 不是

(97) 你是否经常想从高的地方跳下来?

a. 是　　　　　　b. 不是

(98) 你是否无论对谁都很亲切?

a. 是　　　　　　b. 不是

(99) 你是否会经常急躁得坐立不安?

a. 是　　　　　　b. 不是

(100) 对不认识的人，你是否会都喜欢?

a. 是　　　　　　b. 不是

【计分规则和结果解释】

(1) 凡是在“a”上画“○”，即选“是”答案者记1分；在“b”上画“○”，即选“不是”答案者记0分。

(2) 在整个问卷项目中的第82、84、86、88、90、92、94、96、98、100项，即组成效度量表的这些项目，如果它们的得分合计起来比较高，则可以认为该受测者是为了获得好成绩而作假的，所以测验结果不可信。在解释测验结果时，对得分高的人需要特别注意，尤其是得分在 7 分以上者，应考虑将该份答卷作废，并在适当的时候重新进行测验。

（3）除去效度量表项目，将其余的全部问卷项目得分累加起来，即可得到全量表分。全量表分从整体上表示焦虑程度强不强、焦虑范围广不广。若全量表分在 65 分以上者，即可认为存在一定的心理障碍，这种人在日常生活中有不适应行为，有的可能表现为攻击和暴力行为等，因而需要制定特别的个人指导计划。

（4）除效度量表外，由测验项目组成的 8 个内容量表的组成与含义如下：

A. 学习焦虑（由第 1～15 项组成）

高分（8 分以上）：对考试怀有恐惧心理，无法安心学习，十分关心考试分数。这类人必须接受为他制定的有针对性的特别指导计划。

低分（3 分以下）：学习焦虑低，学习不会受到困扰，能正确对待考试成绩。

B. 对人焦虑（由第 16～25 项组成）

高分（8 分以上）：过分注重自己的形象，害怕与人交往，退缩。这类人必须接受为他制定的有针对性的特别指导计划。

低分（3 分以下）：热情，大方，容易结交朋友。

C. 孤独倾向（由第 26～35 项组成）

高分（8 分以上）：孤独，抑郁，不善与人交往，自我封闭。这类人必须接受为他制定的有针对性的特别指导计划。

低分（3 分以下）：爱好社交，喜欢寻求刺激，喜欢与他人在一起。

D. 自责倾向（由第 36～45 项组成）

高分（8 分以上）：自卑，常怀疑自己的能力，常将失败、过失归咎于自己。这类人必须接受为他制定的有针对性的特别指导计划。

低分（3分以下）：自信，能正确看待失败。

E. 过敏倾向（由第46～55项组成）

高分（8分以上）：过于敏感，容易为一些小事而烦恼。这类人必须接受为他制定的有针对性的特别指导计划。

低分（3分以下）：敏感性较低，能较好地处理日常事务。

F. 身体症状（由第56～70项组成）

高分（8分以上）：在极度焦虑的时候，会出现呕吐失眠、小便失禁等明显症状。这类人必须接受为他制定的有针对性的特别指导计划。

低分（3分以下）：基本没有身体异常表现。

G. 恐怖倾向（由第71～80项组成）

高分（8分以上）：对某些日常事物，如黑暗等，有较严重的恐惧感。这类人必须接受为他制定的有针对性的特别指导计划。

低分（3分以下）：基本没有恐惧感。

H. 冲动倾向（由第81、83、85、87、89、91、93、95、97、99项组成）

高分（8分以上）：十分冲动，自制力较差。这类人必须接受为他制定的有针对性的特别指导计划。

低分（3分以下）：基本没有冲动。

第七章　中小学生典型的情绪问题

一、考试的紧张与焦虑

考试紧张是学生在面临考试这样重大事件时所表现出来的情绪问题。我们说，考试前和考试过程中的适度紧张是必要的。但是，如果产生焦虑甚至恐惧心理，同时伴有各种不适的心理疾病，严重影响考试的准备和完成就有必要进行干预和治疗了。对此如不及时纠正，就可能形成恶性循环，成为威胁学习的一大障碍。

（一）考试紧张的主要表现

学生在考试前或考试中出现忧虑、紧张、神态不安、恐惧等一系列不良反应，心理学家称之为考试焦虑综合症。考试焦虑综合症一般分为三种程度：一是轻度。主要表现为日常不思饮食、失眠、多梦、考试紧张、心慌、出汗、注意力不集中、平时很熟悉的知识想不起来，但思维正常，考试能进行下去；二是中度。表现为答卷时急得面红耳赤、大汗淋漓、心慌、呼吸急促、心跳加快、手脚抖动、口渴而尿频、烦躁不安、对平时很熟悉的知识难以回忆出来；三是重度。表现为过度紧张、慌乱、恐惧、思维混乱以致头昏脑涨，甚至发生虚脱或休克。

（二）克服考试紧张的一般方法

（1）自我暗示：利用暗示语句的强化作用，指导考生进行自我心理安慰。暗示语句要具体、简洁和肯定，起到稳定情绪，鼓舞斗志的作用。如让学生反复意念“我今天精神很好，头脑清晰，思维敏捷，一定会考出好成绩”等语句，达到减少心理压力强度、消除过度紧张情绪的效果。

(2) 焦点转移：在复习和考试过程中，如果把注意力过度集中于备考和结果上，就容易增大心理压力，出现考试紧张的症状。此时，要通过做一些其他有意义的活动或与人沟通，把注意力集中在题目的解答过程中，而不是只考虑结果，学生的精神就会得到适当的放松。

(3) 情绪"脱敏"：在平时组织的多次模拟考试中，设置严肃的考场，渲染考试气氛，诱发考生的焦虑情绪。这样不断地重复训练，使考生在久经沙场的磨炼中习惯考试的气氛，在真正的考试来临时，能够相对轻松地准备和应对。

(4) 正确定位：焦虑往往是在没有把握实现目标的情况下产生。考试来临，正确评估自己，做到定位合理和现实。在了解自己实力、特长和不足的前提下，既不盲目乐观，也不妄自菲薄。树立信心、明确目标对消除紧张十分重要。

(三) 考试紧张与焦虑的排解技术

1. 自信训练

自信训练主要是运用交互抑制的原理，通过考试焦虑的学生自我表达正常的情感和自信心，使得那些消极的自我意识得到扭转，借以削弱或消除其考试焦虑。

日常生活中，常可发现考试焦虑的学生在临考前有数不尽的担忧。如担心自己的能力是否可以胜任这次考试，担心考试题目过偏、过难，担心考试期间自己的身体能否撑得住，担心考不好在老师、同学、家长面前丢脸，等等。因此，指导学生学会觉察个人消极的自我意识，要求他们养成向消极的自我意识挑战的习惯，是帮助学生克服考试焦虑的关键。

一般来说，当一个学生得知不久将参加一次非常重要的考试的消息时，如果出现神经性倒胃或面部肌肉紧张等生理变化，便意味着大脑已经朦胧地浮现某些担忧的念头。针对这些潜意识或朦胧的念头，把它清晰地用书面语言表达出来，也就是在一张白纸或卡片上把这些担忧的想法逐条记下，这种做法可以把个体朦胧的潜意识提高到意识的水平，从而使学生清楚地觉察个人当前的消极自我意识有哪些。这是自信训练的第一步，也是非常重要的一步。

当逐条记下个人消极的自我意识以后，接下来就是要训练向消极自我意识挑战的习惯。所谓“挑战”，是指对消极自我意识中的不合理成分进行自我质辩，其中包括指出这种消极自我意识的不现实性和不必要性，阐明由此对个人所造成的危害，并明确今后应采取的态度。下面是一个具体事例。

“我讨厌考试。考试使我如此紧张，忧心不止。”

自我质辩：真是这样吗？不见得。自己为何要讨厌考试呢？并不是考试使自己紧张，而是自己使自己紧张。紧张是一种情绪状态，这种情绪状态虽然同一定考试情境的影响有关，但最根本的还在于个人的个性特征和评价能力。人应该成为情绪的主人，紧张情绪也是完全可以通过理性和意志的力量而得到控制的。因此，把个人的情绪紧张完全归咎于考试情境，这是不正确的。此种想法有危害吗？答案无疑是肯定的。其最大的危害就在于使自己推卸责任，文过饰非。长此以往，势必会形成一种惰性的和不负责任的反感心理，以至于一遇考试就怨气十足。处于这样一种情绪状态之中，怎么能使自己在考试中沉着应对，取得理想的考试成绩呢？最重要的就是：从个人身上寻找紧张的原因，运用个人的理智和意志来对自己的情绪进行调节和控制，这是排除紧张的根本良策。

总之，通过这样一种向消极自我意识挑战的练习，就可以帮助考试焦虑的学生树立正确的自我意象，增强参加考试的信心和自制力，减缓或克服考试焦虑的担忧成分，以一种新的情绪状态出现在应考的环境中。

2. 放松训练

放松训练是行为矫正的一种技术，其特点是通过循环交替收缩和放松考试焦虑学生的骨骼肌群，使学生在内心自觉体验个人肌肉的松紧程度，以调节植物神经系统的兴奋性，控制机体某些不随意的内脏生理活动。放松训练的核心是“静”、“松”二字。“静”是指环境要安静，心境需平静。“松”是指在意念的支配下使情绪轻松、肌肉放松。放松训练可以增强记忆，稳定情绪，提高学习效率。长期坚持训练还可以成为人性格的一部分，消除不健康的行为。对焦虑倾向、强迫倾向、恐怖倾向等神经症倾向，特别是焦虑倾向有良好的矫治效果。其注意事项和具体步骤如下。

注意事项：

①放松前的准备工作。首先，寻找一处安静的场所，最好是单人房间，配置一把软椅或单人沙发。然后，松开所有紧身衣物（如皮带等），摘下有碍放松的眼镜等物品，脱掉鞋帽，以便减少触觉刺激。

②放松开始时的姿势要求。基本要求是使肌肉不必用力而能支撑住身体。因此，轻松地坐在软椅里或沙发上，双臂和手放于扶手之上，双腿自然前伸，头和上身轻轻靠住椅背或沙发后背，便是放松所要求的适宜姿势。

③整个放松过程中切忌吃零食等多余动作，因为此类多余动作会破坏放松过程，导致紧张情绪。

④合理安排练习时间。开始时最好每天练习两次，每次 30 分钟左右。随着练习的熟练化，每次练习的时间可减少为 20 分钟左右或更短一些，日练习次数也由 2 次减为 1 次。放松练习的时间一般安排在午饭过后 1 小时或晚间睡觉之前。

⑤持之以恒，坚持训练。放松训练通常须经数周乃至几个月的时间方能收到明显效果。因此，必须克服急躁情绪，坚持练习，不予间断。

放松训练的步骤和要领：

整个放松训练遵循自下而上的原则，从脚趾肌肉放松开始，到面部肌肉放松结束。

①脚趾肌肉放松。动作要领：将双脚脚趾慢慢向上用力弯曲，与此同时，两踝和腿部不要移动。持续 10 秒钟（可匀速慢

慢默数到10)，然后慢慢放松。放松时注意体验与肌肉紧张时不同的感觉，即微微发热、麻木松软的感觉，好像“无生命似的”。20秒钟后，做相反的动作，将双脚脚趾缓缓向下用力弯曲，保持10秒钟，然后放松。

②小腿肌肉放松。动作要领：将双脚向后上方朝膝盖方向用力弯曲，使小腿肌肉紧张。保持该姿势10秒钟后慢慢放松。20秒钟后做相反动作。将双脚向前下方用力弯曲，保持10秒钟，然后放松。放松时注意体验紧张的消除。

③大腿肌肉放松。动作要领：绷紧双腿，使双脚后跟离开地面，持续10秒钟，然后放松。20秒钟后，将双腿伸直并紧并双膝，如同两只膝盖紧紧夹住一枚硬币那样，保持10秒钟后放松。注意体验微微发热的放松感觉。

④臀部肌肉放松。动作要领：将双腿伸直平放于地，用力向下压两只小腿和脚后跟，使臀部肌肉紧张。保持此姿势10秒钟后。然后放松。20秒钟后，将两半臀部用力夹紧，努力提高骨盆的位置，持续10秒钟，随后放松。这时可感到臀部肌肉开始发热，并有一种沉重的感觉。

⑤腹部肌肉放松。动作要领：高抬双腿以紧张腹部四周的肌肉，与此同时，胸部压低，保持该动作10秒钟，然后放松。注意由紧张到放松过程的感觉变化。20秒钟后做下一个动作。

⑥胸部肌肉放松。动作要领：双肩向前并拢，紧张胸部四周肌肉，体验紧张感，保持该姿势10秒钟，然后放松。此时，会感到胸部有一种舒适、轻松的感觉。20秒钟后做下一个动作。

⑦背部肌肉放松。动作要领：向后用力弯曲背部，努力使胸部和腹部突出，使成桥状，坚持10秒钟，然后放松。20秒钟后，往背部扩双肩，使双肩尽量合拢以紧张其上背肌肉群。保持10秒钟后放松。放松时应注意该部位的感觉。

⑧肩部肌肉放松。动作要领：将双臂外伸悬浮于沙发两侧扶手上方，尽力使双肩向耳朵上方提，保持该动作10秒钟后放松。注意体验发热和沉重的放松感觉。20秒钟后做下一个动作。

⑨臂部肌肉放松。动作要领：双手平放于沙发扶手上方，握紧拳头，使双手和双前臂肌肉紧张。保持10秒钟，然后放松。接下来，将双前臂用力向后臂处弯曲，使双臂的二头肌紧张，10秒钟后放松。接着，双臂向外伸直，用力收紧，以紧张上臂三头肌，持续10秒钟，然后放松。每次放松时，均应注意体验肌肉松弛后的感觉。

⑩颈部肌肉放松。动作要领：将头部用力下弯，力求使下巴抵住胸部，保持10秒钟，然后放松。注意体验放松时的感觉。

⑪头部肌肉放松。动作要领：第一步，紧皱眉头，就像生气时的动作一样，保持这种姿势10秒钟，然后放松。第二步，闭上双眼，做眼球转动动作。先使两只眼球向左边转，保持10秒钟后还原放松。再使两只眼球尽量向右边旋转一周，然后放松。接着，再使眼球按逆时针方向转动一周后放松。第三步，皱起鼻子和脸颊部肌肉，保持10秒钟，然后放松。第四步，紧闭双唇，使唇部肌肉紧张，保持此姿势10秒钟后放松。第五步，收紧下颚部肌肉，保持该姿势10秒钟，然后放松。第六步，用舌头顶住下颚，使舌头前部紧张，10秒钟后放松。第七步，做咽食动作以紧张舌头背部和喉部，但注意不要完全完成咽食这个动作，持续10秒钟，然后放松。

至此，整个放松动作便全部完成。

（3）系统脱敏

系统脱敏是将放松训练和条件反射原理结合运用的一种行为矫正技术。其基本特点是：在学生出现考试焦虑时，同时引起一个与之对抗的肌肉松弛反应，以使原来的不良反应强度减弱，这种做法又叫交互抑制。将交互抑制按照等级排列，从强到弱，渐次实施，直到最终消除不良反应，这就是所谓的“系统脱敏”

下面是指导学生对考试焦虑进行系统脱敏的假定等级程序。

①班主任宣布，两周内将进行期中考试。

②我是在临考试前的大约第10天，开始为应考做准备。

③现在离考试还有一个星期，我复习得还很不够。

④明天就要考试了，今晚我觉得准备得很不充分。

⑤我走在去考场的路上。

⑥我收到了考卷。开始做题之前，我把卷纸仔细看了一遍。

⑦我中断考试，考虑自己怎样才能比其他人做得更好。

⑧我被一道试题难住了。

⑨我看见有人在我之前答完题，交上了试卷。

⑩时间几乎快到了，我根本做不完了。

矫正时，要求学生先做放松训练，待全部放松程序完成后，即按假定焦虑等级的第一种情境进行想象，看自己是否会出现紧张。如果感觉不到紧张，肌肉继续呈松弛状态，便可转入下一个情境。假如在某一个情境的想象中感到存在紧张状态，即应在自觉紧张的肌肉部位再做一遍放松练习。以此类推，直到每一个情境都均不感到紧张为止。

以上所举的仅是一个假定的脱敏程序。咨询实践中，由于学生的情况千差万别，因而必须根据他们的实际情况确定不同的脱敏程序，这样才能达到预期效果。

【附】考试焦虑自测量表

如果你想了解自己是否有考试焦虑，以及这种焦虑的程度是否严重到影响自己考试成绩的地步，请做一下下面的测验，时间最好放在一次较为重要的考试刚结束之后。

【指导语】

下面的每一个句子都是你可能有的或曾出现过的一般感受或体验，请认真阅读每一个句子。这里的答案无正确、错误之分，回答每一个问题时不必用太多时间思考，但回答必须是最符合你通常感受的情况，每一个问题都要回答。每题有 4 个备选答案，根据自己的实际情况，在相应字母上画圈，每题只能选择一个答案，其相应字母的意义是：

A——很符合自己的情况　　　B——较符合自己的情况

C——不太符合自己的情况　　D——很不符合自己的情况

【试题】

1. 在重要考试的前几天，我就坐立不安了。(A　B　C　D)

2. 临近考试时，我就拉肚子。(A　B　C　D)

3. 一想到考试即将来临，我的身体就会发僵。(A　B　C　D)

4. 在考试前，我总感到苦恼。(A　B　C　D)

5. 在考试前，我总感到烦躁，脾气变坏。(A　B　C　D)

6. 在紧张的复习期间，我常会想到："这次考试要是得到个低分数怎么办?"(A　B　C　D)

7. 越临近考试，我的注意力就越难集中。(A　B　C　D)

8. 一想到马上就要考试了，我参加任何文娱活动都感到没劲。(A　B　C　D)

9. 考试前，我总预感到这次考试将要考砸。(A　B　C　D)

10. 考试前，我常做关于考试的梦。(A　B　C　D)

11. 到了考试那天，我就不安起来。(A　B　C　D)

12. 当听到开始考试的铃声响了，我的心马上紧张得越跳越快。(A　B　C　D)

13. 遇到重要的考试，我的脑子就变得比平时迟钝。(A　B　C　D)

14. 看到考试题目越多、越难，我越感到不安。(A　B　C　D)

15. 在考试中，我的手会变得冰凉。(A　B　C　D)

16. 考试时，我感到十分紧张。(A　B　C　D)

17. 一遇到很难的考试，我就担心自己会不及格。(A　B　C　D)

18. 在紧张的考试中，我却会想些与考试无关的事情。(A　B　C　D)

19. 考试时，我会紧张得连平时记得滚瓜烂熟的知识也一点回忆不起来。(A　B　C　D)

20. 在考试中，我会沉迷在空想之中，一时忘了自己在考试。 (A B C D)

21. 在考试中，我想上厕所的次数比平时多些。 (A B C D)

22. 考试时，即使不热，我也会浑身出汗。 (A B C D)

23. 在考试时，我紧张得手发僵，写字不流畅。 (A B C D)

24. 考试时，我经常会看错题目。 (A B C D)

25. 在进行重要的考试时，我的头会痛起来。 (A B C D)

26. 发现剩下的时间来不及做完全部考题，我就急得手足无措、满头大汗。 (A B C D)

27. 如果我考了个低分数，家长或教师会严厉指责我。 (A B C D)

28. 考试后，发现自己懂得的题没有答对时，就十分生自己的气。 (A B C D)

29. 有几次在重要考试之后，我都腹泻了。 (A B C D)

30. 我对考试十分厌烦。 (A B C D)

31. 只要考试不计成绩，我就会喜欢进行考试。 (A B C D)

32. 考试不应在像现在这样的紧张状态下进行。 (A B C D)

33. 要是不进行考试，我就能学到更多的知识。 (A B C D)

【记分方法与结果解释】

统计你所圈的各个字母的次数，每圈一个 A 得 3 分，B 得 2 分，C 得 1 分，D 得 0 分，然后计算出你的总得分：总得分＝3×圈 A 的次数＋2×圈 B 的次数＋圈 C 的次数。

根据你的总分查下面的评价表，就可知你的焦虑水平。

0～24 分：镇定　　　　25～49 分：轻度焦虑

50～74 分：中度焦虑　　　　75～99 分：重度焦虑

二、厌学

中国心理卫生专业委员会一课题组对两所中学的调查显示：59.3%的学生有厌学情绪，其中有学习存在困难的学生，也有学习成绩优良的学生。多项调查资料表明，厌学情绪是目前学生诸多学习心理障碍中最普遍、最具危险性的问题。

（一）厌学的含义及主要表现

从心理学角度讲，厌学情绪是指学生消极对待学习活动的行为反应模式，主要表现为学生对学习认识存在偏差，情感上消极对待学习。严重者会发展成厌学症。其主要表现是：学习目的不明确，对学习失去兴趣；不认真听课，不完成作业，怕考试；甚至恨书、恨老师、恨学校，旷课逃学；严重者一提及学习就恶心、头昏、脾气暴躁甚至歇斯底里。厌学情绪对青少年的学习、成长和心理健康具有极大的危害性。

（二）厌学情绪产生的原因

内在原因是由于学生在学习过程中的消极情绪体验和自我认识存在的偏差，社会、学校、家庭等外部环境的不良影响也起着消极的强化作用。有的学生学习基础较差，经过多次努力却只能获得一次次的低分和失败，长时间受到社会的偏见、家长的漠视、教师的批评、同学的歧视。他们在学习中无法满足成功的愿望，在生活中又无人理解和关怀，品尝到的只有失败感和乏味感，逐渐形成学习无价值、自己是学不好的“差生”等观念，这些观念又反馈到学习行为上，如此恶性循环，很快就产生厌学的情绪，甚至患上厌学症。另有一些学生小学时学习很好，上中学后由于生活和学习环境的改变，面临新的挑战，由于心理适应能力差，在挫折和失败面前无法正视自己，逐渐丧失自信心，消极地对待学习，从此一蹶不振，也容易产生厌学情绪。

1. 教育内部的原因

片面追求升学率：如果社会对学校的评价标准只是升学率的

高低，那么，学校就会因此背上沉重的包袱。学校对班级，对老师的唯一评价也主要是看高分学生的多少，并以此来影响教师的政治荣誉和经济待遇。受片面追求升学率的影响，有些教育部门把人力、物力、财力的优势集中在层层拔“尖子”、抓“尖子”这样的兴奋点上，而将“三力”的劣势放在普通中学或较差的学校。学校内部也分快班和慢班，重点保护快班，保护快班的“尖子”，抓少数，放多数，使一些学生产生这样的定式：进了这样的普通学校，进了这样的普通班级，就没有指望了。相当一部分学生，学习成绩跟不上，眼看着升学无望，便自暴自弃。

课程和教材设置不合理：现行课程是以学生升学为主要任务的课程，还没有突破学科中心课程的框架。科目设置过多，分得过细，教材内容过多，导致每周授课节数过多，这样就使得学生复习、消化、思考、预习的时间相对减少，而且多数学科要求过高，超过现阶段大多数学生可接受程度，学生容易畏难而退，对学习失去兴趣。

考试制度不合理：学生在学校面临各种各样的考试，学生的考试竞争压力沉重。而且现在的许多考试要求学生必须进行大量的机械性练习，必须花费大量的时间、精力死记硬背，才能取胜。学生或承受不了这样的压力，或对考试失去兴趣。与此同时，与智育相比，德育、体育、美育、劳动教育得不到应有的重视。尽管教育界一再强调“德育首位”、“加强美育”、“体是载知识之本”、“不能忽视劳动教育”，但实际工作中，不少学校把它们看做“软科”、“副科”、“小三科”，不加重视，造成学生片面发展。学校生活单调，容易使学生形成厌烦情绪和疲倦心理，从而产生厌学行为。

教师素质：不少教师缺乏系统的所教学科的基础知识和基本理论学习，缺乏教育学和心理学等教育科学的学习，有的连备课、讲课、批改作业、板书的基本格式也不会，谈不上艺术，更谈不上按教育教学规律和学生身心发展规律开展教学活动。教学方法单调，讲求灌输“填鸭式”教学，因材施教差，更由于把握不了重点，只好让学生苦干、蛮干，多讲多练，并一味让学生不停地做练习，让学生整日埋首于书堆里，没有半点思考时间和闲暇时间，从而造成一批学生厌学。

对差生的忽视：正确的差生观，应该是“差生不差”，“每个孩子都能成才”。问题的关键在于教育工作者要转变观念，发现差生身上的闪光点，使之转化为成功的动力。有些教育工作者认为，差生不可转化，进而歧视差生。轻则责怪、嫌弃，重则赶出教室，轰回家去，造成学生的自尊心受损，师生关系紧张，差生与教师情绪对立，隔阂加深，轻者紧张，重者厌学，甚至弃学。还有一些教师迫于升学率的压力，只要差生不影响班级大局，持听任不管的态度，差生得不到应有的关心和帮助，致使差生产生畏难的消极情绪，逐渐失去对学习的兴趣、毅力和动力，产生厌学情绪。

2. 社会的不良因素

社会上存在知识贬值和一切向钱看的错误倾向：这样的思想搞乱了学生的视线，使少数学生错误地认为“啃书本都是傻瓜”，“文化知识在今天起不了什么作用”。他们看到与自己同龄的一些文盲、半文盲发财致富，逐渐产生了物质至上的拜金心理，学习积极性下降。

青少年处在社会化的关键时期，自身的识别能力差：改革开放以来，随着经济的发展，中西文化的融合，西方的道德伦理观念纷涌而来，一些青少年的世界观变得含糊不清，相互矛盾，一些中学生面临选择的困惑。学生在思想上的困惑，严重影响了自身的成长，影响到自身的学习生活，使他们无心向学，严重者走向犯罪。

教育经费的不足：在教育投入方面，虽然国家拨付的教育经费年年增长，但仍然难以满足教育发展的需要，人均教育经费还在较低的水平上。经费的不足严重影响义务教育法的贯彻。教师队伍先天不足，又后天失调。结果是在教师流失的同时，造成学生的流失。

3. 家庭因素

家庭是学生成长的摇篮。父母是塑造美好心灵的第一位老师。父母的表率直接影响孩子的成长。大量事实证明，凡是和睦相处、家教有方的家庭将给学生创造一个最佳的学习环境，他们在父母言传身教的影响下，大多思想进步，学习优良。而在不良家庭环境中生活的学生，多厌学、辍学，甚至犯罪。

经常吵嘴的家庭环境：父母态度粗暴，经常为一点小事争吵并拿孩子出气。这种家庭培养出来的学生大多缺乏礼貌，形成粗野、执拗的性格，智力发展受到压抑。

家长行为不端的家庭环境：有的家长经常在孩子面前发牢骚、讲怪话，有的在家赌博，有的生活作风不好，这种家庭培养出来的学生很容易染上不良习气。

结构不完整的家庭环境：父母离婚，子女遭殃。

重利轻才的家庭环境：父母主要是为了“赚钱”，小市民习气重，极不重视孩子学习品德的变化，缺少安静和谐的学习环境。有的家长目光短浅，只考虑眼前的利益，不顾子女的前途和国家的需要，主动要求孩子弃学挣钱。

4. 学生自身的原因

学生厌学的根本原因是学生减弱了或失去了进行学习的内部推动力——学习动机。如家长过低的期望值，往往使孩子缺乏明确的学习目标，缺乏强有力的学习动机。过高的期望值使孩子感到伴随着学习的不是求知的快乐和幸福，而是求知的不安和恐惧，削弱了已形成的学习动机。再如学校生活的成功，往往使人产生积极向上的情绪，失败的行为往往使人产生消极退缩的情绪。学校的现实生活表明，喜欢学习的学生往往都是在学习生活中获得成功的人，厌烦学习的这种消极情绪多半发生在学习失败者的身上。

(三) 厌学情绪的消除

1. 早期发现，及时纠正

厌学情绪不是一朝一夕形成的。学生在学习的过程中，内外因素造成的心理伤害如果得不到及时地安抚和补救，就会不断累积，进而使其丧失对学习的兴趣，产生厌学情绪。及早发现，甚至是提前预防是根除厌学情绪的关键。在学生学业接连受到挫折的早期，对其加以引导、帮助，使其学业有所改观或给以错误归因方面的纠正，使消极情绪在产生之初就得到梳理和转变，会收到事半功倍的效果。

2. 改善环境，愉悦心情

要改变厌学学生对生活的态度和对学习的认识，首先就必须改善他们所处的环境。而一个好的环境需要社会、家庭、学校之间相互配合。社会的鼓励，家庭的关怀，教师的重视，同学的友好都有利于营造一个重学、乐学的氛围，有利于消除厌学学生被抛弃、被歧视的感觉，使其对学习由厌恶感、恐惧感变为愉悦感、舒适感，从而积极、主动、愉快地开始新环境中的学习生活。

3. 改变观念，接受自我

让厌学学生重新认识自我价值，形成良好的自我意识，这是变厌学为乐学的重要一环。应仔细地发现厌学学生所表现出来的良好、积极的学习态度和行为，从正面予以肯定，并不断强化，让他在前后比较中接受自我，认识到自己并非不可救药，而是能够进步，相信自己也是一个有能力、有前途、受尊重的人，以改变自己无能的观念。当然，对厌学学生的评价必须客观、中肯、善意，不能讥讽、偏激，以免增添逆反情绪。

4. 培养兴趣，树立信心

兴趣是最好的老师。厌学学生对自我价值有了新的认识后，就要开始自我实践，这种尝试结果的好坏是他们能否彻底转变自己的关键。要让其品尝到学习的乐趣，并逐步养成良好的学习习惯和正确的学习方法，进而树立信心、坚定信念，彻底消除厌学的心理障碍。如果想要学生做到不厌学，那么老师就必须做到三点：不要让学生感到学习太累，不要让学生认为题目太难，不要让学生认为所学的知识太高深，远离现实生活。

5. 及时肯定，不断强化

教育的目的在于使每个学生在原有的基础上不断进步，而不是齐头并进。对于学生的进步，教师要及时给予肯定，让学生看到今天的自己在与昨天的自己相比较中的进步。这样，学生对明天的自己就会充满信心，学习活动、学校生活自然也就会在这种不断强化中成为学生自信和满足的源泉，学生也就不会产生厌学情绪了。

6. 重视差异，个别对待

正如上面的分析所述，厌学情绪产生的原因多种多样。针对不同原因产生的厌学情绪，教师、家长甚至学生本人要在正确分析的基础上，采取不同的办法和措施加以改变。对其中一些暂时没有办法加以改变的因素要给予发展性的认识，而重点应从现实可能性上作出改变。要抓住每个学生厌学情绪产生的主要因素，在学校环境、家长、教师、同学等某个方面作出改变，有针对性地采取措施，在重视差异的前提下，个别对待，消除学生的厌学情绪。

三、恋爱问题

青少年是感情发展的重要时期，在各种感情问题中，恋爱问题最具普遍性。随着生理的成熟和交往的扩展，异性之间的爱慕之情便很自然地产生。然而，由于青少年社会成熟度的不足，情感的自我掌控能力十分有限，很容易产生多种影响自身成长的情感问题。主要表现为过早恋爱，不能正确对待失恋，容易发生单相思恋情，等等。这些问题处理不好，不仅会影响学生的学习和学校生活，甚至会对其今后的感情生活造成一定的伤害。

（一）早恋

1. 早恋的界定和特点

对早恋的界定是个很难的问题。就感情的性质而言，早恋一般指生活不能自立，又比法定结婚年龄小许多的青少年过早建立恋爱关系的行为。随着社会的发展，早恋发生的年龄有越来越小的趋势。在我国，一般认为在中小学生中出现的不符合身心发展特征的过早恋爱行为是应当加以引导和制止的。

虽然早恋所指的年龄很难确定，但根据相关研究和观察经验总结，早恋行为具有以下诸多特点：一是朦胧性。早恋的青少年对于恋爱关系的发展结局并不明确。他们主要是渴望与异性单独接触，但是对未来组建家庭、如何处理恋爱关系和学业关系、如何区别友谊和爱情都缺乏明确的认识；二是矛盾性。有早恋关系的青少年内心充满着矛盾，既想接触又怕被人发现，早恋的过程也是愉快和痛苦并存；三是变异性。早恋关系是一种充满变化、极不稳定的感情关系。青少年之间一对一的早恋关系缺乏持久性，一般不会持续很长时间；四是差异性。青少年的早恋行为具有明显的差异性。在行为方式上，有的青少年早恋行为十分隐蔽，通过书信、电话等方式来表达感情。也有的青少年很公开，在许多场合出双入对，俨然像一对情侣。在关系程度上，大多数有早恋行为的青少年其主要活动是在一起聊天，交流隐秘的感情，从人际关系上还没有超出正常的范围。有的则关系发展较深，除了谈感情以外，甚至还发生了性关系。

2. 早恋的类型

爱慕型：即青少年之间由于爱慕对方而产生的早恋现象。根据爱慕的对象不同，又可分为：仪表型，就是由于爱慕对方外在的仪表而产生的早恋；专长型，就是因为爱慕对方的能力专长而产生的早恋；品性型，就是由于爱慕对方的优秀品质而产生的早恋。

好奇型：即由于对异性的好奇心而产生的早恋现象。对异性产生强烈的好奇心，是青春期青少年随性意识发展而自然产生的心理现象。青少年由于生理发育和性成熟，很容易产生性冲动，对异性变得很敏感，渴望了解异性的心理和生理，了解异性对自己的态度。为了满足这种好奇心，就想结交异性朋友，建立“恋爱”关系。

模仿型：即因为模仿别人的行为而产生的早恋现象。模仿的对象主要来自社会生活、影视作品和报刊书籍等。

从众型：即迫于周围人的压力产生的早恋现象。周围人是指所处的同年龄群体。看别人有异性朋友，自己也想有。

愉悦型：即为获得愉悦的情感体验而产生的早恋现象。青春期男女之间的密切交往，往往会给对方带来愉快的体验，这种愉快的体验会进一步促进青少年之间的密切交往，逐渐转变为早恋。

补偿型：即为了获得感情补偿和排解受挫的情绪而产生的早恋现象。感情补偿是指青少年在学业上或感情方面受到挫折时，出于争强好胜的心理，或者为了摆脱感情创伤，一些青少年就想用早恋的方式排遣受挫的情绪，从异性那里获得感情补偿。

逆反型：即由于青少年在两性交往中受到别人不恰当的干预所产生的早恋现象。最典型的逆反心理就是“你们不许我这样做，我偏要这样做”。在逆反心理的作用下，正常的异性交往会迅速向早恋关系发展。

病理型：即由于病理原因而产生的早恋现象。在当代社会，由于营养过剩、一些食品中含有性激素的作用，或者生理上的疾病、家庭遗传等原因，造成一些青少年身体早熟，身体外观像成年人，或者心理早熟，或者性变态心理。这些都会诱发青少年的早恋现象。

3. 早恋的对策

应当认识到，早恋是青少年成长过程中的常见现象，家长和教师的责任是帮助他们认识到早恋的危害，并加以正确引导。干预得早，孩子的感情投入少，受的伤害小。老师和家长要尊重孩子的感情，对早恋现象应耐心教育，正确引导，切不可训斥、打骂或当众羞辱，否则将使孩子遭受太大的精神痛苦而引发严重的后果。要使孩子明白什么是真正的爱情，引导他们处理好理智和冲动、现实和未来的关系。

老师、父母不准孩子在此阶段谈恋爱，是因为中学阶段正是一个人成长的黄金时期，思想敏锐、求知欲强、记忆力好、精力充沛。这样的大好年华，应广泛学习各种知识，提高素质，这才是人生道路上最明智的选择。

（二）失恋

失恋是指一位痴情人被其恋爱对象抛弃的现象。失恋引起的主要情绪反应是痛苦和烦恼。大多数失恋者能正确对待和处理好这种恋爱受挫现象，愉快地走向新的生活。然而，也有一些失恋者不能及时排解这种强烈的情绪，导致心理失衡、性格反常。

1. 失恋者的心态

具体到不同的个体，常常会出现以下消极心态：

失恋者羞怯难当，陷入自卑和迷茫，心灰意冷，走向懦弱封闭，甚至绝望、轻生，成为爱情的殉葬品；失恋者对抛弃自己的人一往情深，对爱情生活充满了美好的回忆和幻想，自欺欺人，否认失恋的存在，从而陷入单相思的泥潭。也有人会出现一个特殊的感情矛盾——既爱又恨，不能自拔；失恋者或因失恋而绝望暴怒，失去理智，产生报复心理，造成毁灭性的结局；或从此嫉俗厌世，怀疑一切，看什么都不顺眼，爱发牢骚；或从此玩世不恭，得过且过，寻求刺激，发泄心中不满。

2. 失恋者的心理调整

失恋者的种种不良心态会严重影响青少年的身心健康，甚至会导致一系列社会问题。这种状态不及时纠正，有可能产生人格的扭曲，表现任性、易偏激，情绪不稳定、易激怒，自控能力下降，甚至出现行为失控，最终对己对人都造成心理上和躯体上的创伤，严重者可酿成灾难性后果。为此，要做好心理调整工作。

正确认识爱情问题：要正确认识爱情在生活中的地位。爱情是重要的，但它不是生活中唯一的、全部的内容。人生更重要的是对理想和事业的追求。要以积极的心态对待失恋，使“自我”得到更新和升华。树立远大志向，全身心地投入到学习中去，常会创造出辉煌的成就，使人获得无尽的乐趣。像歌德、贝多芬、诺贝尔、牛顿等历史名人，都曾经饱受过失恋的痛苦，但他们都用奋斗的办法来更新“自我”，他们是战胜失恋痛苦的楷模。

用理智战胜情感：借助理智来获得解脱，用理智的“我”来提醒、暗示并战胜情感的“我”。要认识到爱情是以互爱为前提的，不可因一厢情愿而强求，应该尊重对方选择的权利。“强扭的瓜不甜”，与其勉强凑合痛苦下去，倒不如快刀斩乱麻地及时解脱。如果这样看，失恋并不是坏事，相反是件好事，是件解脱长久痛苦的事情。这样想一想，心情就会平静许多。另外，失恋者要认真检查自己，总结恋爱的经验和教训，寻找不足，完善自己，这也是今后开始新生活必需的。理智地认识自己的不足，就不会责怪对方，不良情绪也自然会平息。

及时倾吐和自我安慰：失恋者会深受悔恨、遗憾、恼怒、惆怅、失望、孤独等不良情绪的困扰。此时找一个可以交心的对象，一吐为快是有益的。这样不仅可以解除内心的痛苦，还可以得到真诚的劝慰。内心的烦恼发泄出来以后，心态也就好转了。失恋者还可以用“吃不到的葡萄总是酸的”的办法来进行自我安慰，这种心理补偿方式，不失为保持一种良好心态的有效办法。

合理转移情感对象：及时、恰当地把情感转移到失恋对象以外的人、事、物上去，对缓解失恋的痛苦也是有益的。如与同性朋友密切交往，交流思想，增进友谊；听听自己喜爱的音乐，参加文体活动，练练书法、绘画；投身到大自然的怀抱中，寄情山水之间，陶冶情操，等等。当然，密切自己与其他异性的关系，也不失为一个选择。

（三）单恋

单恋是指一方对另一方以一厢情愿的倾慕和热爱为特点的畸形爱情。单恋多是一场情感误判，是青少年“爱情错觉”的产物。这种单相思有两种情况：一是毫无理由的单相思，对方毫无表示，甚至对方还不认识自己，而自己执著地去爱对方，追求对方；另一种是自认为有“理由”的单相思，错误地认为对方对自己有情，于是“落花无意”变成了“落花有意”。这是假双向、真单向的恋爱。

由于青少年心理尚未完全成熟，单恋现象比较常见，且较多地出现在内向、敏感、富于幻想、自卑感强的人身上。先是自己爱上了对方，于是也希望得到对方的爱。在这种具有弥散作用的心理支配下，就会把对方的亲切和蔼、热情大方当做是爱的表示，并坚信不疑，从而陷入单恋的深渊而不能自拔。单恋者固然会体验到一种深刻的快乐，但更多会体验到情感的痛苦，因为他们无法正常地向自己所钟爱的异性倾诉柔情，更不能感受到对方爱意的温馨。克服单恋的痛苦重在防患于未然。首先是要避免"爱情错觉"，学会准确地观察和分析对方表情，用心明辨；其次要正视示爱行为的偶然性。某种信号的经常出现可能意义很深，而单单一两次就不足为凭了；再次是要学会用联系的观点去分析问题，把某种信息和其他因素结合起来考虑。一旦单恋已经发生在你身上，那就需要拿出十足的勇气，克服羞怯的心理和自我安慰心理的折磨，勇敢地从中摆脱出来。

如果对方有意，心灵闪现出共同撞击的火花，单恋则可能转化为双恋，爱的欢乐就取代了爱的痛苦。如果是"落花有意，流水无情"，则应该面对现实，勇敢地抛弃幻想，用理智主宰感情并进行及时且必要的转移，通过思想感情的转换和升华来获取心理平衡。对于青少年而言，早恋加单恋就更不可取了。

第三部分　人格塑造

现实中的每一个人不仅在相貌、身高等生理方面各不相同，在思想、行为、情感等方面更是千差万别。正是人与人之间的这些差异构成了多姿多彩的人类社会。人格作为个体心理差异的综合反映、集中表现是在个体成长过程中逐渐形成的。不同的遗传素质和迥异的生活经历是造就人格差异的基本原因。而业已形成的人格对个体在社会的生存和发展又起着重要的作用。健康、和谐的人格对其未来发展至关重要。学生阶段是个体成长的重要时期，更是人格形成的关键阶段。学校作为学生生活和学习的重要场所，不仅担负着传授知识、培养能力的重任，更有着引导学生人格发展的社会责任。学生真正认识社会始于学校。学生在处理学校各种关系的过程中，会形成基本的社会认识，会产生对社会的基本态度，会养成基本的行为习惯。任何方面存在的不和谐、偏差，甚至错误，都将导致人格发展的迟滞和障碍，对个体和社会造成损伤和危害。

在构建和谐社会、追求和谐发展的今天，学校对学生人格发展所担负的责任显得越发重要。然而，此方面教育的缺失与现实的强烈要求已形成鲜明对比。为此，在学校开展心理教育的过程中，强调人格塑造的重要性，解析人格形成的因素，针对学校常见的人格问题，提出并践行塑造健康人格、改造缺欠人格、促进学生健康发展就显得十分必要。针对以上问题，本部分主要介绍以下几方面内容：人格都包括哪些内容？如何理解人格？青少年人格发展的特点和规律是什么？人格能加以测量吗？影响人格的主要因素有哪些？典型人格问题以及人格塑造的方法等。希望通过这些内容的介绍，能够对学生、老师和家长自觉、主动地构建健康、和谐人格有所帮助。

第八章 如何理解人格

一、人格的含义及结构

（一）人格的含义

俗话说："人心不同，各如其面"。每个人不仅在身高、体重、相貌等生理方面存在差异，在思想、行为等心理方面的表现更是千差万别。虽然个体在现实生活中表现出来的行为和心理受各种因素的共同影响，但我们通过不同时间、不同情境下的观察和分析，对特定个体还是会有一个概括的了解，这种跨时间、跨情境的一致性对我们预测特定个体的心理和行为大有帮助。心理学对此方面的关注和研究被归为人格领域。从概念上看，心理学把人格界定为构成一个人的思想、情感和行为的特有模式，这个独特模式包含了一个人区别于他人的稳定而统一的心理品质。即使是处于人格形成过程中的中小学生，在人格的各个方面也具有以下的主要特征。

1. 独特性

世界上没有完全一样的两个个体，我是我，你是你，他是他，每个人都有其与他人相区别的特点。这种人格的独特性是个体在不同的遗传、成熟和环境、教育等先天、后天因素的交互作用下形成的。即使是遗传基因相同的同卵双胞胎，也会在生理上存在细微的差异，更不用说心理存在的差异了。人格的这种特点使得我们除了在各种生理差异上能够对个体加以区分之外，还有众多心理上的辨别指标。人与人没有完全一样的人格特点。

2. 稳定性

人的心理与行为既表现为情境性，也表现为跨情境的一致性。人格的稳定性是指那些不同情境下，个体所表现出来的一致性的心理特点和风格。这些稳定的心理特点对预测人的行为表现具有重要的意义。而那些在行为中偶然发生的、一时性的心理特性，则不能称为人格。俗话所说的“江山易改，本性难移”就是指那些稳定的心理品质一旦形成就很难改变。可见，人格的稳定性不仅表现在不同情境下的一致性，也表现在时间进程中的相对不变性上。

3. 整体性

从人格的构成上看，它是一个包含不同层次、不同成分的系统。系统中不同层次之间功能的相互协调，各个部分有机地结合在一起给人以完整、健康的人格。各个层次和成分之间出现不和谐，甚至存在矛盾与冲突都可造成人格障碍，成为不良人格和不健康心理的重要表现形式。从这个角度看，人格的整体性是心理健康的重要指标。

4. 功能性

人格的功能性是指不同结构的人格具有不同的社会适应作用。生活在现实中的每一个人都担当着不同的社会角色，而这些角色都有着不同的社会要求和评价标准。能否扮演好自己的角色与你所具有的人格特点有着密切的关系。内向性格的人在从事与人打交道的职业中常会觉得手足无措，不能很好地完成自己的工作；而让活泼好动的人去从事简单重复性的室内工作也未必是理想的选择。人格特点不仅在一定程度上会影响到一个人的生活方式，甚至会决定某些人的成就和命运，其对个人生活的成功和社会责任的完成具有重要的作用。

（二）人格的结构

人格是一个复杂的结构系统，它包括许多成分，其中主要包括气质、性格、认知风格、自我调控等几个方面。

1. 气质

气质是人格中与生理因素关系最为密切的成分，甚至有人说气质就是生理差异，其中主要是神经系统的差异在心理上的表现。受遗传和成熟因素的影响，每个人的神经活动存在各自的特点，在对各种刺激的反应过程中存在敏感性、速度等方面的差异，这些差异使得个体在心理和行为上表现出强度、速度、灵活性与指向性等方面的一些稳定的心理特征。显然，人的气质差异是先天形成的，受神经系统活动的特性所制约。从功能和评价意义上看，气质没有好坏之分。不同的气质特点在社会适应中会以不同的方式发挥其应有的作用。从刚刚出生的孩子身上，我们不难看到，有的婴儿比较好动，对环境反应强烈；有的就很安静。学龄儿童在学校的这方面的表现也是教师经常谈论的话题。

2. 性格

性格是一种与社会相关最为密切的人格特征。不仅因为社会因素在其形成中具有重要的地位，也因为其具有重要的社会评价意义。性格中包含着人们对现实和周围世界的态度，并表现在他的行为举止中。一个人的价值取向与社会规范的一致性程度是个体适应社会、社会评价个体的重要指标。学校培养符合社会需要人才的目标，不仅包括现代知识和技能的内容，更重要的是要养成与社会要求相一致的价值观、基本的道德水准，清晰的社会责任，正确的生活习惯，等等，都是性格培养的重要内容。

3. 自我调控系统

纷繁复杂的人格系统要想达成协调一致的效果，必然要求有一种能对其各个成分加以调控的装置。自我系统就充当着这样的角色。心理学认为自我系统是人格中的内控系统或自控系统，它通过自我认知、自我体验、自我控制三个子系统，对人格的各个成分进行调控，保障人格的完整、统一、和谐。在个体心理的发展过程中，这种高级的心理机能形成较晚，并在人的一生中不断完善。只有在客观准确地认识自我的基础上，通过掌握和应用有效的调整策略才能使人格的各个成分协调发展，并最终达成健康人格形成的目标。

4. 认知风格

在认识世界的过程中，个体会采用不同的认知方式和习惯对待认知对象，这种个人所偏爱使用的信息加工方式的形成就是心理学所称的认知风格。这种认知风格一旦形成就具有一定的稳定性，影响其今后相应的认识活动。儿童时期所表现出来的某种认知风格可能会保持到成年。

二、人格理论

心理学家从不同的角度对人格这种复杂的心理现象进行了分析，众多颇有见地的思想为我们理解人格问题提供了不同的视角，让我们有可能从更多层次，更多维度了解人格。

（一）类型理论

这是最早研究人格问题的方法和成果。由于其简单、实用而流传至今。类型理论主要是依据一定的标准和理论，把具有相似人格特点的人归于一类，并对该类人与另一类人的人格特征差异加以描述。显然，这样使纷繁复杂、各具特色的人格简单化的研究增加了实用性，进而受到人们的喜欢。

公元前5世纪，希腊医生希波克拉底就在人体中有四种基本体液假设的基础上，对人格进行了区分。他认为，个体的人格是由体内何种体液占主导地位来决定的。血液占主导的个体为多血质，这样的人快乐，好动；黏液占主导的个体为黏液质，这样的人缺乏感情，行动迟缓；黑胆汁占主导的个体为抑郁质，这样的人悲伤，易哀愁；黄胆汁占主导的个体为胆汁质，这样的人易激动，易兴奋。

20世纪初，俄国生理学家巴甫洛夫在动物实验中发现了希波克拉底所提出的四种类型。巴甫洛夫根据神经系统的机能特点对这样的分类进行了进一步解释并有所发展。他认为，大脑皮质的神经活动（兴奋和抑制）具有三种主要特性：强度、灵活性和均衡性。强度是指神经细胞和神经系统的工作能力和界限；灵活性是指兴奋和抑制过程更迭的速率；均衡性是指兴奋和抑制两种神经过程间的相对关系。根据神经活动的这三种特性，可以划分24种不同的神经活动类型。而这24种不同的神经活动类型决定了不同种类的人格特点。巴甫洛夫重点关注了与希波克拉底体液说相对应的神经类型。具体见下表。

神经类型	强度	均衡性	灵活性	行为特点
兴奋型（胆汁质）	强	不均衡		攻击性强，易兴奋，不易约束，不可抑制。
活泼型（多血质）	强	均衡	灵活	活泼好动，反应灵活，好交际。
安静型（黏液质）	强	均衡	惰性	安静、坚定、迟缓、有节制、不好交际。
抑制型（抑郁质）	强			胆小畏缩，消极防御反应强。

（二）特质理论

该理论认为，持久的品质和特征使个体在各种情况下的行为具有一致性。这样的特质决定个体行为的基本特性，是人格的有效组织元素，也是测评人格常用的基本单位。

奥尔波特就将特质看作人格的框架和个性的根源。他认为，特质可能作为一个中介变量，使一系列刺激和反应联系起来。他确定了三种特质：首要特质、核心特质、次要特质。首要特质是一个人最典型、最具概括性的特质，它影响一个人如何组织生活。核心特质是代表一个人主要特征的特质，在每个人身上大约有5～10个。如诚实和乐观。次要特质是个体一些只有在特殊情况下才会表现出来的特质，它对理解个体的人格没有太大的帮助。

最具代表性的特质理论当属卡特尔的特质理论。他以描述人格特点的形容词为研究起点，采用因素分析的方法对人格类型加以分析，提出了一个理论模型。见下图。

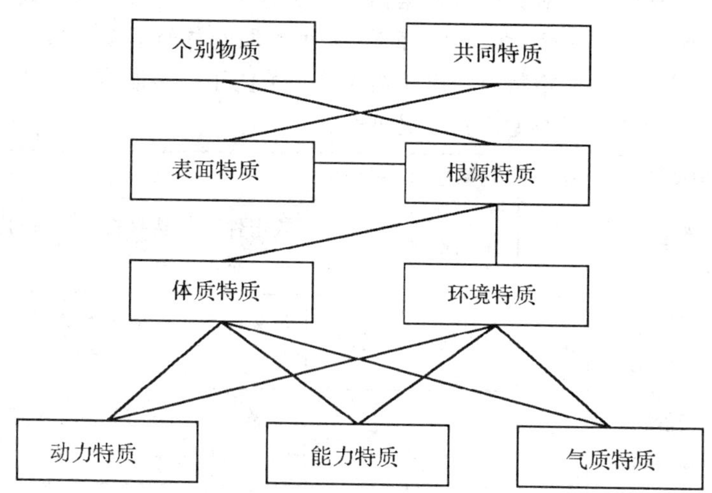

模型分四个层次：个别特质和共同特质，表面特质和根源特质，体质特质和环境特质，动力特质、能力特质和气质特质。

表面特质是指从外部行为能直接观察到的特质。根源特质是指那些相互联系而以相同原因为基础的行为特质。如“焦虑”是害怕考试和体育比赛时双腿发抖的同一原因，“焦虑”就是一种根源特质。卡特尔提出了 16 种相互独立的根源特质，并据此编制了著名的 16 种人格测验量表。

（三）心理动力学理论

以弗洛伊德为代表的精神分析理论对人格的认识源自强大的内在驱力塑造人格并引发行为的心理动力学思想。他们认为，人格的核心是一个人思想中的各种事件（内心事件），这些事件是产生行为的动机。行为不会由随机和突发事件引起，所有的行为都是动机引发的。人格的差异是由于人们对待基本的驱力方式的不同引起的，是本我、自我、超我三种人格构成成分之间相互斗争的结果。

本我是个体原始驱动力的储存场所，它依非理性的方式运作，受快乐原则支配。它追求的是即时的满足，不考虑行为在现实中是否可行，是否被社会所认可。超我是个体价值观的储存场所，包括从社会习来的道德态度。超我大致和我们所说的良心相对应。它受道德原则支配，依社会规范、伦理道德、价值观念运作。自我是作为本我和超我的调节来发挥作用的。它受现实原则支配。这种原则为快乐的需求提供现实的选择。如自我会阻止考试作弊的冲动，因为它考虑到被抓住而产生的后果，同时它会用以后更努力的学习行为或者寻求教师同情等方法来尽量满足两者的需要。

（四）人本主义理论

人本主义从个人、意识经验与成长潜能整合的角度理解人格，其核心是强调自我实现的驱力。自我实现是指个体不断努力开发自身才智与能力，实现个人潜能的倾向。马斯洛、罗杰斯是人本主义思想的代表人物。他们认为，个体先天或后天自我实现的动机会驱动个体一直向积极的方向发展和变化。马斯洛把自我实现置于其需要层次的顶点。作为一种建设性、指导性的力量，自我实现的倾向驱动个体不断扩展自我并作出积极的行为。

自我实现的驱力有时会与其他需要的满足发生冲突，对此，罗杰斯认为，无条件的积极关注在解决冲突中具有重要作用。通过无条件的积极关注，儿童会感到尽管他们可能犯错误或有些过失，但总可以得到爱和认可。这种爱和认可是自然发生的，不是他们必须努力才可能争取来的。为此，他建议，当儿童行为失当时，其父母应该强调他们不认可的是种种行为而非孩子本身。诚然，成人也需要无条件的、积极的自我关注。

人本主义理论从个体的整体人格来看待其分散的行为，认为个体不应该被看做是那些以不同方式影响行为的分离的特质的总和。决定行为方向的是个体的内在特征，环境因素经常被看做限制条件或障碍，一旦个体摆脱负性环境的制约，自我实现的倾向就会积极引导个体选择正确的方向，作出合理的行为。

（五）社会学习理论

关注行为环境对行为的影响和控制作用，学习理论的心理学家更愿意把人格看做是个体显性和隐性反应的总和，而这些反应是由于个体受到强化所引起的，行为的不同强化导致了个体间差异的出现。班杜拉是社会学习理论的突出代表。人格的社会学习观点强调学习原则和个人与社会环境的相互作用。认为人既不是内部因素驱动的，也不是完全受环境所左右，而是强调在人格的形成中，认识过程对获得和保持行为的重要作用。班杜拉提出了一个由个体因素、行为和环境三者构成的复杂互动系统模型。见下图。

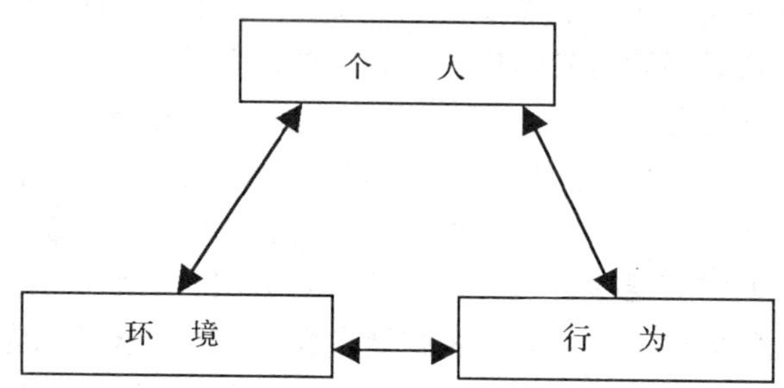

该模型中的每一个因素都会影响并能改变另一个因素。这种改变往往是互相的、交互性的。这就意味着要完整地理解人格和社会就必须全面考察这些因素。

通过观察学习，儿童和成人可以获得大量有关社会环境的信息和知识。通过观察，个体可以知道什么行为是受欢迎的，什么是要受到惩罚的，什么是被人忽视的。这样，你就可以通过思考来预测行为的结果，进而作出行为的选择。

三、人格测验

由于人格的极其复杂，使得想通过测验的方式了解人格特点变得十分困难。为此，心理学研究多采取选择部分内容，从不同角度对人格加以量化的策略。这就提醒我们，在进行测验结果的理解和说明时要在了解测验理论依据的基础上，慎重地加以应用。这对人格形成还不是很稳定的青少年学生尤为重要。

（一）自陈量表

自陈量表是人格测验最常采用的方式。量表通常包括对一系列生活事件的陈述，通过被试的选择来了解其人格特点。被试对一个具有较好信度和效度自陈量表的真实回答，是可以反映出其人格特点的。下面简单介绍两个应用广泛且信度和效度较好的人格量表。

1. 卡特尔十六种人格因素测验

卡特尔十六种人格因素测验（简称 16PF）是美国伊利诺州立大学人格及能力测验研究所卡特尔教授编制的。卡特尔及其同事从搜集描述人格特质的词汇开始，针对不同生活情境中的各种行为，采用系统观察法、实验法以及因素分析统计法，经过几十年的研究确定了十六种人格特质，并据此编制了测验。经过大量应用此量表所进行的研究证实，这些因素普遍存在于年龄及文化背景不同的人群中。这些因素的不同组合对不同人群的人格特征能够加以区分。通过进一步的研究还得出了多种与生活、职业、心理健康的因素组合，为此测验的具体应用打开了一扇广阔的大门。

十六种人格因素见下表。

在卡特尔16种人格因素上的性格特征

因素	低分数者的特征	高分数者的特征
因素A：乐群性	缄默，孤独，冷淡	外向，热情，乐群
因素B：聪慧性	思想迟钝，学识浅薄 抽象思考能力弱	聪明，富有才识 善于抽象思考
因素C：稳定性	情绪激动，易烦恼	情绪稳定而成熟，能面对现实
因素E：持强性	谦逊，顺从，通融，恭顺	好强，固执，独立积极
因素F：兴奋性	严肃审慎，冷静，寡言	轻松兴奋，随遇而安
因素G：有恒性	苟且敷衍，缺乏奉公守法精神	有恒负责，做事尽职
因素H：敢为性	畏怯退缩，缺乏自信心	冒险敢为，少有顾虑
因素I：敏感性	理智的，着重现实，自恃其力	敏感，感情用事
因素L：怀疑性	信赖随和，易与人相处	怀疑，刚愎，固执己见
因素M：幻想性	现实，合乎成规，力求妥善合理	幻想的，狂放任性
因素N：世故性	坦白、直率、天真	精明能干，世故
因素O：忧虑性	安详，沉着，有自信心	忧虑抑郁，烦恼自忧
因素Q1：实验性	保守的，尊重传统观念与行为标准	自由的，批评激进，不拘泥于现实
因素Q2：独立性	依赖，随群附和	自力自强，当机立断
因素Q3：自律性	矛盾冲突，不顾大体	知己知彼，自律严谨
因素Q4：紧张性	心平气和，闲散宁静	紧张困扰，激动挣扎

16PF不但能明确描绘16种基本人格特征，还能够根据实验统计结果所得的公式，用有关量表的标准分数推算出许多种可以形容人格类型的次元因素。

①适应与焦虑＝ $(38+2L+3O+4Q_4-2C-2H-2Q_3)/10$

其中的字母L、O、Q_4、C、H、Q_3 分别代表相应量表的标准分数，所得分数即代表焦虑性的强弱。低分者生活适应顺利，通常感觉心满意足，但极端低分者可能缺乏毅力，事事知难而退，不肯奋斗努力。高分者并不一定有神经病，但通常易于激动、焦虑，对于自己的境遇常常感觉不满意。高度的焦虑不但降低工作的效率，而且也会影响身体的健康。

②内向与外向性＝（2A＋3E＋4F＋5H－$2Q_2$－11）/10

其中的字母也是代表相应量表的标准分数，所得分数即代表内外向性。低分者内倾，通常羞怯而审慎，与人相处多拘谨不自然。高分者外倾，通常善于交际，不拘小节，不受约束。内外向性格无所谓利弊，以工作性质为准。例如，内向者较专心，利于从事较精确性的工作；外向者适于从事外交和商业工作，而对于学术研究却未必有利。

③感情用事与安详机警性＝（77＋2C＋2E＋2F＋2N－4A－6I－2M）/10

所得分数即代表安详机警性。低分者情绪多困扰不安，通常感觉挫折气馁，遇到问题经反复考虑才能决定，但平时较为含蓄敏感，温文尔雅，讲究生活艺术。高分者安详机警，果断刚毅，有进取精神，但常常过分现实，忽视了很多生活情趣，遇到困难，有时不经考虑，不计后果，便贸然行事。

④怯懦与果断性＝（4E＋3M＋4Q1＋$4Q_2$－3A－2G）/10

低分者常常人云亦云，优柔寡断，受人驱使而不能自立，依赖性强，因而事事迁就，以获取别人的欢心。高分者独立、果断、锋芒毕露、有气魄，常常自动寻找可施展所长的环境和机会，以充分表现自己的独创能力。

在详细分析众多职业和特殊人群的基础上，卡特尔及其同事还拟订了一些演算公式用于心理咨询和升学就业指导。

⑤心理健康者的人格因素

心理健康状态几乎是一切职业及事业成功的基础，心理不健康者，其学习及工作效率都会因之降低。在16种人格因素中，与心理健康有密切关系的因素有：情绪稳定（高C），轻松兴奋（高F），有自信心（低O），心平气和（低Q_4），其推算公式为：

$C+F+(11-O)+(11-Q_4)$

心理健康者标准分通常介于0～40分之间，均值为22分，一般不及12分者情绪颇不稳定，仅占人数分配的10%。担任艰苦工作的人都应有较高的心理健康标准分。

⑥从事专业而有成就者的人格因素

智力高低固然是选择专业人员的标准，但是某些人格因素也是取得专业成就的重要组成部分。这些因素主要有：知己知彼、自律严谨（高Q_3），有恒负责（高G），情绪稳定（高C），好强固执（高E），精明能干而世故（高N），自立、当机立断（高Q_2），自由、批评、激进（高Q_1）。其推算公式为：

$2Q_3+2G+2C+E+N+Q_2+Q_1$

通常总分介于10～100分之间，平均为55分，60分约等于标准分7分，63分以上约等于标准分8、9、10，67分以上者一般能有所成就。

⑦创造力强者的人格因素

具有创造力的人一般具有以下几种人格因素：缄默孤立（低A），聪慧富有才识（高B），好强固执（高E），严肃审慎（低F），冒险敢为（高H），敏感、感情用事（高I），幻想、狂放不羁（高M），坦白直率（低N），自由、批评、激进（高Q_1），自立、当机立断（高Q_2），其推算公式为：

$(11-A)\times 2+2B+E+(11-F)\times 2+H+2I+M+(11-N)+Q_1+2Q_2$

总分可通过下表换算成相应的标准分。标准分越高，其创造力越强。

因素总分	相当标准分
16～62	1
63～67	2
68～72	3
73～77	4
78～82	5
83～87	6
88～92	7
93～97	8
98～102	9
103～150	10

2. 艾森克人格问卷（EPQ）

艾森克人格问卷是英国伦敦大学和精神病研究所艾森克教授编制的。他通过因素分析归纳出三个互成正交的维度，提出决定人格的三个基本因素：内外倾性、情绪性和心理变态倾向。人们在这三个不同倾向上的不同表现程度，就构成了不同的人格特征。

问卷有成人和青少年两种。量表按 E、N、P、L 四个分量表记分。前三个分别代表人格结构的三个维度，最后一个是后加的效度检测量表。

E 代表内外倾性。分数高表示人格外向，其特点是好交际，渴望刺激和冒险，情感易于冲动。分数低表示人格内向，特点是好静，富于内省，除了亲密的朋友之外，对一般人缄默冷淡，不喜欢刺激，喜欢有秩序的生活方式，情绪比较稳定。

N 代表情绪性。其两极是情绪稳定和神经过敏。分数低的人，情绪反应缓慢且微弱，很容易恢复平静，他们通常是稳重、性情温和、善于自我控制。而分数高的人常常焦虑、担忧、郁郁不乐、忧心忡忡，遇到刺激有强烈的情绪反应，以至于出现不够理智的行为。

P代表心理变态倾向（又称神经质）。并非指精神病，它在所有人身上都存在，只是程度不同，但如果某人表现出明显程度，则易发展为行为异常。分数高可能是孤独、不关心他人，难以适应外部环境，不近人情，感觉迟钝，与别人不友好，喜欢寻衅搅扰，喜欢干奇特的事，并且不顾危险。

L是测量被试的掩饰、假托或自身隐蔽，或者测定其社会性朴实幼稚的水平。

（二）投射测验

投射在心理学中的意思是指个人把自己的思想、态度、愿望、情绪、性格等心理内容，不自觉地反映到外界的事物或他人身上的一种心理过程。通过对这些表现出来的内容，来推断个体心理的技术就是投射测验。具体的方法通常是向受测人提供一些无明确意义的刺激材料或情境，让受测人就此作出反应，而测验者通过对这些反应结果的分析，来推测、了解受测人的人格结构等心理状况。

投射方法所依据的基本假设有以下几个：(1) 人们对于外界刺激的反应都有其原因且可以预测，个体对刺激的反应不是偶然发生的；(2) 这些反应固然决定于当时的刺激或情境，但个人本身当时的心理状况，他过去的经验，他对将来的企望，也就是他整个的人格结构，对当时的知觉与反应的性质和方向，都发生了很大的作用；(3) 人格结构的大部分处于潜意识中，个人无法凭其意识说明自己，而当人面对一种意义不明确的刺激或情境时，却常可以使隐藏在潜意识中的欲望、需求、动机冲突等“泄露”出来，即把一个反映他的人格特点的结构加到刺激上。

投射测验具有的几个特点：(1) 测验材料没有明确结构和固定意义，其结构和意义完全由受测者自己决定；(2) 受测者有广泛自由的反应方式，可作多种反应，因而得到的反应资料较丰富；(3) 受测者不知道测验的目的；(4) 可同时测量几个人格维度，并对结果作整体性分析。

依受测者的反应方式不同可将投射测验分为以下五类：(1)联想法。使受测者说出某种刺激所引起的联想。如罗夏墨迹测验；(2)构造法。要受测者根据他所看到的图画，编造一套含有过去、现在、将来等发展过程的故事。如主题统觉测验；(3)完成法。提供一些不完整的句子、故事或辩论等材料，令受测者自由补充，使之完成。如语句完成测验；(4)选排法。要受测者根据某一准则（如意义、美观等）来选择项目，或作各种排列，可用图画、照片等作为刺激项目；(5)表露法。使受测者利用某种媒介（如绘画、游戏、心理剧等）自由表露他的心理状态。如画人测验。

投射测验的优点：(1)可以对人格作综合的、完整的探讨，对受测者的内心生活作深层的探索，并作出动态的解释；(2)测验本身不显示任何目的，受测者不至于有意防范而作虚假的反应。

投射测验的缺点：(1)评分缺乏客观标准，难以量化；(2)缺乏充分的常模资料，测验结果不易解释；(3)信度和效度不易建立；(4)原理复杂深奥，非经专门训练不易使用；(5)与其他测验相比，被试的反应更易受实施情境的影响。

下面简单介绍两种此类测验。

(1)罗夏墨迹

此测验是瑞士精神医学家罗夏发明的。有如下图所示那样的图片 10 张，以一定的顺序呈现给被试的同时，向其提问如“你看这像什么?”“这使你想到了什么?”这样的问题。通过对被试回答时间、内容、情绪反应等方面的分析来推测和判断其人格特点和存在的问题。

2. 主题统觉测验（TAT）

该测验全套包括30张内容颇为暧昧的图片，另加一张空白卡片。图片内容多为人物（见下图），兼有部分景物。就刺激情境而言，对受测验者的反应不加限制，任其凭想象自由地编造故事。

主题统觉测验的基本假设是，个人面对图画情境所编造的故事与其生活经验有密切的关系。故事内容，有一部分固然受当时知觉的影响，但其想象部分却包含着个人有意识的与潜意识的反应。换言之，受测者在编造故事时，常是不自觉地把隐藏在内心的冲突和欲望等穿插在故事之中，借故事中人物的行为宣泄出来，也即把个人的心理历程投射在故事之中。主试者如能对受测者编造的故事善加分析，便可以了解个人心理的需求。

施测时，每次给予受测者一张图片要他编一个故事，说明图中所表现的是怎么回事，事情发生的原因是什么，将来演变下去可能产生的结果以及个人的感想等。每张图片约5分钟，测验完毕后，和受试者谈话一次，以求深入了解和澄清故事的内容。

（三）社会测量法

社会测量法又叫社会计量性测验。此类测验主要用于确定团体中人与人之间的关系以及团体的结构，对教师了解班级的非正式群体状况很有价值。具体的实施办法有多种，但大同小异。下面就社会关系图解法作以介绍。

此种方法通常是以一个或几个问题作为依据，让受试者根据自己的愿望在同伴中选择。例如，"你最愿意和谁在一起学习?""你最愿意和谁一起看电影?"等。问题所涉及的内容可以是工作学习方面的，也可以是休息娱乐方面的；可以积极的方式提出，也可以消极的方式提出，如"你不喜欢谁坐在你的旁边?"

编制此种测验要注意以下几点：①提出的问题要具体而切实，并易为受试者所了解；②尽可能少用消极性的问题，并且在修辞上要十分小心；③问题和选择的数目不要过多，一般以一个问题三个选择较为适宜。

实施这种测验的手续非常简便，但也要注意几点：①限定团体的范围，让受试者在该范围内选择；②说明测验的目的，以使受试者认真作答；③告诉受试者他们的选择将不让第三者知道，以使受试者安心作答。

对测验结果的整理有两种基本方式，一是表列法，称为"社会矩阵”，二是图示法，称为社会图，最常用的是靶形图。社会图的基本结构有以下几种形态：

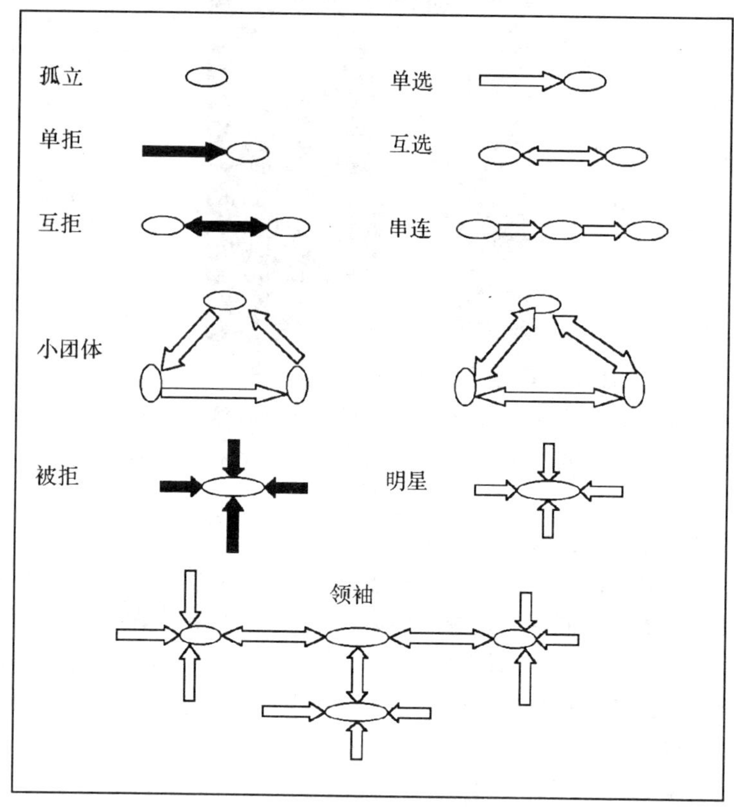

从社会图所展示的团体结构中，可以大概了解团体的性质：(1) 如果团体内明星人物之间没有联系，表示有互不沟通的小团体存在，多中心而无得力的领导人物；(2) 散乱而缺乏重心的社会图，表示团体结构甚为松弛，缺乏健全的团体意识和团体组织；(3) 如果多数人员的选择集中在一两个人身上，其他成员之间很少有联系，说明这个团体为少数人控制，一旦领导不在，就成为一盘散沙；(4) 有大量的互选对偶及长而重叠的串联，明星人物的指向又很集中，说明该团体有相当完整的结构和良好的沟

通网络；(5) 从社会关系图中还可以看出各团体（如不同性别、不同年龄、不同民族、不同地区）成员之间关系是否融洽，有无裂痕。

除了从社会图中直观地看出每个人在团体中的地位，以及相互关系、团体结构外，还可以通过统计分析，得到有关个人地位和团体性质的各种指数。例如，个人受选地位指数＝受选总数/(团体人数－1)；团体吸引率＝总选择数/（总选择数＋总拒斥数）。

第九章　人格的发展

人格是个体在生理差异的基础上，通过与社会环境的相互作用而形成的稳定心理结构。这种心理结构的构建不仅受多种因素的影响，而且贯穿于人的一生。鉴于人格构造的复杂性，心理学家多从某一角度或侧重某种成分对人格的发展变化加以研究。他们的研究使我们有可能洞悉其中的奥秘，更为开展此方面的教育工作提供了理论支撑。

一、埃里克森的“心理社会期”理论

埃里克森是新精神分析学派的代表人物，通过其医学实践和科学研究，对人格发展进行了深入的分析，提出了广受关注的人格发展理论。他十分重视自我意识在人格中的地位，认为人的自我意识发展会持续一生。根据不同时期自我意识发展的任务和特点，他把自我意识的一生发展过程划分为八个阶段，并认为这八个阶段的顺序是由遗传决定的，每个阶段之间有着紧密的联系。而每一阶段能否顺利完成特定的目标受环境决定并对下一个阶段甚至整个人生有着重要的影响。因此，每一个阶段都是不可忽视的。这个理论被称为“心理社会期”理论。

埃里克森的人格终生发展论，为不同年龄阶段儿童的教育提供了理论依据和具体内容。任何年龄段的教育失误，都会给一个人的终生发展造成障碍。该理论对个体不同阶段人格发展的主要任务给予了较为详细的描述，为揭示每个人对你为什么会成为现在这个样子，你的心理品质哪些是积极的，哪些是消极的，多是在哪个年龄段形成的等问题提供了反思的依据。

（一）婴儿期（0～1.5 岁）：基本信任和不信任的心理冲突

虽然此阶段的婴儿刚刚出生不久，但不要认为他或她就是一个不懂事的小动物，只要吃饱不哭就行，这就大错特错了。埃里克森认为，就人格的发展而言，此阶段是儿童与社会之间形成基本信任和不信任的心理冲突期，父母在其中扮演着重要的角色。因为这期间孩子开始认识人了，当孩子哭或饿时，父母是否出现是建立信任感的重要问题。信任就会在人格中形成“希望”这一品质，埃里克森把希望定义为“对自己愿望可实现的持久信念”。具有信任感的儿童敢于希望，富于理想，具有强烈的未来定向。反之则不敢希望，时时担忧自己的需要得不到满足。

（二）儿童期（1.5～3 岁）：自主与害羞和怀疑的冲突

这一时期，儿童掌握了大量的技能，如，爬、走、说话等。更重要的是他们学会了怎样坚持或放弃，也就是说儿童开始“有意志”地决定做什么或不做什么。埃里克森把意志定义为“不顾不可避免的害羞和怀疑心理而坚定地自由选择或自我抑制的决心”。这时候父母与子女的冲突很激烈，也就是第一个反抗期的出现，一方面父母必须承担起控制儿童行为使之符合社会规范的任务。即养成良好的习惯，如训练儿童大小便，使他们对肮脏的随地大小便感到羞耻；训练他们按时吃饭，节约粮食等。另一方面，儿童开始有了自主感，他们坚持自己的进食、排泄方式，所以训练良好的习惯不是一件容易的事。这时孩子会反复应用“我”、“我们”、“不”来反抗外界控制，而父母绝不可以听之任之、放任自流，因为这将不利于儿童的社会化。反之，若过分严厉，又会伤害儿童自主感和自我控制能力。如果父母对儿童的保护或惩罚不当，儿童就会产生怀疑，并感到害羞。因此，把握好“度”才有利于在儿童人格内部形成良好的意志品质。

（三）学龄初期（3～5 岁）：主动对内疚的冲突

随着儿童心理和行为的发展，这一时期的幼儿表现出更多的主动探究行为，如果这种表现受到鼓励，幼儿就会形成主动性，这为他将来成为一个有责任感、有创造力的人奠定了基础。如果成人讥笑幼儿的独创行为和想象力，那么幼儿就会逐渐失去自信心，这使他们更倾向于生活在别人为他们安排好的狭窄圈子里，缺乏自己开创幸福生活的主动性。当儿童的主动感超过内疚感时，他们就有了“目的”的品质。埃里克森把目的定义为“一种正视和追求有价值目标的勇气，这种勇气不为幼儿想象的失利、罪疚感和惩罚的恐惧所限制”。

（四）学龄期（6～12岁），勤奋对自卑的冲突

这一阶段的儿童正处在接受学校教育时期。学校成为其适应社会、掌握今后生活所必需的知识和技能的地方。如果他们能顺利地完成学习课程，他们就会获得勤奋感，这使他们在今后的独立生活和承担工作任务中充满信心。反之，就会产生自卑。另外，在自信心的形成中，如果儿童养成了过分看重自己工作的态度，而对其他方面木然处之，这种人的生活也是不适当的，甚至是可悲的。埃里克森说：“如果他把工作当成他唯一的任务，把做什么工作看成是唯一的价值标准，那他就可能成为自己工作技能和老板们最驯服和最无思想的奴隶。”当儿童的勤奋感大于自卑感时，他们就会获得有“能力”的品质。埃里克森把能力定义为“不受儿童自卑感削弱的，完成任务所需要的自由操作的熟练技能和智慧”。

（五）青春期（12～18岁）：自我同一性和角色混乱的冲突

这是一个很重要的时期。一方面青少年本能冲动的高涨会带来很多新的问题，另一方面是青少年面临新的社会要求和社会的冲突而感到的困扰和混乱。所以，青少年期的主要任务是建立一个新的同一感或自己在别人眼中的形象，以及他在社会集体中所占的情感位置。这一阶段的危机是角色混乱。“这种统一性的感觉也是一种不断增强的自信心，一种在过去的经历中形成的内在持续性和同一感（一个人心理上的自我）。如果这种自我感觉与一个人在他人心目中的感觉相称，显然这将为一个人的生涯增添绚丽的色彩”。

埃里克森把同一性危机理论用于解释青少年对社会不满和犯

罪等社会问题上，他认为，如果一个儿童感到他所处的环境剥夺了他在未来发展中获得自我同一性的种种可能，他就将以令人吃惊的力量抵抗社会环境。在人类社会的生活中，没有同一性的感觉，就没有自身的存在。所以，他宁做一个坏人，或干脆死人般地活着，也不愿做不伦不类的人，他自由地选择这一切。自我同一性会形成“忠诚”的品质。埃里克森把忠诚定义为“不顾价值系统的必然矛盾，而坚持自己确认的同一性的能力”。

（六）成年早期（18～25岁）：亲密对孤独的冲突

从青少年进入成年期，只有那些具有牢固自我同一性的青年人，才敢于冒与他人发生亲密关系的风险。因为与他人发生爱的关系，就是把自己的同一性与他人的同一性融合一体。埃里克森把爱定义为“压制异性间遗传的对立性而永远地相互奉献”。显然，这里有自我牺牲或损失，只有这样才能在恋爱中建立真正亲密无间的关系，从而获得亲密感，否则将产生孤独感。

（七）成年期（25～65岁）：生育对自我专注的冲突

当一个人顺利地度过了自我同一性时期，以后的岁月会过上幸福充实的生活，他会生儿育女，关心后代的繁殖和养育。他认为，生育感有生和育两层含义，一个人即使没生孩子，只要能关心孩子、教育指导孩子也可以具有生育感。反之没有生育感的人，其人格是贫乏和停滞了的，是一个自我关注的人。自我关注的人只考虑自己的需要和利益，不关心他人（包括儿童）的需要和利益。在这一时期，人们不仅要生育孩子，同时要承担社会工作，这是一个人对下一代的关心和创造力最旺盛的时期，人们将获得关心和创造力的品质。

（八）成熟期（65岁以上）：自我调整与绝望期的冲突

进入老年期，人的体力、心力和健康每况愈下。对此，个体必须作出相应的调整和适应，所以这一阶段被称为自我调整对绝望感的心理冲突时期。当老人们回顾过去时，可能怀着充实的感情与世告别，也可能怀着绝望走向死亡。自我调整是要找到一种接受自我、承认现实的感受，一种超脱的智慧之感。如果一个人的自我调整大于绝望，他将获得智慧的品质。埃里克森把它定义为“以超然的态度对待生活和死亡”。老年人对死亡的态度直接影响下一代儿童时期信任感的形成。因此，第 8 阶段和第 1 阶段首尾相连，构成一个循环或生命的周期。

埃里克森认为，在每一个心理社会发展阶段中，解决核心问题之后所产生的人格特质，都包括了积极与消极两方面的品质，如果各个阶段都保持积极品质发展，就算完成了这阶段的任务，就会逐渐实现健全的人格，否则就会产生心理社会危机，出现情绪障碍，形成不健全的人格。埃里克森还指出，阶段与阶段之间是相互依存的，其构建具有累积性。同时，每个阶段又各自形成人格独特的品质，如希望或忠诚到美德。在发展过程中，青少年时期所形成的自我同一性是一个核心概念。形成同一性必须整合先前的经验与发展，并为今后的发展打下基础。

二、皮亚杰的儿童道德认知发展理论

皮亚杰早在 20 世纪 30 年代就对儿童道德判断和道德观念的发展进行了研究。他认为，一个人道德上的成熟主要表现在尊重准则和社会公正感这两个方面。儿童道德判断的发展与儿童认知发展的阶段相平行，儿童道德发展的进程可以在他们的认知进程中找到证据。他采用对偶故事法研究儿童道德判断发展的水平，设计了一些包含道德价值内容的对偶故事让儿童回答，要求儿童辨认是非对错，从他们对特定行为情境的评价中投射并推测出儿童现有的道德认知和道德判断水平。通过大量的研究，他发现并总结出了儿童道德认知发展的总规律，即儿童道德的发展经历了一个从他律到自律的认识、转化发展过程。所谓他律，是指早期儿童的道德判断只注意行为的客观效果，不关心主观动机，是受自身以外的价值标准所支配的道德判断，具有客体性。所谓自律，则是指儿童自己的主观价值、主观标准所支配的道德判断，具有主体性。他律水平和自律水平是儿童道德判断的两级水平。在此基础上皮亚杰提出了儿童道德发展的年龄阶段。他认为，10

岁是儿童从他律道德向自律道德转化的分水岭，即在10岁以前，儿童对道德行为的思维判断主要依据他人设定的外在标准，也就是他律道德；10岁以后，儿童对道德行为的思维判断大多依据自己的内在标准，也就是自律道德。它具体划分为四个阶段。

（一）自我中心阶段（2～5岁）

这一阶段的儿童由于认识上的局限性，还不理解、不重视成人或周围环境对他们的要求，在游戏时，规则或成人的要求对他们还没有约束力，只按照自己的意愿去执行游戏规则，所以这一阶段又称为单纯的个人规则阶段。皮亚杰认为，促进儿童和同伴之间形成合作关系，是使儿童摆脱这种自我中心的唯一方法。

（二）权威阶段（6～8岁）

这个阶段的儿童认为，应该尊重权威和尊重年长者的命令。一方面，他们绝对遵从成人、权威者的命令；另一方面，他们也服从周围环境对他们所规定的规则或提出的要求。皮亚杰把儿童绝对驯服地服从规则要求的倾向称为道德实在论。他指出，此阶段成人的约束和滥用权威对儿童的道德发展是极其有害的。

（三）可逆阶段（8～10岁）

这个阶段的儿童不再认为成人的命令是应该绝对服从的，道德规则是固定不变的。他们认为，道德行为的准则只不过是同伴之间共同约定的用来保障共同利益的一种社会产物。因此，规则已经具有一种保证相互行动和相互给予的可逆特征；规则面前、同伴之间是一种可逆关系：我要你遵守，我也得遵守。不是以权威而是以是否公平作为判断行为好坏的标准，认为公平的行为就是好的，反之就是坏的。由此可见，儿童的道德判断已经开始摆脱外界的约束，并具有自律道德水平的初步萌芽。

（四）公正阶段（11～12岁）

这个阶段，儿童的道德观念开始倾向于公正。皮亚杰认为，当可逆的道德观念从利他主义角度去考虑时，就产生了关于公正的观念。公正观念不是一种判断是或非的单纯的规则关系，而是一种出于关心与同情的真正的道德关系。也就是说，儿童不再刻板地按固定的规则去判断，在依据规则判断时隐含考虑到同伴的一些具体情况，从关心和同情出发去判断。皮亚杰认为公正观念是一种高级的平等关系，这种道德观念已经能够从内部对儿童的道德判断起着决定性的作用。

三、科尔伯格的道德发展阶段理论

继皮亚杰之后，科尔伯格对儿童品德发展问题进行了大量卓有成效的研究，提出了系统的道德发展阶段理论。

科尔伯格对皮亚杰的研究方法进行了改进，应用道德两难论的方法研究道德的发展问题。这种方法也称两难故事法。故事包含一个在道德价值上具有矛盾冲突的情境，让被试听完故事后对故事中的人物行为进行评论，从而了解被试进行道德判断所依据的原则及其道德发展水平。代表性的道德两难故事是“海因茨偷药的故事”。这个故事的大意是：欧洲有一位妇女患了癌症，生命危在旦夕。医生告诉她的丈夫海因茨，只有本城一个药剂师最近发明的一种药可以救他的妻子。但该药价钱十分昂贵，要卖到成本价的十倍。海因茨四处求人，尽全力也只借到了购药所需钱数的一半。万般无奈之下，海因茨只得请求药剂师便宜一点儿卖给他，或允许他赊账。但药剂师坚决不答应他的请求，并说他发明这种药就是为了赚钱。海因茨在走投无路的情况下，为了挽救妻子的生命，在夜间闯入药店偷了药，治好了妻子的病。但海因茨因此被警察抓了起来。

科尔伯格围绕这个故事提出了一系列问题，让被试参加讨论，如：海因茨该不该偷药？为什么该？为什么不该？海因茨犯了法，从道义上看，这种行为好不好？为什么？通过大量的研究，科尔伯格提出了三水平六阶段理论。三水平是指前习俗水平、习俗水平、后习俗水平。六阶段是指每个水平中又可划分为两个不同的阶段。

（一）前习俗水平（0～9岁）

处在这一水平的儿童，其道德观念的特点是纯外在的。他们为了免受惩罚或获得奖励而顺从权威人物规定的行为准则。根据行为的直接后果和自身的利害关系判断好坏是非。这一水平包括两个阶段。

第一阶段：惩罚与服从定向阶段。此阶段的儿童根据行为的后果来判断行为是好是坏及严重程度，他们服从权威或规则只是为了避免受惩罚，认为受赞扬的行为就是好的，受惩罚的行为就是坏的。他们还没有真正的道德概念。处在这一阶段的儿童对海因茨偷药的故事可能会作出这样两种不同的反应：赞成者认为，他可以偷药，因为他先提出请求，又不偷大的东西，不该受罚；反对者则会说，偷药会受到惩罚。

第二阶段：相对功利取向阶段。这一阶段的儿童道德价值来自对自己需要的满足，他们不再把规则看成是绝对的、固定不变的，评定行为的好坏主要看是否符合自己的利益。如他们对海因茨偷药的故事可能会有这样的说法：赞成者会说，他的妻子需要这种药，他需要同他的妻子共同生活；反对者则会说，他的妻子在他出狱前可能会死，因而对他没有好处。

科尔伯格认为，大多数 9 岁以下的儿童和许多犯罪的青少年在道德认识上都处于前习俗水平。

（二）习俗水平（9～15 岁）

处在这一水平的儿童，能够着眼于社会的希望与要求，并以社会成员的角度思考道德问题，已经开始意识到个体的行为必须符合社会的准则，能够了解社会规范，并遵守和执行社会规范。规则已被内化，按规则行动被认为是正确的。习俗水平包括两个阶段。

第三阶段：寻求认可定向阶段，也称“好孩子”定向阶段。处在该阶段的儿童，个体的道德价值以人际关系的和谐为导向，顺从传统的要求，符合大家的意见，谋求大家的赞赏和认可，总是考虑到他人和社会对“好孩子”的要求，并总是尽量按这种要求去思考。他们认为好的行为是使人喜欢或被人赞赏的行为。这一阶段的儿童听了海因茨偷药的故事，赞成者会说，他做的是好丈夫应做的事；反对者则说，他这样做会给家庭带来苦恼和丧失名誉。

第四阶段：遵守法规和秩序定向阶段。处于该阶段的儿童其道德价值以服从权威为导向，他们服从社会规范，遵守公共秩序，尊重法律的权威，以法制观念判断是非，知法懂法。认为准则和法律是维护社会秩序的。因此，应当遵循权威和有关规范去行动。该阶段的儿童听了海因茨偷药的故事，赞成者会说，不这么做，他要为妻子的死负责；反对者会说，他要救妻子的命是应该的，但偷东西犯法。

科尔伯格认为大多数青少年和成人的道德认识处于习俗水平。

（三）后习俗水平（15岁以后）

又称原则水平，达到这一道德水平的人，其道德判断已超出世俗的法律与权威的标准，而是有了更普遍的认识，想到的是人类的正义和个人的尊严，并已将此内化为自己内部的道德命令。后习俗水平包括两个阶段。

第五阶段：社会契约定向阶段。处于这一水平阶段的人认为法律和规范是大家商定的，是一种社会契约。他们看重法律的效力，认为法律可以帮助人维持公正。但同时认为契约和法律的规定并不是绝对的，可以应大多数人的要求而改变。在强调按契约和法律的规定享受权利的同时，认识到个人应尽义务和责任的重要性。对于海因茨偷药的故事。赞成者认为，法律没有考虑到这种情况；反对者认为，不论情况多么危险，总不能采用偷的手段。

第六阶段：原则或良心定向阶段。这是进行道德判断的最高阶段，表现为能以公正、平等、尊严这些最一般的原则为标准进行思考。在根据自己选择的原则进行某些活动时，认为只要动机是好的，行为就是正确的。在这个阶段上，他们认为人类普遍的道义高于一切。对于海因茨偷药的故事，赞成者认为，尊重生命、保存生命的原则高于一切；反对者认为，别人说不定也像他妻子一样急需这药，要考虑所有人生命的价值。

柯尔伯格的道德判断发展阶段

三种水平		发展阶段		心理特征
一	前习俗道德（9岁以下）	1	避罚服从取向	只从表面看行为后果的好坏。盲目服从权威，旨在逃避惩罚。
		2	相对功利取向	只按行为后果是否带来需求的满足以判断行为的好坏。
二	习俗道德期（10～20岁）	3	寻求认可取向	寻求别人认可，凡是成人赞赏的，自己就认为是对的。
		4	遵守法规取向	遵守社会规范，认定规范中所定的事项是不能改变的。
三	后习俗道德期（20岁以上）	5	社会法制取向	了解行为规范是为维护社会秩序而经大众同意所建立的。只要大众达成共识，社会规范是可以改变的。
		6	普遍伦理取向	道德判断以一个人的伦理观念为基础。个人的伦理观念用于判断是非时，具有一致性与普遍性。

四、小学阶段的人格发展

（一）自我意识的发展

1. 自我评价能力的发展

小学生从顺从别人的评价发展到有一定独立见解的评价，自我评价的独立性随年级的升高而增强。在有项研究中对小学生提出这样一些问题：你的爸爸、妈妈说的话都对吗？同学们对你的批评都对吗？你认为班主任老师对你的看法都对吗？你常和同学争论问题吗？等等。小学生在这些问题上反映出的独立性水平明显随年龄的升高而升高，这表明小学生逐步减轻对他人评价的依赖性，独立进行自我批评的能力在不断发展。

从比较笼统的评价发展到对自己个别方面或多个方面行为的优缺点进行评价，并表现出对内心品质进行评价的初步倾向。小学低年级儿童自我评价还具有很大的具体性，如"我认为上课认真听讲，不讲话，对同学不骂人、不打架才算是一个好孩子"。他们更多的是直对其外显行为进行评价（如不打人、不骂人、完成作业）等。整个小学阶段处于由具体性向抽象性，由外显行为向内心世界发展的过程之中，这表明小学儿童的抽象概念性评价和对内心世界的评价能力都在迅速发展。直到小学高年级，进行抽象性评价（如我认为一个好学生应该有爱国主义和集体主义精神，有远大理想和抱负，能分清真善美与假恶丑）和内心世界的评价（表里一致，谦虚，热情，诚实等）仍然不多。

自我评价的稳定性逐渐增强。有研究表明，小学低年级学生自我评价能力水平还比较低，前后两次的评价一致性很差，到小学高年级，随着自我评价能力的逐步发展，前后两次评价的一致性逐步提高。这表明小学儿童自我评价的稳定性随着自我评价能力的增强而增强。

2. 自我控制能力的发展

自我控制的能力在幼儿期已有发展，入学后，在学校一定组织纪律的要求下，自我控制能力进一步发展起来。到三年级，逐步养成在学习时的自我控制习惯。同时，儿童自我控制能力的范围不断扩大，质量也日益改善，这表现为儿童能发现自己的学习缺点，而且能利用自己的力量去改正这些缺点。有研究发现，小学生在集体生活影响下，逐步学会了有意识地控制和调节自己的行动，特别是四年级以后，初步形成的责任感开始对行为起支配作用，促使其自制力有较快的发展。小学高年级儿童已能迫使自己去完成有意义但不感兴趣的任务了。

3. 自我体验的发展

幼儿已具有人类所特有的各种重要的情感体验。研究指出，自我体验的发展与自我意识的发展趋势基本一致。在小学阶段，自我体验与自我评价的发展具有很高的一致性。可见，在这个时期，自我情绪的发展与自我意识、自我评价的发展有着密切关系。随着儿童理性认识的提高和增加，他们的情绪体验也逐渐深刻。

4. 自我意识发展的趋势

小学生自我意识的发展趋势是随年级的增长从低水平向高水平发展。小学一年级到三年级处于上升时期。小学三年级到五年级处于平稳阶段。小学五年级到六年级又处于第二个上升期。

（五）道德意识和行为的发展

1. 道德意识的形成和发展

对道德概念的掌握从表面、具体到初步的本质和概括。小学生，尤其是低年级小学生对道德概念的理解常常是肤浅的、表面的，概括程度较低。在道德认识的理解上，小学生从比较肤浅的、表面的理解逐步到比较精确的本质的理解。但是这种认识仍有较多具体性成分，概括水平较差。道德判断从只注意行为的效果逐步过渡到全面考虑动机和效果的统一关系。研究表明，小学阶段儿童评价与自我评价能力得到进一步发展，开始出现道德评价能力。从掌握一些行为标准，到掌握道德品质和原则；从受外部条件的制约过渡到受内部道德认识的制约。大约从小学四年级起，明显看到儿童开始从道德原则来评价自己或别人的行为。从注重行为的效果过渡到注重行为的动机，转折年龄在 9 岁左右。

从注重行为的直接后果过渡到注重行为或后果的性质，在这一过程中，儿童逐步形成“人比物重要”的概念。应该引起重视的是，小学三、四年级是儿童道德发展的关键期，道德信念初步形成，但不稳定。

(2) 道德行为的发展

在整个小学阶段，儿童在品德发展上，认识与行为、言语基本上是协调的。年龄越小，言行越一致。随着年龄的增长，逐步出现了言行不一致的现象。小学低年级儿童的道德认识与言行往往直接反映教师和家长的要求。因此，从表面上看，他们的言行是一致的，但实际上这种一致性的水平是较低的。到了高年级，学生的道德行为比较复杂，逐渐开始学会掩饰自己的行为，他们的行为和教师与家长的指令出现一定的差异。

(三) 性格的发展

总趋势：小学生的性格发展水平是随着年龄的增长而逐渐提高的，但其发展速率表现出不平衡、不等速的特点。小学二年级到四年级发展较慢，表现为发展的稳定时期；四年级到六年级发展较快，表现为快速发展时期。

1. 情绪特征因素的发展

小学生情绪特征是不断发展的，并在六年级出现高峰。由于处于适应学校生活的特殊阶段，小学低年级儿童的主导心境并不乐观，经过一段时间后趋于稳定。但六年级的学生开始进入少年期，其行为特别容易受情绪的影响。但整个小学阶段，儿童的情绪特征基本是稳定的，在各年级之间，小学生的情绪稳定性无显著差异。

2. 意志特征因素的发展

研究表明，在整个小学阶段，性格的意志特征总的发展曲线是平缓的，年级间差异不显著。小学生独立性的发展在低年级并不显著，直到小学四年级至六年级才有一个较快的发展，六年级出现高峰。这个时期的儿童有强烈的独立要求和摆脱成人控制的欲望。小学生自制力和坚持性呈逐渐下降趋势。低年级儿童主要受外部因素，如教师、家长等控制。随着年龄的增长，小学生对外在控制因素的依赖性逐渐减少，但其内部控制的能力还未发展起来，还不足以调节、控制自己的行为，因而表现出在自制力和坚持性两方面的下降趋势。

3. 理智特征因素的发展

理智特征总的发展趋势是二年级到四年级呈稳定发展，四年级到六年级发展迅速。儿童的求知欲在整个小学阶段都在不断发展，到小学六年级达到一个高峰。强烈的求知欲成为小学生努力学习的一个重要动力因素。

（四）人际关系的发展

1. 同伴交往

在幼儿以游戏为中介的同伴交往的基础上，小学生的同伴交往频率和深度得到了进一步发展，同伴交往的机会更多，交往的形式也更复杂，社会交往作用的形式和内容也日趋复杂多样和深刻。

研究表明，小学儿童友谊发展有以下几个阶段。

第一阶段（6～12 岁）：双向帮助，但不能患难的合作阶段。儿童对友谊的交互性有了一定的了解，但仍具有明显的功利性特点。

第二阶段（9～15 岁）：亲密共享阶段。儿童发展了朋友的概念，认为朋友之间可以相互分享。友谊是随时间推移而逐渐形成和发展起来的，朋友之间保持信任和忠诚，甘苦与共。儿童的友谊关系开始具有一定的稳定性，出于共享和双方的利益而与他人建立友谊。在这种友谊关系中，朋友可以倾诉秘密，讨论、制订计划，互相帮助，解决问题。但这一时期的友谊有强烈的排他性和独占性。

第三阶段（12 岁开始）：是友谊发展的最高阶段。随着年龄的增长，儿童对朋友的选择性逐渐加强。由于择友严格，年长儿童建立的友谊关系能持续较长时间。

2. 同伴群体

儿童对同伴关系的需要是逐渐建立的，儿童与同伴的交往随年龄的增长而增加。小学时期是开始建立同伴群体的时期，因而也被称为“帮团时期”。有人把小学儿童同伴群体的形成和发展过程分为五个时期。

孤立期（一年级上半学期）。儿童之间还没有形成一定的团体，各自正在探索并准备交朋友。

水平分化期。由于空间的接近，如座位接近、上学同路等自然因素，儿童之间建立了一定的联系。

垂直分化期（二至三年级）。凭借儿童学习水平和身体能力的高低，分化为属于统治地位的和被统治地位的儿童。

部分团体形成时期。儿童之间分化并形成了若干个小集团，并出现了统帅小集团或班级的领袖人物，团体成员的团体意识加强了，并出现了制约成员的行为规范。

集体合并期。各个小集团之间出现了联合，形成了大团体，并出现了统帅全年级的领袖人物，团体成员的团体意识加强了，并出现了制约成员的行为规范。

无论是有组织的集体，还是自发形成的团体都会对儿童的个性品质产生严重影响。这种影响主要是通过集体的舆论来实现的，如果儿童能遵守团体的规则，其行为符合团体的标准，则往往得到同伴的好评和尊重；相反，则受到团体的谴责和批评。因而，儿童为了获得团体中的地位就必须遵守一定的准则。与此同时，自己在团体中的地位，团体成员对自己的评价等对其自我概念的形成也起着很大的作用。

3. 师生关系

人际交往通常是双向性的，师生交往也同样如此。教师的水平、个性影响学生，而学生的学业成绩、活动表现、外貌等也影响着教师。

教师的期望和他们与学生的关系受许多因素的影响：教师自己的态度、儿童的外表、种族、社会阶层、能力和兴趣、教师和学生的人格、学业和家庭等。此外，对学生的控制程度也影响教师的期望。如果学生的表现是可预见的，回答老师的问题，按时交作业，积极参加考试，广泛阅读课外书籍等，会给教师留下好印象，并提高教师的期望。大量社会调查和实验研究表明，教师是根据学生的性别、身体特征、社会经济地位、家庭成员、兴趣爱好等信息形成对某个学生的期望的。当老师对学生有较高期望时，他们就表现得更和蔼、更愉快，教师就会更经常地发出微笑，表现出友好的行动，会更多地注视学生，谈话、提问次数也会增多，并提供较多的有挑战性的材料，提供更多的线索，经常重复问题，对学生给予密切关注。实验表明，教师的期望对学生的行为显然发生了影响。这种现象被称为皮格马利翁效应，也称为罗森塔尔效应。

因此，教师努力保持与学生的良好关系有助于其教育思想的有效实施。在教育过程中，教师应善于向学生表现自己的良好期望，尤其是对待后进学生更应满腔热忱，更多地采取积极鼓励的方式激励学生努力学习。

【附】小学生自我认识能力测量

自我是个性结构的核心成分——自我观念的重要内容，它包括自我意识、自我体验和自我评价。自我认识的发展水平直接决定着个体社会化发展个性的健康状况。因此，了解小学生的自我认识能力，对维护小学生的心理健康具有十分重要的意义。《小学生自我认识问卷》可帮助教师了解小学生自我认识的发展情况，内容包括小学生的自我意识、自我感受以及人际关系等。适用2～6年级小学生。整套问卷共52道题，分为9个分量表。由儿童自己作答并计分。

【前言】

自我认识这套问卷，自己作答并计分。此问卷的目的是查看你对自己的了解与感觉，如何与人相处，与朋友相处。同时能发现你对朋友、家庭及学校的感觉。另外，该问卷还能找出受测者的不一致性。每一个句子没有“对”、“错”之分。其目的仅仅是找出你在做测验时对每一句子的感觉。

【指导语】

若你的情况与句子内容“完全符合”，就在题目右边5分下面的空格里打“√”；若“完全不符合”，就在1分下边的空格里打“√”；若你的感觉与句子内容“有些符合”，就在4分下边的空格里打“√”；“不确定”就在3分下边的空格里打“√”；若“有些不符合”，就在2分下边的空格里打“√”。每一句子，只能打一次“√”。最好依据最先出现在你脑中的反应作答。

【计分方法】

计分时先把每一部分内每道题的分数相加，总分记在每一部分（A或B等）上端的横线上，然后转记在记分摘要表上。

总分旁请标示第一次或第二次做此问卷，以便比较两次测验的分数差异。

自我意识评价总分由A部分至I部分相加而得。

J、K、L三部分涉及有关家庭关系、同伴关系以及对学校的态度等方面的问题。

若第二次测验在A－L各部分的得分有所增加，则说明自我意识评价有正向改变或改进。

注意：1分代表“完全不符合”

2分代表“有些不符合”

3分代表“不确定”

4分代表“有些符合”

5分代表“完全符合”

下面开始作答：

A ____________

	1	2	3	4	5
(1) 我很满意我自己	□	□	□	□	□
(2) 我很自信	□	□	□	□	□
(3) 我想我很了解我自己	□	□	□	□	□
(4) 我不是我所喜欢的我	□	□	□	□	□
(5) 我喜欢我现在的样子	□	□	□	□	□

	1	2	3	4	5
（6）我常常是快乐的	□	□	□	□	□
B ____________					
（7）我相信假如我勤奋，我的生活会更好	□	□	□	□	□
（8）我与他人一起工作得很好	□	□	□	□	□
（9）我喜欢尝试新事物	□	□	□	□	□
（10）我愿意帮助别人	□	□	□	□	□
（11）我容易与人相处	□	□	□	□	□
（12）别人认为我有幽默感	□	□	□	□	□
C ____________					
（13）我不如班上其他同学聪明	□	□	□	□	□
（14）我对自己没多大信心	□	□	□	□	□
（15）在学校学的东西似乎对我没用	□	□	□	□	□
（16）我常对学校的功课泄气	□	□	□	□	□
D ____________					
（17）我不容易受别人影响	□	□	□	□	□
（18）我不如我所认识的大部分人	□	□	□	□	□
（19）我容易放弃我所做的事	□	□	□	□	□
E ____________					
（20）但愿我的体重增加或减少	□	□	□	□	□
（21）但愿我的身高增长或降低	□	□	□	□	□
F ____________					
（22）我的朋友们对我信任	□	□	□	□	□
（23）我往往能坚持到底	□	□	□	□	□
（24）我一旦做上某事就会把它做好	□	□	□	□	□
G ____________					
（25）我感觉我的生活正走在成功的路上	□	□	□	□	□
（26）我的感情常受到伤害	□	□	□	□	□
（27）我经常烦恼	□	□	□	□	□
（28）我容易失去冷静	□	□	□	□	□

H ____________

	1	2	3	4	5
(29) 我喜欢尝试新事物	□	□	□	□	□
(30) 我很难做决定	□	□	□	□	□
(31) 我容易放弃	□	□	□	□	□
(32) 我需很长一段时间才能习惯于新事物	□	□	□	□	□

I ____________

(33) 我往往能坚持到底	□	□	□	□	□
(34) 我一旦去做事就会做好	□	□	□	□	□

J ____________

(35) 我与家人相处得很好	□	□	□	□	□
(36) 假如我中途辍学，没人会在乎	□	□	□	□	□
(37) 我的父母不了解我	□	□	□	□	□
(38) 我在家庭中似乎是一种阻碍	□	□	□	□	□
(39) 我很了解我对自己家庭的感觉	□	□	□	□	□

K ____________

(40) 我常与朋友讨论我个人的问题	□	□	□	□	□
(41) 我常帮朋友处理他个人的问题	□	□	□	□	□
(42) 我常与朋友讨论家庭问题并获得帮助	□	□	□	□	□
(43) 我常帮朋友处理他在学校里的问题	□	□	□	□	□
(44) 我常与朋友讨论我的家庭问题	□	□	□	□	□

L ____________

(45) 假如我中途辍学，没人会在乎	□	□	□	□	□
(46) 学校教育有助于我过较好的生活	□	□	□	□	□
(47) 我在学校几乎没有朋友	□	□	□	□	□
(48) 我觉得在学校是浪费时间	□	□	□	□	□
(49) 我喜欢我的老师们	□	□	□	□	□
(50) 读书有助于我获得好的工作	□	□	□	□	□
(51) 我喜欢学习	□	□	□	□	□
(52) 我喜欢学校	□	□	□	□	□

计分摘要表

分量表内容	题目	分数范围	第一次	第二次	差异
A 对自己感觉的评价	1—6	6—30			
B 对与别人相处信心的评价	7—12	6—30			
C 对自己是好学生的评价	13—16	4—20			
D 对自己才能的评价	17—19	3—15			
E 对自己身高、体重的评价	20—21	2—10			
F 对他人对自己依赖程度的评价	22—24	3—15			
G 对自己免于烦恼能力的评价	25—28	4—20			
H 对自己作决定的评价	29—32	4—20			
I 对自己适应新事物的评价	33—34	2—10			
自我意识评价总分：					

五、中学阶段的人格发展

个性和社会性是中学生心理发展的重要方面。个性体现着一个人心理活动的完整面貌和稳定特征，表现出人与人之间明显的差异。社会性反映着一个人社会化的历程，是一个人有效地参与社会生活所不可缺少的方面。因而，了解中学生个性和社会性发展的特点，对做好教育教学工作具有非常重要的作用。

（一）中学生个性发展的特点

个性同其他心理现象一样，随着年龄的增长而不断发展。在婴儿期开始出现个性的萌芽，至幼儿期形成一些最初的个性特点，到小学阶段儿童的个性已经得到全面显现，但仍具有较大的可塑性；中学时期则是个性逐步成熟或定型的阶段，个性品质渐趋稳定。

1. 中学生的自我意识趋于成熟

初中学生的自我意识已经由童年期的模糊、不够自觉和被动状态，逐步转向为比较清晰、较为自觉和主动状态。随着生理上的逐渐成熟和活动范围的不断扩大，他们的成熟感日益增强，要求了解别人和了解自己的愿望越来越强烈。他们开始注重从行为的社会意义方面来评价别人，但评价的标准还不够一致；在通过观察和参照别人来对自己进行评价的时候，也存在着过高和过低的偏颇。例如，有人在一项对中学生选择班长的调查研究中发现，小学五年级学生侧重于在能力、责任心、品德和学习方面加以选择的为76.9％，初中二年级学生侧重于从以上几方面进行选择的人数上升到91.8％。这说明初中生对别人的评价已更加注重行为的道德意义和社会作用。国外有研究将少年期学生的自我批评能力划分为低级、中级和高级三种水平。研究发现，多数少年期学生处于中级水平（具有自我批评精神，但不稳定，存在言行脱节现象），处于低级水平（自我批评精神很差）和高级水平（时时处处以自我批评的精神对自己提出较高要求）的学生数量较少，这种情况说明少年期学生的自我评价能力还有明显的弱点，尚未达到成熟的状态。

高中学生的自我意识有了进一步的发展，基本上达到了成熟的水平。他们已经能够从个性品质方面对自己作出概括性的评价，不少学生还注意从思想政治高度对自己进行比较客观的分析，运用自我分析、自我评价进行自我教育的学生在逐渐增多。在这个基础上，高中学生的自尊心、自信心和独立性更加突出地表现出来。他们渴望受到他人和社会的尊重，对自己的能力和积极性具有充分的信心，希望在平等的基础上重新建立与父母和其他成人的关系。高中学生自我意识发展的上述特点如果得到成人的理解和认同，将会极大地调动他们的个性积极性，充分发挥他们自身的潜能；如果缺乏成人的理解和认同，则会造成两代人之间的心理隔阂，出现所谓的“代沟”现象。这是高中阶段学生在自我意识发展方面面临的一个重大问题，必须引起高度重视。

2. 中学生的人生观、世界观初步形成

初中学生对于人生意义的理解还比较模糊，不够稳定，到了高中阶段其理解程度增加，但意识倾向仍不成熟。有人曾对初

一、初三和高二各200名学生进行关于人生问题的调查，结果发现，在“人走时气马走膘，有人走运有人想”这一涉及命运与人生关系的问题上，初一学生理解的人数为76%，初三学生理解的人数为93%，高二学生理解的人数为97%，说明中学生对人生意义的理解人数随年龄增高而增加；对这个问题持赞成观点的人数中初一学生为26%，初二学生为27%，高二学生为30%，说明70%以上的学生不赞成这种带有宿命论色彩的人生观，但也有不少学生对其持肯定的态度，这意味着中学生在与人生命运有关的意识倾向性方面还不够成熟。我国对10省市初一、初二、高一学生理想的调查中发现，14.9%的学生处于理想肤浅和模糊状态，27.8%的学生处于对未来志向动摇不定的状态，15.4%的学生处于职业理想的确定状态，42.9%的学生处于具有远大理想的状态，各年级学生的人生观还不够成熟。

对有关中学生世界观问题的调查研究则发现，世界观的萌芽产生于初中阶段，到高中阶段正式形成，但就其水平来说仍然很低。也就是说，初中阶段的思维发展、系统学习和社会实践为中学生世界观的形成打下了基础；到了高中阶段，随着学生知识经验的积累特别是通过哲学理论的学习，使他们世界观的基本轮廓开始确立。有人曾对初中学生和高中学生统一讲授“物质运动规律”，结果发现，初中学生只能从具体实例中领会点滴常识；高中学生则能够通过物质运动、化学运动、社会发展三个方面理解物质和运动的辩证关系及其内在规律。这说明，世界观从萌芽到形成是要有一个过程的，而要在高中学生中确立辩证唯物主义、历史唯物主义科学世界观的初步基础，需要教育工作者在理论灌输、行为比较和社会实践方面做大量艰苦细致的工作。

3. 中学生的道德水平逐步提高

初中学生的道德认识水平比小学时期有较大进步，但对于什么是正确的幸福观、英雄观、友谊观、自由观等问题认识得还不够明确。例如，不少初中学生把与成人顶嘴看做“英雄行为”，有些初中学生把江湖义气视为“真正的友谊”，个别初中学生甚至把违反课堂纪律当成“自由的体现”。多数初中学生的道德认识与道德行为处于较为一致的状态，但其水准不高。道德认识的水准较高而缺乏相应道德行为的学生是极少数。到了高中阶段，学生的道德评价能力有了明显的发展。他们开始透过现象揭露道德行为的本质，注意比较全面地考虑问题，对人的道德行为进行历史的、具体的分析，而且在分析过程中能够分清问题的主次，初步学会用辩证的观点进行道德评价，并能据此来指导行动。但教育实践证明，高中学生中道德认识水准较高却缺乏相应道德行为的人比初中阶段有所增多，这种“说得多做得少”或“只说不做”的现象固然与社会中的浮夸作风有关，然而与学校品德教育中重理论、轻实践的不良倾向有密切关系，对此应当加以警惕。

4. 中学生的性格特征基本定型

初中学生的性格处于全面显现和基本形成时期。他们对现实的态度已较为明确，但有时仍会出现动摇；他们在性格的情感特征、意志特征和理智特征方面都具有较大的稳定性，但依然存在可塑的空间，尚未定型。高中学生的性格特征在一、二年级时就已趋于成熟或基本定型。这时他们已经在按照自己独特的性格面貌观察事物，思考问题，并且在以自己习惯化的行为方式对外界刺激作出反应。因此，抓住中学生性格成熟或定型前的关键时期，对他们进行良好性格特征的锤炼或“重塑”工作，是促进中学生性格健康发展的重要任务，必须引起教育工作者的高度重视。

（二）中学生社会性发展的特点

1. 中学生的群体意识不断增强

社会是由各种不同的群体组成的，一个人总要生活在某一个群体之中。在小学时期，儿童的群体意识便有所增长；到了中学时期，其群体意识进一步加强，并且通过多种形式反映出来，其中非正式群体对中学生心理发展的影响尤其深刻。非正式群体是指由情投意合的人自发形成的群体。在初中阶段，一个50人左右的班级，通常会出现 6 个以上非正式群体，规模一般为 2～5 人。到高中阶段，非正式群体的数量减少，但规模增加。在性别特征方面，初中阶段的非正式群体以女生居多，高中阶段女生在非正式群体中的比重明显下降。一般来说，中学生中的非正式群体以学伴群体、玩伴群体为主，具有消极色彩的非正式群体数量是少数。随着学生阅历的增长和社会性需要的变化，人缘型的中学生可能加入多个非正式群体，嫌弃型的中学生会被排除在某些非正式群体的外面，而孤立型的中学生则不愿意加入任何非正式群体。初中学生加入非正式群体的原因主要在于地理位置接近，兴趣爱好相似，对人对事的看法比较接近；高中生加入非正式群体有了更加复杂的原因，他们十分注重彼此之间价值取向上的一致性，以及在能力、气质、性格方面的吸引或互补，有些学生则是出于改善个人在班级正式集体中地位的目的，而有意加入某一非正式群体。对中学生中存在的非正式群体必须加以正确引导。如果及时吸收非正式群体的核心成员参与班级集体的管理工作，则有可能增加班集体的凝聚力和吸引力，对班级建设起到积极作用；如果有意排斥甚至多方压制非正式群体的活动，就会使其发展成为影响班集体团结的消极力量，对中学生集体意识的强化与发展起到不利作用。

2. 中学生的人际关系趋于复杂

人际关系是指人们在共同生活中彼此寻求满足各种需要而建立起来的相互间的心理关系。人际关系的亲疏与人们彼此间的心理距离密切相关。如果交往双方的需要都得到满足，则表现为一种积极的、友善的和亲近的关系，彼此之间的心理距离就会缩小；反之，如果双方的需要都得不到满足，或一方的需要不能得到满足，则表现为一种消极的、厌恶的、疏远的关系，彼此之间的心理距离就会增大。中学生的人际关系比小学时期趋于复杂，这是因为中学生的思维水平提高，独立性增强，他们在构建各种人际关系时处于越来越主动的选择地位。

第一，中学生与教师的关系。

师生关系既包括教师与每个学生之间的个体交往关系，也包括教师与整个学生集体的关系。师生关系的优劣，并不是指教师与个别学生的关系如何，而是指与大多数学生或者与班集体中具有影响力的学生之间处于一种怎样的关系状态。中学生与教师之间的关系大体可分为三种类型。一是友好型关系。这种关系的特点是学生愿意亲近老师，能把自己的心里话和内心感受主动地、全部地告诉教师。处于这种关系中的学生能在愉快的气氛中参加学习和接受教育，对教师的教诲和批评口服心服；教师也能从工作中获得积极的情感体验，在心理上产生某种满足感。建立这种友好关系的心理依据是师生双方互相了解、互相信任、互相尊重、情感交融。二是对立型关系。这种关系的特点是学生有意疏远教师，与教师对立，师生相互厌恶与反感，彼此之间存在较大的沟通障碍和情感对立。师生之间出现关系紧张状态是多种原因造成的，既有可能是学生方面的原因，也可能是教师方面的原因。要缓解这种不正常的状态，关键在于从教师的主导地位出发，认真总结经验教训，坚持以公平、公正、公开的原则处理班级问题，并对学生施以满腔师爱，否则就会使师生关系向着更加糟糕的方向发展。三是平淡型关系。这种关系介于友好关系和对立关系之间，其特点表现为学生并不亲近老师，一般也不主动与教师接触，师生关系处于一般化的状态。形成这种关系的主要原因在于师生之间交往较少，教师对学生缺乏足够的关心。因此，增加教师与学生的接触，使学生切实体会到教师对他们的关心和爱护，对于密切或改善这种类型的师生关系具有不可低估的作用。

第二，中学同学间的关系。

同学之间的关系优劣反映了彼此之间需要满足的程度，它包括学生个体之间的关系和学生群体之间的关系。中学同学之间的关系可分为亲密型关系、疏远型关系和孤立型关系三种类型。在亲密型关系中，学生之间无话不谈，彼此信任，相互吸引。但“亲密”存在性质和程度的区别，有健康、积极的亲密关系，也有不健康、消极的亲密关系，二者又都有深浅之分，需要准确地把握和恰当地引导。在疏远型关系中，学生之间相互排斥，彼此之间具有厌恶、反感的心理倾向，有时甚至发生摩擦和冲突。这种关系也存在性质和程度的区别，需要根据不同的性质和表现程度加以正确引导。在孤立型关系中，存在两种不同的状态，一种是独处状态，学生既不被人接近，也不被人厌弃，我行我素，自得其乐；另一种是遗弃状态，由于各种原因，某一学生遭到他人或学生群体的拒绝，因而在班级陷入孤立地位。处于遗弃状态的学生心理健康问题较多，尤其需要多加关注和提供帮助。

第三，中学生与父母的关系。

家庭对于一个人的影响是广泛而持久的，是一个人成长的重要背景，对中学生来说依旧如此。家庭所产生的影响不仅体现在学生的学习态度、成就动机等方面，还体现在教养方式对中学生的个性和社会行为具有深刻的影响。有人把父母的教养方式划分为专制、权威、随意、和谐四种类型。分别比较这四种不同类型的教养方式对其子女心理发展的影响，结果看到，专制型的教养方式（严格控制、严厉惩罚、很少温暖），使子女产生不满情绪，并且具有畏缩、不信任人等个性缺陷；权威性的教养方式（既严格要求，又尊重孩子，控制和鼓励相结合），使子女获得足够的安全感，自信心强，富于探索和自立精神；随意型的教养方式（放任自流，不加控制，不提要求），使子女在个性上很不成熟，达不到同龄学生的正常发展水平；和谐型的教养方式（主张平等，与子女和谐交往，积极培养孩子诚实、公正和理性的品质），使子女有较强的独立性和个性意识，善于与人交往和取悦于人。

3. 中学生的社会化途径更加多样

在个体成长的过程中，社会以各种方式影响着个体的身心发展和行为塑造。在社会化的过程中，由于个体生理和心理条件不同，社会对其要求也不尽相同。因此，每一年龄阶段的社会化途径是不相同的。小学儿童的社会化以语言的掌握为基础，重点是在学校和家庭学习社会规范与生活技能，有时也需要参与一定的社会实践，但其范围比较有限。中学生社会化的途径更加多样，除了在学校与家庭继续接受社会规范和生活技能的学习之外，广泛参与社会实践成为中学生社会化的鲜明特征。在这一特征的支配下，使得中学生的社会化过程出现了如下的新特点：一是来自成人对个体社会化控制的范围和强度表现出明显的缩小和降低趋向；二是由以外在强化为主（父母或教师的奖励或惩罚）的社会化方式逐步转化为以个人对环境的认识等内在因素调节为主的社会化方式；三是中学生对成人行为的模仿和对榜样人物的选择有了更大的自主性；四是中学生对于通过现代传媒特别是网络文化进行社会学习的兴趣在不断增长。准确把握中学生社会化过程的时代特征与新的特点，对促进中学生社会化过程的健康发展，有效地提高中学生社会化的水平和质量，具有十分重要的作用。

【附】中学生价值观自测问卷

【指导语】

这里是一些有关生活、学习和工作的问题，请你根据自己的真实想法作出选择。注意，真实非常重要。本测验的答案没有“正确”与“错误”之分。填写的方法是，在两种情境中必选一种，并按照题后揭示的编码，填在空格中。例如，如果在下题中选择后者，则填写编码 6：

电视出故障的时候，你会①不看也罢，还是放着；②马上请人修理。 5，6□□

现在我们正式开始测验：

（1）很早就想去一个地方，目前各方面都很配合，这时你会①赶快定计划；②想走就走。 1，2□□

（2）假日正想做自己的事，但刚好有个赚钱的机会，这时你会①还是按预定计划行事；②接受赚钱的机会。 3，4□□

（3）电视出故障的时候，你会①不看也罢，还是放着；②马

上请人修理。　5，6□□

（4）当你独坐公园，见情侣亲热，这时你会①觉得他们真羞耻；②心想何必要在这个地方。　7，8□□

（5）欲搭乘9：00的火车，这时你会①尽早出门；②只要能赶上，不必那么急。　9，10□□

（6）拼命在做的事却做不好，这时你会①停止做而改做别的事；②更拼命地做。　11，12□□

（7）车上杂志广告中，有报道你喜欢的歌星的文章，你会①心想赶快买来看；②不一定非买不可。　13，14□□

（8）看书看到不懂的字，你会①查字典；②不在意地念过去。　15，16□□

（9）在街上突然遇到教过你的老师，这时你会①向他打招呼；②避开他的视线。　17，18□□

（10）聊天时，听到你认识的人与人同居，这时你觉得①并不在乎；②怎么会做这种事。　19，20□□

（11）半夜里听收音机，恰好有你喜欢的专辑，但要到明天早上5点结束，这时你会①听完为止；②为了不影响学习，而打消此念头。　21，22□□

（12）当父母说“你是我们的依靠，要好好努力”时，你会①觉得太烦人了；②不可使父母担心，应全力以赴。23，24□□

（13）当你被老师说“我们对你有很大的期望，你要努力地做”时，你会想①非完成期望不可；②又来这一套。25，26□□

（14）假日逛街，其中有个朋友穿着最流行的服装，你会①也想穿，问朋友哪买的；②觉得赶潮流，真无聊。　27，28□□

（15）坐在车上，前面有个老太太站着，这时你会①依然坐得好好的；②把座位让给她。　29，30□□

（16）接连几个放假日，朋友找你去登山，但你觉得会很累，你会①不好意思拒绝，还是去；②还是要拒绝。　31，32□□

（17）听到学校的同学获了奖，你会认为①跟自己毫无关系；②自己也以此为荣。　33，34□□

（18）和四五个朋友计划去旅行，这时你会①让别人定计划；②自己筹划。　35，36□□

（19）听到认识的人因批评公司的措施而被解雇，你会①觉得社会本来就是这样；②感到愤慨。　37，38□□

（20）车内挂有禁烟标志，而有人在吸烟，这时你会①非去告诉他不可；②假装没看见。　39，40□□

（21）跟交往的人发生关系而怀孕，这时你会①非结婚不可；②想到堕胎。　41，42□□

（22）在没有人的道路上，捡到钱，这时你会①想收起来；②交到警察局。　43，44□□

（23）有人向你问："为了交通事故的遗儿，请你捐一元钱也好。"你会①照他说的捐款；②不理睬地走过去。　45，46□□

（24）国际赛上，因裁判不公而引起公众骚动，这时你会①也想和大家一起发泄；②认为是应该生气，但不应用暴力。

47，48□□

（25）整理书柜，看到没用完的笔记，这时你会①认为没有用，把它扔掉；②留下来以后还可以用。　49，50□□

（26）车中有人正激烈讨论"人生应该如何生活……"你会①认为与我无关，不去听它；②认真听听他们说些什么。

51，52□□

【评分规则和结果解释】

（1）分数统计方法如下：

①将问卷里中选的题号与下表相对照，在中选题数一栏填入每种类型（踏实型、从众型、功利型、冷漠型）的总数。

②将中选题数与分数相乘，得到项目总分。例如，某同学早在"从众型"一栏中选中了 7、13、27，那么中选题数为 3，项目总分为 7.5。

③项目总分中得分最高的类型，就是你的价值观类型。

类型	踏实型	从众型	功利型	冷漠型
题号	1,3,6,8,9,14,15,17,20,22,24,25,28,30,32,34,38,41,44,45,48,50,52	7,12,13,21,27,31,36,39,47	4,10,19,29,37,42,43,49	2,5,11,16,18,23,26,33,35,40,46,51
每题分数	1	2.5	3.5	2
中选题数				
项目总分				

(2) 用结果解释青年人的价值观主要在两大方面：

①遵从或非遵从社会规范；

②自我或他人导向。

由这两个维度，我们可以划分出四种价值观类型：

踏实型：顺从社会规范，积极为社会服务；另一方面，有自律和内控的自我导向表现，重视传统和社会评价。

从众型：相当顺从社会规范，但这种顺从是一种他人导向的随波逐流，也有享乐主义、及时行乐的倾向，顺乎自然，生活方式倾向于保守。

功利型：一种以自我为中心的功利主义，对于道义及人情这类价值不甚注意，认为金钱至关重要，追求个人利益，而不是公益。

冷漠型：不在乎社会规范，回避人际交往，也不注意他人的价值取向，所持的态度是“人不犯我，我不犯人”。

第十章 人格的成因

由多种成分构成的人格是在一定的生理基础上，通过各种活动，在个体与环境相互作用的过程中逐渐形成的。生理条件、所处环境、主观经验等方方面面的因素在人格的形成中扮演着不同的角色。一个人人格的形成和发展，反映着一个人的整个生活历程。

一、生理条件在人格形成中的作用

心理学家对人格形成的生理因素给予了极大的关注，甚至一些杰出的心理学家持有“遗传论”的观点，而几乎所有人格理论都是以遗传因素为其理论基础的。科学研究表明，人格的发生和发展的确有其生物学根源。新生儿在活动水平上就各有差异。这种差异会影响家庭环境，特别是对母亲或其他哺育者的行为反应。婴儿在这种相互作用性质和方法不同的环境中生活，自然会对孩子的性格形成有很大的影响。此外，高级神经活动类型上的差异对儿童行为会产生更持久的影响。性格以个人的一定素质为前提，没有素质这个生物学前提，性格就无从产生。

身高、体重、体型和外貌等生理上的特点，对性格的形成也有影响。因为这些特点，有的符合文化的社会价值，有的则不符合，并经常受到人们的品评，无疑会影响一个人的性格的形成。例如有生理缺陷者（跛子、哑巴、兔唇等）容易被人们讥笑或怜悯，往往易形成内倾的性格。生理成熟的早晚对性格的形成也有影响。研究表明，早熟者的特征是：爱社交，关心遵守社会常规和社会准则，给人以好的印象，社会化程度高。而晚熟者则不大遵守社会常规和社会准则，一意孤行，似乎他的言行依靠外在社会公意不如依靠他自己的态度和情感。

双生子研究是研究人格遗传因素的最好方法。由于同卵双生子具有相同的基因，他们之间的任何差异都可归结为环境因素的作用。异卵双生子的基因虽然不同，但在环境上有很多相似的地方，因此提供了环境控制的可能性。艾森克的研究表明，在同一环境中成长的同卵双生子，其外向性的相关为0.61，而分开在不同环境下成长的同卵双生子，其外向性的相关为0.42；异卵双生子的外向性的相关为－0.17。在神经质方面也有同样的发现，在相同环境中成长的同卵双生子其相关为0.53，在不同环境中成长的同卵双生子的相关为0.38，而异卵双生子的相关为0.11。

二、家庭因素在人格形成中的作用

家庭是社会的细胞，家庭成员之间不仅有其自然的遗传因素，也有其社会的“遗传”因素。这种社会遗传因素主要表现在家庭对子女的教育作用。研究人格的家庭成因，重点在于探讨家庭的差异和不同教养方式对人格发展和人格差异的影响。

国外有“早期的亲子关系定出了行为模式，塑造出一切日后行为”的说法，中国也有“三岁看大，七岁看老”的俗语。鲍尔毕受世界卫生组织的委托，对在非正常家庭成长的儿童和流浪儿作了大量的调查，在提交《母性照看与心理健康》的报告中，得出的结论是：儿童心理健康的关键在于婴儿和年幼儿童与母亲建立的一种和谐而稳重的亲子关系。西方一些国家的调查发现，“母爱丧失”的儿童（包括受父母虐待的儿童）在婴儿早期会出现神经性呕吐、厌食、慢性腹泻、阵发性绞痛、不明原因的消瘦和反复感染。这些儿童还表现为胆小、呆板、迟钝、不与人交往、敌对、攻击、破坏等人格特点。这些人格特点会影响他们一生的顺利发展，出现情绪障碍、社会适应不良等问题。

家庭是社会的细胞，是儿童最早接触的社会环境。家庭的各种因素，例如，家庭经济的收入水平，家长的职业，家庭结构的健全程度（是否有父母，或只有父或母，或由继父或继母哺养），家庭的气氛，父母的教养态度，家庭子女的多少，儿童在家庭中的作用等都会对儿童性格的形成起着重要的作用。就家庭环境气氛来说，如果家庭环境不顺利，父母的困难处境及其忧伤的言语与苦恼表情，就容易使生长在这样家庭中的孩子变得沉默寡言，消极悲观，甚至有点玩世不恭，或者被锻炼得比较坚强、懂事和早熟。

在家庭的诸因素中，父母的教养态度对儿童性格的形成具有深刻的影响。日本心理学家对这方面的研究成果作了概括，结果如下表所示。

母亲的态度与儿童的性格

母亲态度	儿童性格
1. 支配的	服从、无主动性、消极的、依赖的、温和
2. 照管过甚	幼稚的、依赖的、神经质的、被动的、胆怯
3. 保护的	缺乏社会性、深思的、亲切的、非神经质的、情绪安定
4. 溺爱的	任性的、反抗的、幼稚的、神经质的
5. 顺应的	无责任心、不服从、攻击的、粗暴的
6. 忽视	冷酷的、攻击的、情绪不安、创造力强、社会的
7. 拒绝的	神经质的、反社会的、粗暴的、企图引人注意、冷淡的
8. 残酷的	执拗的、冷酷的、神经质的、逃避的、独立的
9. 民主的	独立的、爽直的、协作的、亲切的、社交的
10. 专制的	依赖的、反抗的、情绪不安、自我中心、大胆的

研究表明，如果双亲是采取保护的、非干涉性的、合理的、民主的、宽大的态度，儿童就容易显示出领导能力、积极性、态度友好、情绪安定等特性。如果双亲采取拒绝的、干涉的、溺爱的、支配的、独裁的、压迫的态度，儿童就容易表现出适应力差、胆怯、任性、执拗、情绪不安等特性。

在研究双亲的教养态度与儿童性格发展的关系时，要注意以下两点：第一，要弄清母亲所起的作用及双亲教养态度的一致性程度。母亲以她的亲密、温暖、柔和、密切及她的社会观点对儿童的社会化起着十分重要的作用。双亲教养态度的一致性程度不同，对儿童性格的影响也是不同的。第二，要弄清亲子之间是如何相互作用的。为此应当注意：儿童对双亲的教养意图是怎样理解的，儿童的行为又怎样反过来引起双亲的新行为。第三，除了考虑亲子关系外，还要考虑家庭其他因素如家庭气氛等对儿童性格的影响。

儿童在家庭中的地位和作用不同，对儿童性格的发展和影响也是不同的。科瓦列夫对一对孪生的女大学生为期四年的观察发现，她们在同一家庭、同一小学和大学的历史系中接受教育，但性格有明显差异：姐姐比妹妹好交际，善谈吐，也比较果断、勇敢和主动。在谈话和回答问题时总是姐姐先回答，妹妹只表示同意或作些补充。造成姐妹俩性格差异的原因之一，是他们的祖母从小把她们中的一个定为姐姐，另一个定为妹妹，并责成姐姐照管妹妹，对她的行为负责，做她的榜样，首先执行长辈委派的任务，这样，姐姐就较早地形成了独立、主动、善交际、果断等特点；而妹妹则养成了追随姐姐、听从姐姐的习惯。

三、学校教育在人格形成中的作用

教师对学生人格的发展具有指导定向的作用。教师的言传身教对学生产生着巨大的影响。有研究发现，在性情冷酷、刻板、专横的教师所管辖的班集体中，学生的欺骗行为增多；在友好、民主的教师气氛区中，学生欺骗行为减少。不同管教风格的教师对学生人格具有不同的影响。在专制型、放任型和民主型的管理风格下，学生表现出不同的人格特点。教师是学生的一面镜子，是学生经常学习的榜样。教师的言行对学生的性格会产生潜移默化的作用。对有威信的教师，学生言听计从。他的高尚品格，如思想进步、强烈的责任心，富于同情心，谦虚朴素等，会对学生产生深刻的影响。没有威信的教师，学生不愿接受其教育，但他的消极性格，如粗暴、偏心、神经质等，可能对学生产生自暴自弃、不求上进等不良的影响。

课堂教学是学校教学的主要环节。在传授知识的过程中，可以训练学生习惯于系统地、有明确目的地学习，克服学习中的困难，可以培养学生坚定、顽强等意志特征。体育课，不仅能使学生掌握运动技能，也能培养学生的意志力，培养他们的勇敢精神。

校风、班风也影响学生性格的形成。良好的校风、班风能促使学生养成积极、主动、独立和自觉遵守纪律的优良性格特征；不好的校风、班风则可能使学生养成懒散、无组织、无纪律等坏的性格。

通过对中小学生进行爱祖国、爱人民、爱劳动、爱科学、爱护公共财物的教育，使学生养成谦虚诚实、爱劳动、守纪律、有礼貌、勤劳俭朴、助人为乐等优秀品质。

四、文化、社会因素在人格形成中的作用

社会文化塑造了社会成员的人格特征，使其成员的人格结构朝着相似的方向发展。这种相似性具有维系社会稳定的功能，又使得每个人能稳固地“嵌入”在整个文化形态里。

儿童都是在某种文化、某种社会和某种特定的经济地位中被教养起来的。特定的文化背景、社会制度、经济地位都会对儿童性格的形成和发展产生深刻的影响。

就文化背景而言，世界上有二百多个国家，而我国有五十多个民族，在风俗习惯、经济文化发展水平等方面，都有很大的差别。这种差别从小就影响着儿童，例如在断乳、排泄等训练方面或其他教养方面以及做人的行为举止、道德规范等方面都有差异，自然会对儿童的性格产生不同的影响。

就社会制度而言，像美国、日本等资本主义社会，提倡金钱万能、个人奋斗。个人竞争获胜就会出人头地，高人一等；我们

的国家是社会主义社会，提倡共产主义风格，实行“各尽所能，按劳分配”，人们分工合作，为着一个共同的目标——中国的社会主义现代化而奋斗。社会主义制度各方面的差异，自然会影响人们的性格，产生与那个社会制度有很大共同性的性格特点。

就经济地位而言，在经济收入上的差异使得人们在社会上享受到的物质文明和精神文化等诸多方面存在差异，收入高和收入低的差异体现在了视野大小和文明分享的差异上，这种差异也必然会造成特定人群在性格上的差异。

因此，不同的时代、不同的民族、不同的社会生活条件和自然环境，都会影响人的实践活动，在他的人格形成中打下烙印，从而形成不同时代、不同民族的典型性格。

必须指出，影响一个人人格的形成和发展的因素是多方面的，即使在同样的社会背景下，某种人格特征的形成，其影响因素也是很复杂的。马斯洛和米特尔曼对儿童自尊心的研究表明，下列因素都会损害一个儿童的自尊心。

(1) 文化的因素：专制的家庭结构；学校中的专制教育。

(2) 早期童年时代的因素：父母的严密控制、过分保护；旁人的控制；同哥哥、姐姐们的对立；与父母所怨恨的人之间的比较；过分严厉的戒律和惩罚；缺乏表扬、尊重和重视；家庭中的偏袒；把自己比作柔弱的人；不能独立，过分的依赖；用恐吓作为惩罚。

(3) 现实的情境因素：身体的低劣；成绩差、失败；和旁人不同的感觉；其他儿童的势利眼或拒斥；不能适应男性气质或女性气质的要求；过高的理想要求所引起的罪恶感；被视为一个幼儿。

因此，一个人的人格特征实际上就是他的生活经历的一种反映，是他的生活历史的记录。一般来说，人格到了中学时期即青年期就已初步稳定了。但是人格的形成并不限于儿童、少年和青年时期，在人的整个生活中，人格特征都有可能发生变化。虽然这种改变是比较困难的，但由于人们生活实践的变化以及主体的主观努力，在青年期以后，性格还可能发生某些大的变化。

五、心理因素在人格形成中的作用

双亲的态度、学校的教育以及一般的文化、社会因素对人格的形成虽然起重要作用，但它们并不直接决定一个人的人格。这些因素都必须通过个体的心理活动才发生作用。人格的形成还有其心理活动的内部根据。有一种叫心理状态“转化”论的思想认为，人格的形成最初所经历的阶段是心理状态。例如心境、激情、聚精会神、漫不经心等都是心理状态。心理状态是由多种因素所引起的，例如，漫不经心，既可能是迷恋个别客体而削弱了对其他客体的注意，也可能是缺乏认真的态度、责任感不强的表现；既可能由许多刺激或中等强度的刺激所引起，也可能由于强烈的刺激：如教师的严厉斥责所引起。在各种情况下表现出来的漫不经心，影响着心理过程的进行。如果某种心理状态经常发生，那么它就有可能巩固下来，逐渐成为他的人格特征。还有一种叫动机泛化的理论认为，动机是构成性格的“建筑材料”，人格的形成是动机的泛化和定型化。人格是由动机和人所掌握的行为方式的融合物所组成。但构成人格基础的不是行为方式本身，而是调节着相应的行为方式的泛化动机。这种动机，最初只出现在一定的情境中，而后由于类似的情境不断出现，人就以类似的行为方式进行重复的反应。这样，这种行为方式的动机就扩展到类似的情境中去，逐渐转化为个性心理特征，并在个体身上巩固下来。人格的形成，实际上是与具体情境相结合的动机，向稳定的普遍化的动机系统的过渡。此外，也有人认为，人格是从个人的生活态度中形成的，当态度成为根深蒂固时并具有普遍化性质，它就成了人格特征。

总之，人格的成因是很复杂的，既有外部原因又有内部原因，是这些因素交互作用的产物。它们的影响程度随人格特征或随个人而异。例如，生理因素可能对某些性格特征是重要的，而环境因素（文化、社会阶层、家庭等）可能对另一些人格特征较重要。同时，性格形成或改变的心理原因也可能因人而异。就同一个人格特征而言，各成因的重要性也是因人而异的。

六、成熟者的人格特征

人格的发展过程是一个由不成熟到成熟的过程。美国人格特质理论的主要代表人物奥尔波特把高人格健康水平的人称做“成熟者”，而“成熟者”模式的人格应具有以下特征：

（1）自我广延的能力。能主动、直接地将自己推延到自身以外的兴趣和活动中，这种推延是真正地建立某种关系，有许多朋友；真正投入到对自己有意义的工作中去，并且参与社会的政治、宗教活动。

（2）人际关系融洽。与他人的关系融洽，且具有同情心、亲密或爱的能力。能够容忍他人的缺点和不足，容忍自己与别人在价值观和信念上的差别，但是没有占有的欲望和嫉妒心理。

（3）有情绪安全感。能够忍受生活中不可避免的冲突和挫折、恐惧和忧虑，对自己有积极、乐观的看法，具有积极的自我意象；行为不受自己情绪的支配，可以接受自己的一切。

（4）知觉的客观性。能够准确、客观地知觉周围现实和接受现实，并善于评价情境、作出判断，顺应情境。

（5）专注地投入工作。具备一定的生产技能和工作能力，能全心全意地投入某种工作，高水平地胜任工作。

（6）自我形象现实。自我形象是现实的和客观的，能够正确理解真实自我和理想自我之间的差别，也能正确理解自己对别人和别人对自己看法之间的差别，客观、公正地认识自己的现状。

（7）统一的人生观。有明确的目的意识，具有统一的人生观、价值观体系，并能够将其应用到生活的各个方面，他们面向未来，其行为的动力来自长期的目标和计划。

成熟的人格不是被动形成的，它是个体基于一定的生理基础，在环境与经验相互作用的过程中逐渐成熟和完善起来的。青少年是人格形成的重要时期，此阶段所处的学校和家庭环境、教师和家长及其个人的心理因素是人格形成的主要影响因素。理想的环境，积极的引导，自我的调控对他们健康、成熟人格的形成至关重要。

第十一章　学校中的人格问题

人格障碍是人格特征偏离了正常，是一种人格发展的内在不协调，是在没有认知过程障碍或没有智力障碍的情况下出现的情绪反应、动机和行为活动的异常。人格发展的不协调若是有极端的表现就是异常心理现象。例如，一个人抽象思维过分或畸形发展，就会变得过分理智化，缺乏“人情味”和应有的感情色彩。如果一个人形象思维过度或畸形发展，就会陷入幻想之中，或感情用事，有较高的受暗示性，显得矫揉造作。又例如，一个人本能、情绪、意向活动过分或畸形发展，就会导致理智活动发展不足以及高级情感活动发展的缺陷。这种人缺乏调节情感活动和行为活动的能力，从而成为一个放荡不羁、缺乏对情感情绪的自制力、偏离正轨、充满低级趣味、行为淫乱的人。由于人格内在发展的不协调，使这种人常常难以正确认知社会环境对自己的要求；难以正确评价自己的行为反应正确与否；难以对周围环境刺激作出恰如其分的反应，即作出的反应常常是不适当的，而且倾向于病理性反应。因此，具有人格障碍的人与周围社会环境之间是不协调的。他们常常与周围的人，甚至是自己的亲人发生冲突；在生活和工作中不能和同事友好相处；对工作缺乏责任感和义务感，经常玩忽职守，甚至超越社会的伦理、道德规范，作出扰乱他人或危害社会的行为，以致无法适应正常的社会生活。

虽然一个人的人格障碍要到成年时期，在走上社会，走上工作岗位才会定型，但人格障碍者的主要特征在儿童期就会有所表现，并且他们的社会化，特别是早期社会化对其人格障碍的形成影响很大。早期环境，特别是家庭环境、家长对子女的不正确的教养态度，与其人格障碍的形成关系十分密切。

一、交往障碍

社会交往是人格形成的重要途径，儿童是在不断与人的交往过程中实现由自然人向社会人的转变。随着中国独生子女的增多，儿童人际交往过程中出现问题的比例越来越高。有关统计结果表明，在十个人当中，就有一人存在不同程度的人际交往障碍。

（一）主要表现

社交障碍多发于青春期，只有少数发自 20 岁以后。主要表现是：在一对一的社交场合下产生强烈的不安，而与一群陌生人（如在街上或公共场所）混在一起时并无恐惧或只有轻微的紧张。严重的症状会伴有头晕、恶心、震颤等表现，拒绝与任何人接触，不能参加任何社交活动，完全把自己和朋友孤立起来，甚至无法上学。另一种表现形式是怕看别人的眼睛，怕跟别人的视线相遇，怕别人看到他表情不自然，或者感到别人的目光很凶恶，或者从别人的眼光中能看出对他的鄙视、厌恶甚至憎恨。

（二）社交障碍产生的原因

存在生理、心理、环境与教育等诸多方面的原因。生理方面的研究表明，人体内有一种叫"5—羟色胺"（又称血清素）的化学物质，它负责向大脑神经细胞传递信息。这种物质过多或过少都会引起人们的恐惧情绪。在家庭背景方面，或许他们从小性格受到压抑，或者父母没有教会他们社交技能，要么是频繁搬家；在心理方面，或许他们自尊心太强，害怕被别人拒绝；对自己的外貌没有信心，过分肥胖或脸上长有严重痤疮，等等，这些都有可能成为社交障碍产生的原因。

（三）社交障碍的治疗

（1）催眠疗法。精神分析师对社交恐惧者实施催眠，为挖掘其心灵或记忆深处的东西，看是否经历过某种窘迫的事件，并试图寻找到发病的根源。这种疗法时间长，花费也比较大。

（2）强迫疗法。心理医生让社交恐惧者站在车水马龙的大街上，或者让其站在自己很害怕的异性面前，利用巨大的心理刺激进行强迫治疗。

（3）情景治疗。让社交恐惧者在一个假想的空间里，不断地模拟发生社交恐惧的场景，重复练习发生症状的情节，精神分析师会不断地鼓励其面对这种场面，让其从假想中适应这种产生焦虑紧张的环境。

（4）认知疗法。这是一种不断灌输观念的治疗方法。医生不断地告诉社交恐惧者，这种恐惧是不正常的，让其正确认识人与人交往的程序，并教给他一些与人交往的方法。

（5）药物疗法。针对社交恐惧者体内“5－羟色胺”失调的问题，运用某类药物调节平衡。

（6）自疗方法。（A）不否认自己，不断地告诫自己“我是最好的”、“天生我才必有用”；（B）不苛求自己，能做到什么程度就做到什么程度，只要尽力了，不成功也没关系；（C）不回忆不愉快的过去，过去的就让他过去，没什么比现在更重要的了；（D）友善地对待别人，助人为快乐之本，在帮助他人时能忘却自己的烦恼，同时也可以证明自己的存在价值；（E）找个倾诉对象，有烦恼是一定要说出来的，找个可信赖的人说出自己的烦恼。可能他人无法帮你解决问题，但至少可以让你发泄一下；（F）每天给自己十分钟的思考时间，不断总结自己才能不断面对新的问题和挑战；（G）到人多的地方去，让不断过往的人流在眼前经过，试图给人们以微笑。

【附】同学人际关系测量

请认真阅读每一个句子，并对照自己的实际情况，作出是或否的判断，然后将“是”或“否”圈上。

（1）关于自己的烦恼有口难言　　是　否

（2）和生人见面感觉不自然　　是　否

(3) 过分地羡慕和嫉妒别人 是 否
(4) 与异性交往太少 是 否
(5) 对连续不断地会谈感到困难 是 否
(6) 在社交场合，感到紧张 是 否
(7) 时常伤害别人 是 否
(8) 与异性来往感觉不自然 是 否
(9) 与一大群朋友在一起，常感到孤寂或失落 是 否
(10) 极易受窘 是 否
(11) 与别人不能和睦相处 是 否
(12) 不知道与异性相处如何适可而止 是 否
(13) 当不熟悉的人对自己倾诉他的生平遭遇以求同情时，自己觉得不自在 是 否
(14) 担心别人对自己有什么印象 是 否
(15) 总是尽力使别人赏识自己 是 否
(16) 暗自思慕异性 是 否
(17) 时常避免表达自己的感受 是 否
(18) 不能确信自己的仪表（容貌） 是 否
(19) 讨厌某人或被某人所讨厌 是 否
(20) 瞧不起异性 是 否
(21) 不能专注地倾听 是 否
(22) 自己的烦恼无人可申诉 是 否
(23) 受别人排斥与冷漠 是 否
(24) 被异性瞧不起 是 否
(25) 不能广泛听取各种意见、看法 是 否
(26) 自己常因受伤害而暗自伤心 是 否
(27) 常被别人谈论、愚弄 是 否
(28) 与异性交往不知如何更好地相处 是 否

【记分规则与结果解释】

1. 凡是选“是”记 1 分，选“否”记 0 分；将所有项目的分数累加起来，即可得到总分。

2. 整个问卷又可分为四组，每组包含七个项目。他们是：

A组：(1) (5) (9) (13) (17) (21) (25)

B组：(2) (6) (10) (14) (18) (22) (26)

C组：(3) (7) (11) (15) (19) (23) (27)

D组：(4) (8) (12) (16) (20) (24) (28)

3. 测查结果的解释

总分：

0～8分，说明你与朋友相处的困扰较少；

9～14分，说明你与朋友相处存在一定程度的困扰；

15～19分，说明你与朋友相处的行为困扰较严重；

20～28分，说明你与朋友相处存在严重的困扰。

A组的分数：表明你在交谈方面的行为困扰程度。

6分以上，不善于交谈；3～5分，交谈能力一般；0～2分，有较高的交谈能力和技巧。

B组的分数：表明你在交际和交友方面的困扰程度。

6分以上，行为困扰较大；3～5分，交际与交友较被动；0～2分，行为困扰少，为人真诚、热情。

C组的分数：表明你在待人接物方面的困扰程度。

6分以上，缺乏待人接物的机智和技巧；3～5分，可能是个多侧面的人；0～2分，待人接物能力强。

D组的分数：表明你与异性朋友交往方面的困扰程度。

5分以上，存在较严重的困扰；3～4分，行为困扰程度一般；0～2分，较懂得正确处理与异性同学、朋友的关系。

【附】师生关系测验问卷

本测验共有18个陈述句项目。请仔细阅读每个项目，并对照自己的实际情况，作出是与否的判断，然后从每个项目后的“是”与“否”备选答案中选择其中一个打上圈。

(1) 你经常不能明白老师的讲解　　是　否

（2）某位老师对你感到讨厌或你讨厌某位老师　是　否

（3）老师常以纪律压制你　是　否

（4）老师上课不能吸引你　是　否

（5）老师不了解你的忧虑与不安　是　否

（6）你的意见常被老师不加考虑地反对　是　否

（7）老师把考试成绩的高低作为衡量学生优劣与奖罚学生的尺度　是　否

（8）你找不到一位能倾诉内心隐秘的老师　是　否

（9）老师常体罚或变相体罚你　是　否

（10）老师常给你增加学习负担　是　否

（11）某位老师对你有点冷漠　是　否

（12）你的思想常被老师支配　是　否

（13）你在学习上的创造性见解常得不到老师的肯定　是　否

（14）老师常让你感到紧张与不安　是　否

（15）老师常误解你的行为而斥责你　是　否

（16）老师无法帮助你改进学习方法　是　否

（17）老师很少与你倾心交谈　是　否

（18）你常屈服于老师的命令与权威　是　否

【记分规则与结果解释】

（1）凡是回答“是”者，记 1 分，回答“否”者记－1 分；将所有项目的分数累加起来，即可得到总分。

（2）整个问卷又可分为三组，每组包含六个项目。

A 组：（1）（4）（7）（10）（13）（16）

B 组：（2）（5）（8）（11）（14）（17）

C 组：（3）（6）（9）（12）（15）（18）

（3）测查结果的解释

总分：

8～18 分，表明你与老师的关系非常紧张；

－8～7 分，表明你与老师的关系不怎么好；

－18～－9 分，表明你与老师的关系过得去。

A 组的分数：代表你在教学过程中与教师关系的紧张程度。

4～6 分，非常紧张；－3～3 分，有点紧张；－6～－4 分，不怎么紧张。

B 组的分数：代表你与老师在情感距离上的困惑。

3～6 分，非常困惑；－3～2 分，有些困惑；－6～－4，基本上没有困惑。

C 组的分数：代表你与老师在地位上的困惑。

3～6 分，非常困惑；－3～2 分，有些困惑；－6～－4 分，基本上没有困惑。

二、自卑心理

自卑是指一个人严重缺乏自信。而严重缺乏自信的孩子，常常认为自己在某方面或各个方面都不如别人，常用自己的短处和别人的长处相比。

（一）主要表现

具体体现在遇事不相信自己的能力，办事爱前思后想，总怕把事情办错被人嘲笑，且缺乏毅力。遇到困难畏缩不前。主要表现为以下症状：

（1）情绪低落。常常无缘无故地郁郁寡欢。

（2）过度怕羞。青少年，特别是女孩略有怕羞是正常的，但怕羞过度（包括从来不敢面对小朋友唱歌，从来不愿抛头露面，从来不敢接触生人等），则可能内心深处隐含有强烈的自卑情绪。

（3）拒绝交朋结友。一般来说，正常青少年都喜欢与同龄人交往，并十分看重友谊，但有自卑心理的孩子绝大多数对交朋结友兴趣索然。

（4）难以集中注意力。自卑感强的青少年在学习或游戏时往往难以集中注意力，或只能短时间地集中注意力。

（5）经常疑神疑鬼。自卑青少年对家长、教师和同学对自己的评价往往十分敏感，特别是对别人的批评更感到难以接受，甚至耿耿于怀，总无中生有地怀疑他人不喜欢或者怪自己。

(6) 过分追求表扬。自卑青少年尽管自感“低人一等”，但往往又会反常地比正常孩子更追求家长和教师的表扬，而且可能采取不诚实、不适当的方式，如弄虚作假、考试作弊等。

(7) 贬低、嫉妒他人。自卑青少年的另一种反应是常常贬低、嫉妒他人，如可能为邻桌受到老师表扬而咬牙切齿甚至夜不能寐。

(8) 自暴自弃。较大比例的自卑青少年往往会表现为自暴自弃、不求上进，认为反正自己不行，努力也是白搭。

(9) 回避竞争、竞赛。虽然有的自卑青少年十分渴望在诸如考试、体育比赛或文娱竞赛中出人头地，但又无一例外地对自己的能力缺乏必要的自信心，往往在正式参赛时会临阵脱逃。

(10) 语言表达能力较差。据统计，高达八成以上的自卑青少年的语言表达能力较差。他们或表现为口吃，或表达不连贯，或表达时缺乏感情，或词汇贫乏等。

(11) 对挫折或疾病难以承受。自卑青少年大多不能像正常青少年那样承受挫折、疾病等消极因素带来的压力。即便遇到小小失败或小小疾病便“痛不欲生”，有时甚至对诸如搬迁、亲人过世、父母患病等意外都感到难以适应。

(二) 如何克服自卑心理

(1) 父母要引导和教育孩子对自己进行积极、正确、客观的评价，并且认识到任何人都既有长处，也会有短处或不足。要相信并发扬自己的长处，弥补自己的短处。

(2) 要教育孩子正确对待他人对自己的评价和期望。告诉孩子，有时社会对于个人的评价不一定是正确的，需要正确对待。比如，牛顿、爱迪生和爱因斯坦小时候都被人们称为“笨孩子”，可是他们后来都成了伟大的科学家。

(3) 要帮助孩子认识到自己在学习过程中的一些成功经验，因为成功的经验越多，孩子的自信心就越强。

(4) 既要锻炼孩子坚强的意志品质，使失败和挫折变为激励自己前进的动力，又要注意培养孩子的自信心和自尊心。要让孩子具备别人能做到自己也一定能做到的积极向上的心理品质。

（三）改变自卑心理的技术和方法

（1）改变形象法。心理自卑的孩子，通常具有说话吞吞吐吐、走路畏缩等特点，从说话的音量、走路的姿势入手，帮助改变他们的心态。昂首阔步的举止以及整洁大方的打扮也能提高自己的信心。对有自卑心理的孩子应特别注意教育他们改变自己的形象，衣着整洁大方，讲话爽快，走路昂首阔步等。

（2）语言暗示法。积极的语言能使人产生积极的情绪，改变消极的心态，因而家长可以有意识地用“你聪明”、“你一定行”之类的语言为孩子打气，或是在此基础上，让孩子根据自己的实际情况，每天上学之前都念上几遍，在语言暗示之后再满怀信心地去上学。

（3）预演胜利法。每当孩子遇到困难，不敢接受挑战时，就要求他们先在头脑中想象完成任务时的胜利情景。这种白日梦式的预演胜利法，对于帮助孩子战胜恐惧心理，愉快地接受富有挑战性的任务，具有立竿见影的效果。

（4）发挥长处法。“尺有所短，寸有所长”。每一个人都有自己的长处和优势，同时，也有自己的短处和劣势。如果用其所短，而舍其所长，就连天才也会丧失信心，自暴自弃。相反，一个人若能扬长避短，强化自己的长处，就是有残疾的人也能充满信心，享受成功的快乐。

（5）储蓄成功法。自信是成功的保证，自信建立在成功的基础之上。科学研究表明，每一次成功，人的大脑便有一种旋划的痕迹——动作模式的电路纹。当人重新忆起往日的成功模式时，又可重新获得成功的喜悦。在消除孩子自卑心理时，为了能让他生活在成功的体验之中，行之有效的方法就是指导他建立成功档案，将每一次哪怕是非常小的成功与进步都记录下来，积少成多，每隔一段时间就拿出来看看，经常重温成功的心情，这样能使他信心百倍地去克服困难。

（6）洗刷阴影法。失败的阴影是产生自卑的温床。有自卑心理的孩子遇到挫折与失败比一般孩子要多得多，及时洗刷失败的阴影是克服自卑、保持自信的重要手段。洗刷失败阴影的方法很多，较为常见的有两种。一是将失败当做学习的机会；二是彻底遗忘，将那些不愉快的、痛苦的事彻底地忘记，或是用成功的经历去抵消失败的阴影。

（7）逆向比较法。没有比较就没有鉴别，要认识自己就得拿别人来比较，我们通常不提倡逆向比较，即用自己的长处去比别人的短处，但对于“羡人之长，羞己之短”的孩子来说，采用逆向比较，选择别人的短处作为比较的对象，对于消除自卑心理，达到心理平衡能收到意想不到的效果。

（8）降低追求法。一位哲人说过：“追求越高，才能的发挥就越充分。”但对于后进孩子来说，与其空谈立志，还不如让孩子适当降低追求，将大的目标分解成若干个小目标，做到一个学期、一个月、甚至一个星期都有目标可寻。目标变得小而具体，就易于实现，这样可使人拥有成功感。

三、网瘾综合症

“网瘾”是指上网者由于长时间地和习惯性地沉浸在网络时空当中，对互联网产生强烈的依赖，以至于达到了痴迷的程度而处于难以自我摆脱的行为状态和心理状态。判断的标准主要包括4个方面：行为和心理的依赖感；行为的自我约束和自我控制能力基本丧失；工作、学习、生活的正常秩序被打乱；身心健康受到较严重的损害。

（一）网瘾个体的几种类型

（1）信息型网瘾。其主要行为特征在于行为者出于获取信息的需要，而沉陷在互联网的信息海洋之中，对海量的信息形成无法摆脱的依赖。

（2）交往型网瘾。其主要行为特征在于行为者出于社会交往的需要，而沉浸在虚拟的网络世界中，与天南海北的网上朋友进行信息的交流和情感的沟通，在电子空间里长时间地进行真实的“虚拟互动”，由此而陷入沉溺状态。

（3）游戏型网瘾。其主要行为特征在于行为者出于游戏娱乐的需要，被网络游戏深深地吸引，过度地痴迷于网络游戏，对其他事情哪怕是自己的工作和学习也不管不问，只顾上网玩游戏。

（4）习惯型网瘾。其主要的行为特征在于行为者出于日常工作、创新创造、排遣寂寞、寻求体验等多方面的需要，而在不知不觉中自然形成的一种网络沉溺现象。

在青少年中，游戏型网瘾和交往型网瘾较多。染上网瘾的人，由于对计算机和互联网形成深度的依赖，他们会长时间地持续下去而乐此不疲，其行为不能自制；一旦离开，他们可能失魂落魄、烦躁不安、无所适从。上网成瘾对青少年危害极大，他们不仅会有视力下降、生物钟紊乱、神经衰弱等生理症状，还经常表现出逃学、不与人交往、暴躁、自残等反常行为，一些人甚至滑向犯罪的深渊。

（二）网瘾的诱因

（1）学习失败的孩子（学习失败者）。由于家长、老师对孩子的期望过于单一，学习的好坏成为孩子成就感的唯一来源，因此，一旦学习失败，孩子们就会产生很强的挫折感。但是在网上，他们很容易体验成功：闯过任何一关，都可以得到“回报”。这种成就感是他们在现实生活中很难体验到的。

（2）学习特别好的学生（目标迷失者）。不少本来学习好的学生在升入更好的学校后，无法再保持原有的位置，这时，他们对“努力学习”的目的产生了怀疑。按照老师和父母的逻辑，学习是为了“上大学——找到好工作——挣钱”，当他们失去了为“名次”、“位置”学习的动力后，就不再认同老师和家长的逻辑。因为，即使不用学习也可以从父母那里得到钱。于是，一些人开始迷恋网络。其实，造成这些孩子依赖网络的根本原因是没有形成正确的学习观。

（3）家庭关系不和的孩子（家庭失和者）。随着离婚率、犯罪率上升以及其他社会问题的增多，社会上的“问题家庭”也在增多。这些家庭的孩子通常在家里得不到温暖，但是在网络上，他们提出的任何一点点请求都会得到不少人的帮助。现实社会和虚拟社会在人文关怀上的巨大反差，很容易让“问题家庭”的孩子“躲”进网络。

（三）网瘾综合症的自我诊断

判断自己是否患上了网络综合症，可按以下标准进行自我诊断。

（1）每天起床后情绪低落，头昏眼花，疲乏无力，食欲不振，魂不守舍，而一旦上网便精神抖擞，百“病”全消。

（2）上网时表现得神思敏捷，口若悬河，并感到格外开心，一旦离开网络便语言迟钝，情绪低落，怅然若失。

（3）只有不断增加时间才能感到满足，从而使得上网时间失控，经常比预定时间长。

（4）无法抑制上网的冲动。

（5）每看到一个新网址就会心跳加快或心律不齐。

（6）只要长时间不上网操作就手痒难耐。有时刚刚离网就又有上网的冲动。有时早晨一起床就有想上网的欲望，甚至夜间趁小便的空也想打开电脑。

（7）每当互联网的线路被掐断或由于其他原因不能上网时，便感到烦躁不安或情绪低落。

（8）平常有不由自主地敲击键盘的动作，或身体有颤抖的现象。

（9）对家人或亲友隐瞒迷恋互联网的程度。

（10）因迷恋互联网而面临失学、失业或失去朋友的危险。

如果符合以上标准中的 4 项或 4 项以上，且持续时间已经达 1 年以上，那么就表明已经患上了网瘾综合症。

（四）解决网络成瘾的方法

主要加强自我保健，可以很好地预防。

（1）上网时间要自我约束，特别是夜间上网时间不宜过长。

（2）注意操作姿势。显示屏应在与双眼水平或稍下位置，与眼睛的距离在60厘米左右；敲击键盘的前臂成90度；光线柔和不可太暗；手指敲击键盘的频率不宜过快。

（3）平时要丰富业余生活，比如外出旅游、和朋友聊天、散步、参加一些体育锻炼等。

（4）在饮食上要注意多吃一些胡萝卜、荠菜、芥菜、苦瓜、动物肝脏、豆芽、瘦肉等含丰富维生素和蛋白质的食物。

（5）出现早期症状，应及时停止操作电脑并休息。

（6）一旦出现上网成瘾，不要紧张，要尽早到医院诊治，必要时可安排心理治疗。

第四部分　教师心理

自古以来，作为传承人类文明，培养社会所需人才的高尚职业，教师的神圣和伟大受到社会的广泛关注和认同。“人类灵魂的工程师”是对教师的赞美，更是对教师的期望。随着社会的进步，个体成长为一名合格公民所应具备的素质要求越来越高，教师作为影响个体成长的重要因素也因此被赋予了更为艰巨的任务。要想达成对学生负责、对父母负责、对社会负责的教育宗旨，具有更高素质的教师成为适应职业要求的必然。随着21世纪的到来，各种新的挑战摆在教师面前，传授知识，培养技能，全面发展被赋予了更丰富的内容。在教育教学工作中做好智力开发、情感教育、人格塑造工作成为必然。

为明确教师职业的素质要求，本部分从教育观念、个性品质、知识基础、教学能力、教学行为等方面分别进行了描述和分析，希望能够使教师有针对性地加强自身修养，通过不断完善，出色地完成社会赋予我们的责任，并在其中实现自身的价值。同时，针对教师关注的心理健康方面的问题，给出了甄别的方法和一些有益的建议，其目的在于使多重压力下的教育工作者能够克服不良情绪，保持健康积极的心态，在履行好岗位职责的同时快乐生活。

第十二章　教师素质

从知识和技能传授的角度看，教师是学校教育教学活动的实践者，教学目标的实现，教学效果的好坏，学生的成长都会在教师的言传身教中得到验证，而教师自身素质是实现这一切的保障；从学生心理发展的角度看，人格需要由人格来培养，情感需要情感来陶冶，创造性潜能需要由教师的创造性意识来开发。因此，要维护学生的心理健康，也需要教师具有良好的素质。

有人对800多名在职教师、师范生和其他学生进行调查，了解理想教师所应具备的基本素质。结果发现，位于前20位的理想教师的素质是（按重要程度排序）：（1）激发智能、好奇心的能力；（2）发展思想过程的能力；（3）与学生有良好的关系；（4）对科目的知识和兴趣深广；（5）言语流畅；（6）适应性强；（7）发展动机；（8）友善、易接近；（9）注意学生反应；（10）观念表达清晰；（11）课文准备与组织良好；（12）表达方式有趣；（13）愿意帮助同学；（14）有信心；（15）对时事和其他学科的知识广博；（16）民主；（17）对学生的工作表现关心；（18）幽默感；（19）有效运用视听教具；（20）严格管理。

由此可见，教师的基本素质主要与教师的教育观念、个性品质、知识基础、教学能力、教育行为、职业道德有关。

一、教师应具备正确的教育观念

（一）教师应具备正确的教师观

当今社会知识更新的速度很快，教师要在短短的几年时间里把所教学科的全部知识传授给学生是不可能的。教师必须改变传统教育中把工作的重心定位于知识灌输、技能训练的观念，努力成为学生学习的激发者、辅导者，促进学生学习能力和整个个性的和谐发展。教师要把学生培养成不仅继承了人类丰富的文化遗产，而且会思考、有情感、能愉快地与人合作，具有自主创造和自我管理能力，愿意又能够充分发挥自己改造世界潜能的人。也就是说，当代教师的任务更加强调对学生的潜能开发和个性培养，强调培养学生对未来社会的适应能力，强调为学生的自我教育和终身学习打好基础。因此，教师必须从应试教育的误区中走出来，更多地关注学生的学习态度、学习方法、身心素质和全面发展。每个教师都有责任反思自己：我都做了什么？我应该做什么？这种基于素质教育的新型教育观的确立，是推进素质教育的可靠保证，也是教师正确教育观念的重要组成部分。

（二）教师应具备正确的学生观

正确的学生观是指对学生有一个科学而客观的看法。第一，要正确认识学生的向师性和独立性。学生是教育的对象，是学习的主人。学生对教师有一种天然的向师性。他们知道教师接受过专门的职业训练，比自己掌握更多的知识，学生在学校只有通过教师的教学过程，通过尊师、敬师、学师，才能更快地成长和成材。学生的年龄越小，其向师性越加明显。但学生的向师性不能成为教师居高临下、唯我独尊的理由。应当看到，学生还有独立性的一面。学生的年龄越大，其独立性越强。在许多情况下，向师性和独立性构成了学生心理的一对矛盾。他们试图尊重和服从教师，但他们又有一些自己的看法、意见希望与教师交流甚至与教师展开争论；他们看到了教师身上的许多优点，但又看到了教师身上的一些缺点，这样就引发他们对教师权威性的不同评价和期望。只有对学生这种向师性和独立性的矛盾有深刻的认识和准确把握，既珍惜学生的向师性，又尊重学生的独立性，以这种学生观为基础建立起来的师生关系才有可能是教学相长的关系，是尊师爱生的关系。这也是当代教育对教师的教育观念提出的新课题。第二，要正确认识学生的能动性和可塑性。学生是活生生的人，具有独特的个性与经历。作为学习的主体，能动性和可塑性是学生的两个重要特点。由于学生具有能动的特点，所以教师不能把学生当做被动的受体，只重视个人传授知识，而忽略学生的内心感受，忽略学生积极主动的探索欲望，忽略学生自学能力的培养。又由于学生具有可塑性的特点，所以教师不能用僵化的眼光看待学生的学业成绩和行为表现，尤其不能以贴标签的方式将学生简单地划分为学习上的优生或差生，乃至品行上的优生和差生，这对学生的成长和身心健康极为不利。事实上，优生和差生是相对而言的，是在一定的时空范围内对学生所作的横向比较。如果教育的条件发生变化或学生的主观努力出现变化，今天的优生可能成为明天的差生，今天的差生也可能成为明天的优生。因此，用发展的眼光看待学生，启发学生在个人原有的基础上充实自己、提高自己、超越自己，这是激励学生成长进步的根本动力，是教师留给学生的一笔宝贵精神财富，是教师正确的学生观的核心内容。第三，要正确认识学生的个别差异和发展潜力。学生的个别差异是客观存在的，这种差异既有可能来自先天因素，也有可能来自后天因素；既有可能是发展速度上的差异，也有可能是发展水平上的差异。在看待这种差异性的时候，教师不能持有片面的观点或刻板的认识。要侧重于从因材施教的角度看待个别差异，从提高基本素质的角度为学生创造全面发展的机会，使学生的自身潜能得到有效的挖掘，使学生的个人特长得到更好的发挥，这是教师树立正确的学生观不可忽视的一个方面。

二、教师应具有良好的个性品质

从教师的职业特点来看，以下几方面个性品质是做好教师工作必须具备的。

（一）教师应对本职工作怀有浓厚的兴趣

兴趣是行为的动力。不仅学生的学习离不开兴趣，而且教师的教学也同样离不开兴趣。如果一位教师对自己的工作不感兴趣，只是出于谋生的需要而在那里应付工作，那么他是决然不能胜任本职工作的，更不要说成为一名受学生拥戴的优秀教师了。有人曾对 47000 名学生进行调查，着重了解有效能的教师和无效能的教师在个性特征方面的差异。结果发现，兴趣广泛、有兴趣研究学生的问题、了解学生是有效能的教师十分重要的个性品质。兴趣对教师工作的意义在于：它使教师对于自己所从事的工作出于一种积极研究的状态，无论是从事课堂教学，还是做学生的教育工作，都有一种充实感、愉悦感、成功感和满足感，从而可推动教师的工作不断提高到一个新水平。因此，教师应把提高自己对于教师工作的兴趣水平作为个性修养的一项重要任务。

（二）教师应牢固确立先进价值观的主导地位

价值观或价值取向是个性品质的极为重要的内容，它决定着一个人对事物、对社会的基本态度，决定着一个人的行为方向。假如一位教师的价值取向不够端正，脑子里充满个人主义的东西或低级趣味、享乐思想，他就会不知不觉地将这些庸俗价值观的成分流露给学生，使学生纯净的心灵受到污染。在建立社会主义市场经济的过程中，由于社会利益的调整和外来文化的冲击，使社会成员的价值取向出现多元化的局面。教师群体也不例外。现在，在不少教师中，对以集体主义为特征的社会主义价值观出现了信念上的动摇，个别教师甚至对以个人主义为特征的资本主义价值观津津乐道。在这种情况下，又怎么能够对学生施以集体主义的教育？又怎么能够让学生树立利他的思想或助人的理念？又怎么能够使学生在德智体美等方面健康发展？所以，从素质教育的要求出发，首先提高教师的素质，优化教师的价值取向，牢固确立以集体主义为特征的先进价值观的主导地位，这是确保教师良好素质的根本要求，也是积极推进素质教育的可靠保证。

（三）教师应保持良好的性格特征

职业道德是指从事某种职业的人，在其所从事的工作中必须遵循的具有社会道德意义的行为规范。教师的职业道德主要表现为对教育事业的忠诚，对学生的热爱以及与同事之间的友好协作。

对教育事业的忠诚是教师职业道德的核心部分。教师是人类灵魂的工程师，担负着培养下一代的光荣职责。从社会历史发展的角度来看，教师是生产力发展到一定阶段后出现社会分工的产物。由于传授生产和社会生活经验的需要，社会设立了教师的岗位，聘请具有良好品德和文化素养的人担任教师，专门从事培养人的活动。尽管不同的历史时期和社会制度对教师的要求有所不同，但忠诚教育事业，为人师表，率先垂范，为社会培养合格的人才，是对教师岗位的共同要求。如果我们的教师对教育事业不够忠诚，他们不是按照先进生产力和先进文化的前进方向培养社会主义现代化建设所需的人才，而是按照个人意愿甚至腐朽落后的东西培养与现存社会格格不入的人，那就违背了教育事业的创办宗旨，是师德低下的集中表现。这样的教师是迟早要被教师队伍所淘汰的。近年来，随着市场经济的发展特别是多种经济成分的并存，人们的职业道德趋于多元化，忠诚教育事业的提法在有些教师看来已经过时。这是一种错误的倾向。没有对教育事业的忠诚，就不会有尽心尽责的教育行为；缺乏对教育事业的感情投入，就不会在教师岗位上作出全心全意的奉献。大量优秀教师的教育实践已经证明了这一点。

对所教学生的热爱是教师职业道德的生动体现。教师对学生的爱是人类复杂情感中高尚情感的结晶，它既有社会责任、社会义务、社会期待等社会心理的多种成分，又有千百年来人类所形成的关心幼小、促进新生一代成长的传统积淀成分。所以，教师对学生的爱不是个人的狭隘私情，而是施予他所负责的每一个学生的，是对全体学生的共同关爱。学生还不成熟，可塑性还很大，有些学生可能因种种原因暂时处于落后状态，但教师如果能全面地、动态地看待他们，关心他们，学生最终还是能通过师爱和教师的期望而成长起来、不断进步的。总之，师爱是一种巨大的教育力量。只要教师充分认识到师爱的作用，切实把握好师爱的分寸，潜心付出，爱严结合，就一定能在教育教学的过程中得到学生应有的回报。

与同事之间友好协作是教师职业道德不可忽视的一个方面。教育是一项系统工程，既需要分科教学，各司其职，又需要通力协作，齐抓共管。尤其在育人方面，更需要教师群体的共同努力。有些教师由于所教学科的职业局限，往往片面强调所教学科的重要作用，而忽略或轻视其他学科的教育价值，这其实是一种教育偏见。从职业道德的角度来看，任何一门学科的教学，只要纳入法定的教育范围，在教育工作中的地位就是平等的。因此，无论是从事数学、语文、外语等学科教学、教学时数较多的教师，还是从事其他学科教学、教学时数较少的教师，都应当受到同样的尊重。同一学科的教师之间，应当相互磋商，应当相互交流，相互鼓励，取长补短，共同提高；不同学科的教师之间，应当相互交流，相互充实，彼此借鉴，多方合作；教学人员与管理人员之间，应当相互体贴，相互支持，群策群力，争优创先。只有真正树立这样一种友好协作的道德风尚，才能充分体现教师群体的职业道德，共同完成教书育人的艰巨任务。

三、教师应具有深厚的知识基础

知识是教师生存的基石。没有深厚扎实的知识基础，就无法胜任教育教学的各项工作。当代的信息社会使知识呈现加速增长的态势，知识更新的速度越来越快。在这种情况下，对教师的知识结构、知识储备、知识更新提出了更高的要求。

（一）教师应掌握精深的专业知识

教师是通过系统的知识、技能传授和智力开发来完成培养人才的任务的。因此，在本学科方面具有精深的专业造诣应成为教师知识结构的核心。要做到这一点，教师必须牢固地掌握本专业的基础理论、基础知识以及相应的技能，熟悉本专业的历史和现状，了解最新的科研成果和发展趋势，懂得本专业的学习方法和研究方法。只有这样，才能在教学中统揽全局，准确把握教材每一部分的意义、主次、关键和难点，提纲挈领地处理教材，详略适宜地组织教学，使得教学过程重点突出，深入浅出，化难为易，生动具体，受到学生的欢迎。教师还要了解推动本学科发展的历史因素和现实因素，把握该学科对社会、对人类发展的价值以及在人类生活实践中的多种表现形态。这些专业领域的深层次信息可以有效揭示某一具体学科的人文社会价值，激发学生的探索欲望和为人类与社会的发展作贡献的精神。教师亦应掌握每一门学科所提供的认识世界的独特视角、范围、层次及思维工具和方法，熟悉该学科科学发现与创造的具体过程和成功原因，了解在成功者身上所展现出来的科学精神和人格力量。这对于增强学生的创造意识、丰富学生的精神世界具有不可低估的意义。

教师还要具备一定的与本专业相邻学科的科学知识，以便适应学科分化与综合的需要。当代科学的发展主要存在纵向分化与横向综合两种趋势。相邻学科间的交叉渗透，必将引起很多基础学科内容的不断变化、扩大和综合。教师如果拘于一隅，孤立地掌握某一领域的专业知识，就不能将新知识反映到教学领域里来，更不能适应课程设置综合化和通才教育的需要。只有掌握了一定相邻学科的知识，才能从学科交叉、学科对比与学科渗透等方面对学生进行启发和教育，从系统理论的高度来驾驭教学内容，有效地促进学生知识水平的提高。

（二）教师应涉猎广博的知识领域

涉猎广博的知识领域，对于教师做好教书育人的工作具有重要意义。首先，涉猎广博的知识领域，可以有效激发学生的求知欲望。教师作为人类文明和智慧的传播者，在一定意义上应当成为学生学习的“百科书库”和“活字典”。教师涉猎的领域必须大大超过学生所要学习的范围，这样才能满足学生的求知需求，在学生遇到问题时能够适当加以点拨，在学生缺乏学习兴趣时能够用新鲜有趣的知识激起学生新的学习欲望，推动学生的学习不断向更高层次发展。其次，涉猎广博的知识领域，可以增强教师教育教学的效果。在现代信息社会里，学生通过各种现代化的大众传播媒介所获得的知识日益增多。有人估计，在青少年的知识总量中，有一半左右是通过现代大众传播渠道获得的。知识的加速传播与扩散，要求教师涉猎的知识领域必须不断扩大，以便适应教育教学的需要。教师既要掌握自然科学、社会科学的基础知识，又要了解一些新兴学科、交叉学科的知识，既要通过成人的视角从现实生活中挖掘对学生有教育意义的知识素材，又要通过青少年的视角及时弥补个人在现代生活中的知识缺陷，这样才能以知识渊博的教师身份赢得学生的信赖，成为他们追求知识和真理的楷模。

（三）教师应高度重视教育科学理论的学习

要想成为一名合格的教师，不仅要学会积累知识、扩充知识，而且要学会消化知识、传授知识。这就需要掌握教育教学的各种技能，需要学习教育学、心理学、教材教法等教育科学的理论知识。教育教学活动是师生间的双边活动。教师只有熟悉学生的生理、心理特点和个别差异，切实按照教育学、心理学、教材教法所揭示的规律组织教育教学活动，才能取得理想的效果。有些教师对教育科学理论的学习不够重视，认为学不学这些理论无关紧要，自己注意积累教学经验，就一定能够把课教好。这种认识是片面的、有害的。实际上，教育学、心理学、教材教法等教育科学的理论知识，绝大多数是在概括千百年来人类所形成的教育经验的基础上形成的，有些知识还是进行教改实践或心理学实验的结果。将这些人类积累而成的成功经验置于一边，而一味相信自己的个人经验，这就陷入了个人经验主义的误区，势必会吃到事倍功半的苦头。相反，高度重视教育科学理论的学习，及时了解一些教育科学的前沿信息或学术动态，用以指导自己的教育教学工作，就会在教育教学的过程中思路开阔，目光敏锐，有的放矢，事半功倍。因而，一名教师教育科学的理论功底如何，运用情况怎样，对其教育教学的效果是大有影响的。这一点已经被大量的教育实践所证实。

教师应重点关注以下几方面的教育科学理论知识。一是学习心理学的知识。教师应对学生的身心发展特点、年龄特征、个别差异和心理健康水平有准确的把握，应对教师教学的心理机制和学生学习的心理机制有较深刻的理解，应对德育心理、智育心理、体育心理、美育心理以及有关的学科心理有所钻研，应对心理学基本知识在学校领域的运用（如心理测试、心理咨询、心理健康教育）有所了解，这样才能为教育教学工作奠定扎实的心理学基础。二是学习教育学的知识。教师应对教育的本质、教育的功能、教育教学的基本原则与规律有深刻认识，应对教育思想的历史渊源和著名教育家的理论学说有大体了解，应对德育过程、智育过程、体育过程、美育过程和劳动技术教育过程的影响因素及其具体规律有所掌握，应对团队组织、课外活动、班主任工作和学校管理的规则、程序、方法、技能有所熟悉，这样才能为教育教学工作奠定牢固的教育学基础。三是学习教材教法的知识。教师应掌握个人所教学科教学法的基本知识，应熟悉启发式教学、实验演示、电化教学、观摩教学的手段和方式，应把教师的教学方法和学生的学习方法结合起来进行研究，这样才能为教育教学工作奠定可靠的教材教法基础。

四、教师应具有较高的教学能力

（一）教师应具有敏锐的观察能力

敏锐的观察能力是从事教学工作的基础。教师如果缺乏敏锐的观察能力，不清楚学生在想什么，在做什么，不了解学生有哪些迫切的需要，教学工作就无从下手，教学效果就无从谈起。教师要具有敏锐的观察能力，首先要准确把握学生的共性和个性。任何学生都有自己独特的个性，同时在某些学生或某个年龄阶段的学生当中，又存在些共同的特点。如初中学生在与异性交往方面比较敏感，需要教师正面引导；高中学生在抽象思维发展的同时，仍然存在一些偏激、固执等问题，需要教师及时提醒。教师只有准确把握学生的共性和个性，在同中求异，在异中求同，才能不断提高自己的观察能力，及时发现学生的“闪光点”、“开拓点”或“最近发展区”，取得理想的教学效果。教师要具有敏锐的观察能力，还需要有意识地锻炼自己察微知著的本领。学生的某些不良心理品质或行为倾向不是一朝一夕形成的。如果在学生的此种不良心理品质或行为倾向刚刚显露苗头的时候，教师就及时予以捕获，悉心加以引导，就会促使学生向好的方面转化，使其不良的心理品质或行为倾向得到遏制。这种察微知著的本领是教师敏锐观察能力的重要标志，是需要教师利用课堂教学和课后与学生的交往刻意锻炼才能形成的。

（二）教师应具备较强的言语表达能力

言语表达能力是教师优良素质的重要组成部分。古今中外的教育家都非常重视教师言语表达能力的训练问题。教师的言语应当简洁明快、具体生动，既有感染性，又能为学生所理解。优秀教师在讲课的时候，从不照本宣科，而是根据个人对教材内容的把握和对学生的了解，尽量用自己的话来吸引学生。这与那些逐句朗诵教材内容的教师形成鲜明的对照。教师的言语还应讲究抑扬顿挫、规范得体，既有逻辑性，又合乎语法的要求，以便为学生的言语表达树立榜样。学生的模仿能力较强，尤其喜欢模仿教师的言谈举止。如果教师的言语表达能力死板沉闷，语病很多，就会使学生不知不觉地受到不良影响；相反，教师的言语表达富于表现力，无论在音调的使用还是表情、手势的运用都十分得体，而且讲究语法、修辞和内在逻辑，就会使学生得到美的享受，极大地促进学生言语表达能力的健康发展。

（三）教师应具有灵活的组织教学能力

教师会教，学生才能会学。但教学并没有某种固定的模式，需要根据学科特点、学生情况和教学进度灵活掌握。优秀教师在组织教学时，善于设疑提问，巧妙地激发学生的兴趣，并且把讲、练、议有机结合在一起，使得课堂教学生动活泼，充满探索和民主精神。而不少教师的课堂教学过程墨守成规，缺乏生气，虽然教学大纲规定的内容并没有遗漏，但学生的积极性、主动性却受到忽略，这与素质教育的要求是不相适应的。按照素质教育的要求，教师应把学生的积极性、主动性放在教学过程的重要位置；应运用多种教学手段激发学生的学习兴趣，启发学生独立思考；应鼓励学生提出问题，通过学生之间、师生之间的相互交流加深对所学知识的理解，等等。由此可以看出，教师只有真正树立素质教育的思想，切实摆脱在应试教育背景下所形成的机械训练、分数至上、程序僵化的偏颇，教师的组织教学能力才能从根本上得到提高。这一点必须引起广大教师的高度重视。

（四）教师应具有把握时机进行教育的能力

课堂教学的过程同时也是对学生进行教育的过程，因而把握时机对学生进行必要的教育，便成为衡量教师教育素质的一个不可忽视的方面。从学校的实际情况出发，教师应把握下列时机对学生进行教育：一是在新学期、新环境、新同学、新教师、新形势这“五新”到来之际，教师应不失时机地对学生进行必要的教育；二是在考试前后特别是在面临重大考试的时候，教师应针对学生存在的紧张情绪给予适当的指导和帮助；三是在学生遇到困难的时候，教师应及时伸出温暖之手，鼓励学生通过意志力的锻炼，克服障碍，取得成功；四是在学生出现过失的时候，教师应把握批评的分寸，力求通过学生的自我认识、自我反思形成自我教育的内在力量；五是在学生发生人际冲突的时候，教师应运用集体的智慧，对学生进行正面引导，使学生增强依靠班级集体自己解决问题的能力。

（五）教师应具有一定的知识创新能力

知识创新是指运用新思想、新材料、新方法，对知识进行重新加工、组合、更新和提高的过程。教师虽然不能像科学家那样，直接参与知识的创新过程，但是教师担负着培养学生创新意识和创新能力的重要任务。此外，在教师的教学和其他工作中，也充满了各种创新的机会，需要教师去很好地把握。在教育实践中，教师一般比较喜欢肯听话、成绩好、循规蹈矩的学生，不大喜欢顽皮、怪异、爱挑剔、偏离习俗和常规的学生，而具有创新精神或高创造力的学生却往往存在于后一类学生之中。如果教师不改变自己的传统观念，坚持用“小绵羊”的标准或“分数高”的尺子培养学生，是很难发现并培养出高创造力的学生的。现代社会对人的创新精神提出了更高的要求。教师应站在知识经济的高度，从知识创新的角度重新审视自己的教育观念和教育行为，努力把学生从迷信权威、迷信书本、迷信分数的传统束缚中解放出来，鼓励学生自由表达自己的思想，鼓励学生踊跃参加各种有利于创新精神培养的活动，尽量为学生营造轻松、和谐的创新气氛，同时用自己大胆探索、勇于实践的创新行为影响学生、感染学生，这样就一定能够使学生的创新意识得到增强，为中华民族在新世纪的复兴培养出更多具有创造力的人才。

五、教师应具有适宜的教育行为

教育行为是教师素质的外化形式。学生是通过观察教师的教育行为来理解教师的要求并作为自己行为的榜样的。因此，教师应十分注意自己教育行为的适宜性、示范性。教师适宜的教育行为主要包括以下几个方面。

（一）教师应形成民主的管理风格

教师的管理风格直接关系到学生集体的风气。良好的管理风格可使学生形成愉悦的情绪体验，并促进良好班风的形成和发展；不良的管理风格则会使学生产生消极的情绪体验，并使班级的风气带有教师不良管理风格的深刻标记。在教师的管理风格中，经常出现干涉型、放纵型两种弊端。前者对学生的干涉过多，教师处处对学生不放心，应该由学生自主处理的问题教师也要包办代替，久而久之，班级就会形成一切由教师说了算的风气，学生的独立意识受到压抑，无法创造性地开展工作。后者对学生的管理过于松散，一切活动由学生自作主张，教师不愿承担责任，这种管理风格表面上看是尊重了学生的独立性，实际上是一种放纵状态，不利于学生集体意识的培养和组织纪律行为的铸造。可见，在教师的管理风格中，应当努力克服干涉型、放纵型管理风格的弊端，积极倡导民主型的管理风格。民主型的管理风格核心是尊重学生、信任学生，在教师的指导下充分调动学生参与班级管理的积极性和创造性，使学生的才能得到充分的发挥。

具有民主型管理风格的教师，经常以集体一员的身份参与班级的活动。他们非常重视班集体的建设，善于利用集体的力量来影响学生、教育学生，使学生按照集体确立的目标共同行动，并且积极利用集体舆论对学生的行为进行必要的监督和约束。毫无疑问，在教师中应当大力提倡这种民主型的管理风格，以便为学生创造健康成长的良好心理气氛。

（二）教师应合理地运用规则与惩罚

没有规矩无以成方圆，教育工作同样如此。在班级管理中，规则是必不可少的。但规则应当是合理的，非武断的，而且应该由师生共同遵守，允许学生参与制定和监督执行。规则和纪律具有强制的特点，但这种强制也必须建立在对人的尊严和人格的尊重的基础上，否则便会失去规则或纪律的约束作用。在教育实践中，的确存在滥用规则、随意惩罚的现象，这种情况应当引起足够重视并彻底加以扭转。对学生的批评或处罚应当建立在人文关怀的基础上，应当以教育学生以此为戒、不再重犯为目的。有些教师忽略了批评或处罚的目的，而仅仅以其形式为重点，似乎批评或处罚越严厉越好，花样越多越好，于是便出现了许多侮辱学生人格的惩罚形式，有些形式甚至比封建主义教育的惩罚形式还要无情。在这种情况下，不要说达不到惩罚的预期目的，还会增加学生的逆反心理，引起学生对教师的怨恨，并由此带来一系列的心理和行为问题。因此，教师在运用规则和纪律对学生进行惩罚的时候，一定要持慎重的态度。要合理使用，不得随意乱用；要在尊重学生人格的前提下慎重使用，不能在伤害学生人格的情况下滥用。只有这样，才能真正发挥惩罚的积极作用，使惩罚和奖励一起，共同构成学生学习与成长的有效激励与约束工具。

（三）教师应充分发挥教育机智的作用

教育机智是指教育者对教育实践中遇到的新情况、新问题，特别是突发事件迅速作出判断、果断加以处置，并取得良好教育效果的教育行为。它是教师工作具有创造性的生动体现，是教师良好素质的综合反映，是教师高尚的职业道德、精湛的教育技能、良好的人格修养共同作用的结果。教师的教育机智主要表现在三个方面：一是是否善于因势利导，从学生的实际需要和现有水平出发，促使学生的消极因素向积极因素转化；二是是否能够掌握教育的分寸，对学生提出恰当的要求，使学生感到心悦诚服；三是是否具有随机应变和因材施教的能力，果断处理好教育实践中的突发事件或意外情况。教育工作具有明显的情境性，新情况、新问题层出不穷，这就对教师的教育机智提出了很高的要求。教育机智在某种意义上也就是一种特殊的教育经验，是教师面对不确定的教育条件所积累的灵活处置问题或解决问题的能力。从认知心理学的观点看，解决问题的水平取决于对问题空间的重建，这在一定程度上意味着个体必须认识到问题的多维性质及其解决途径或方法的多样性，并且应形成对问题因果的辩证认识。因此，教育机智实际上反映了教师认知加工的复杂性和辩证性。研究表明，教育机智随年龄增长而呈上升趋势。这说明随着工作经历的丰富和生活经验的积累，教师的认知加工水平在不断提高，特别是辩证思维越来越深刻。这一研究结果启示我们，年轻教师应当虚心向有经验的教师学习，并且应在进修提高中把发展自己的认知加工能力放在重要的位置。

六、教师应具有必要的自信

教师要想将自身的价值观、专业知识通过教学实践传递给学生，还必须拥有足够的自信。相信自己能够担当起教师的职责，出色完成教育教学工作，取得令人满意的教育教学效果，是良好自我效能感的主要内容。对于工作经验欠缺的年轻教师，树立信心，拥有这样的自我效能感显得更为重要。通过下面问题的自我思考，可以对你自己的教学效能感有个基本的了解。在工作中，不时对此类问题进行反思，通过前后教学感受的比较，为促进教学效能感的提高，增强自信提供帮助。

【个人教学效能感测题】

1. 我能根据大纲吃透教材。

2. 我常不知道怎么写教学计划。

3. 我备课总是很认真、很详细。

4. 我能解决学生在学习中出现的问题。

5. 课堂上遇到学生捣乱，我常不知道该怎么处理。

6. 某个学生完成作业有困难时，我能根据他的水平调整作业。

7. 我能很好地驾驭课堂。

8. 某个学生不努力听讲，我常没有办法使他集中注意力。

9. 只要我努力，我能改变绝大多数学习困难的学生。

10. 我不知道该怎么与家长取得联系。

11. 要是我的学生成绩提高了，那是因为我找到了有效的教学方法。

12. 对于那些“刺儿头”学生，我常束手无策，不知道该怎么帮助他们。

13. 如果学校让我教一门新课，我相信自己有能力去完成它。

14. 如果一学生前学后忘，我知道如何去帮助他。

15. 如果班上某学生变得爱捣乱，我相信自己有办法很快使他改正。

16. 如果学生完不成课堂作业，我能准确地判断是不是作业太难了。

【一般教育效能感测题】

1. 一个班里的学生总会有好有差，教师不可能把每个学生都教成好学生。

2. 一般来说，学生变成什么样是先天决定的。

3. 一般来说，学生变成什么样是家庭和社会决定的，教育很难改变。

4. 教师对学生的影响小于家长的影响。

5. 一个学生能学到什么程度主要与他的家庭状况有关。

6. 如果一个学生在家里就没有规矩，那么他在学校也变不好。

7. 考虑所有因素，教师对学生成绩的影响力是很小的。

8. 即使一个教师有能力，也有热情，他也很难同时改变许多后进生。

9. 好学生你一教他就会，后进生再教也没用。

10. 教师虽然能提高学生的成绩，但对学生品德培养没有什么好的办法。

对以上问题作出积极性回答的越多，表明你的教学效能感越强。

【附】心理咨询技术能力测验

随着社会的发展，教师在处理学生心理问题方面的现实要求越来越强烈。要想满足这样的要求，了解自己是否适合或如何做此方面的工作十分必要。下面的问卷从分析学生问题的适切性角度可以帮助了解你这方面的能力。

进入心理咨询室的来谈者或有心理问题的学生，他们的发言倾诉内容大致可以分为四类：(A) 行为的要求；(B) 信息的要求；(C) 理解的要求；(D) 评价的要求。请看下面例子：

(A 行为) 如：儿子对父亲说："爸爸，给我买一块巧克力。"

(B 信息) 如：学生对老师说："老师，这次考试有哪些题型呀!"

(C 理解) 如：学生对老师说："老师，这次考试好难呀，做错了好多题目!"

(D 评价) 如：老师对校长说："这件事挺难办的，您看怎么处理?"

请对以下来谈者的发言内容进行选择：A (行为)，B (信息)，C (理解)，D (评价) 等四种类型来区别判断。

1. 学生对老师说："我害怕做数学题，明天考试我一定不行。"（　　）

2. 学生对老师说："老师你真好，你比张老师好，他布置的作业太多，其他老师也是这样，布置的作业太多了!"（　　）

3. 老师对老师说："某某同学学习不错，但有时会钻牛角尖，上课时遇到这种问题真让人为难呀!"（　　）

4. 校长对老师说："某某老师，今天张老师病了，请你代一下课好吗?"（　　）

5. 学生对老师说："老师，这题我不明白，你能否再讲一遍?"（　　）

6. 学生对老师说："老师，星期日我们要到学校参加活动，星期一又不放假，这不是很奇怪吗?"（　　）

7. 老师对老师说："学校规定教师午饭要与学生一起吃，真没味道，教室里太吵了。"（　　）

8. 校长对老师说："我今天对你讲的话在说法上也许有些不妥，但也不是命令你去做，希望你们班的工作能够自觉些。"（　　）

9. 老师对老师说："我今年这个班没法和去年那个班相比，这个班学生太差，令人头痛!"（　　）

10. 学生对老师说："老师，我想报考重点学校，你能否为我写一封推荐信?"（　　）

11. 老师对老师说："某某学生家长要离婚了。为什么要离婚呢？这下这个同学成绩下降我就没办法了。"（　　）

12. 老师对班主任说："某某同学上课话太多，我很生气，请您对他说一下。"（　　）

13. 老师对老师说："这学期区里统考，你知道考几门吗?学生问我，我也不知道。"（　　）

14. 学生对老师说："听说你对某某同学正在进行心理咨询，他也的确有些奇怪。"（　　）

15. 学生对老师说："老师，你总是在周五放学后进行小组

讨论，小组讨论的都是些什么内容呀?”（　　）

16. 学生对老师说：“某某老师找我有事，他在办公室吗?”（　　）

17. 学生对老师说：“老师，下个月我要搬到浦东去了，如果你知道那里的情况，请您介绍一下好吗?”（　　）

18. 校长对老师说：“我很看重你，也想提拔你，但你却对我很疏远，这让我很难办。”（　　）

19. 老师对老师说：“你去年做过某某同学的班主任，他的人际关系怎么样?”（　　）

20. 老师对后勤职员说：“对不起，这椅子太重，能否换一把?”（　　）

21. 学生对老师说：“我不喜欢体育课，考重点中学时是否要加试体育呢?”（　　）

22. 教师对教导主任说：“今年学校学生纪律较差，校长怪我们说：‘你们在干什么?’，我倒要问问他，他整天呆在办公室里干什么?”（　　）

23. 班主任对语文教师说：“我们班这次语文考试成绩这么差，我不能理解，你若知道原因，能否告诉我?”（　　）

24. 老师对老师说：“今天下午又要争论了，这个学校的教师太自以为是了，争论起来没完没了，真是浪费时间!”（　　）

25. 学生对心理咨询老师说：“我总不能静心学习，我的父母要离婚了。家庭成员要是能和睦相处多好呀!”（　　）

26. 学生对老师说：“老师，不管我怎么招呼某某同学，他总不理我，我想他大概对我有意见吧?”（　　）

27. 校长对老师说：“某某老师，叫你的学生好好打扫教室卫生，今天检查下来，你们班最差。”（　　）

28. 学生对老师说：“老师，考哪个重点大学好呀? 我一下决定不了，你能否帮我参考一下呢?”（　　）

29. 校长对老师说：“最近我们学校一些老师在闹对立，这让我很生气，但我不明白原因。”（　　）

30. 学生对老师说："我毕业后不想考大学，只想找工作，但我不知道应该选哪种职业，有没有这方面的测验呀?"（　　）

正确答案如下：

1. C	2. D	3. C	4. A	5. A	6. D
7. D	8. C	9. C	10. A	11. D	12. A
13. B	14. D	15. B	16. B	17. B	18. C
19. B	20. A	21. B	22. D	23. B	24. D
25. C	26. C	27. A	28. B	29. C	30. B

说明：

1. 正确理解上述来谈者的谈话内容，在30个问题中能正确回答25题以上者，作为学校心理辅导教师，其基本的心理咨询交流技能可判定为合格。

2. 30个问题中允许有8个以下的误答，但要求在今后的训练和实践中须进一步提高自我的感受能力和理解能力。

第十三章　教师面临的心理问题

一、教师的心理枯竭问题

（一）什么是教师的心理枯竭

心理枯竭，为一种躯体、情感和精神的衰竭状态，其特点是生理的耗损、慢性疲劳、无助感、绝望感、消极的自我概念，以及对人生、社会的悲观态度。这种极度的身心衰竭通常是长时间积累、缓慢演变的结果。一般而言，日积月累的应激后效、内在的心理冲突和各种被压抑的情感，在枯竭状态形成中扮演重要角色。枯竭的临床症状是一个广谱病理特征分布：极度的慢性疲劳、厌倦一切、力不从心、自我效能感丧失、淡漠、敌意、易激惹、焦虑、注意力涣散、自甘庸俗、睡眠障碍（失眠/嗜睡）、食欲异常（厌食/贪食），等等。严重时会出现抑郁、丧失活力、偏离正常的生活方式，甚至出现物质滥用、自虐、自杀行为。需要特别强调的是，任何职业的从业人员都可能会发生心理枯竭现象。有人认为，当教师表现出为与学生有关的想法所纠缠，噩梦不断，出现不应有的专业行为偏差，与学生发生超越正常界限的师生关系，对学生缺乏耐心和不自信，不能有针对性和创造性地进行教育教学工作，都是其正在经历枯竭的征兆。

教师的心理枯竭主要表现在以下几个方面：

（1）生理耗竭：出现身体能量的耗竭感、持续地精力不济、极度疲乏、虚弱，身体对疾病的抵抗力下降，伴有失眠、头痛、背痛、肠胃不适等症状，饮食习惯或体重突然改变。

（2）心智枯竭：空虚感明显，觉得自己好似掏空了一般，无法给学生任何东西，工作热情减退，丧失理想，缺乏动机，自我评价下降，怀疑自己，退缩，感到无能和失败，从而减少心理上的投入。

(3) 情绪衰竭：当工作热情完全丧失，情感资源就像干涸了一样时，教师们就不能以饱满的热情对学生倾注关怀和感情了，甚至表现出烦躁易怒、冷漠麻木、悲观沮丧、深感无助，责备迁怒于他人。

(4) 价值枯竭：个人成就感降低，对自己工作的意义和价值评价下降，工作变得机械化且效率低下，时常感觉到无法胜任，不再付出努力，消极怠工，离职倾向加剧甚至转行。

(5) 非人性化人际关系恶化：以一种消极的、否定的、麻木不仁的态度和冷漠的情绪去对待自己的家人、同事或学生，对他人不信任，无同情心可言，冷嘲热讽，把人当作一件无生命的物体看待，肆意贬损学生，疏远学生，甚至是家人或孩子。

(6) 攻击性行为心理枯竭：在行为上容易表现出攻击行为，一是对他人的攻击性行为加剧，人际摩擦增多，极端情况下会打骂学生或孩子；二是自残行为，极端的枯竭状态会使人出现自伤或自杀的行为。

(二) 导致教师心理枯竭的内在机制

教师的心理枯竭问题是教育界和心理健康领域共同关注的一个热点问题。心理枯竭的发生原因复杂，许多学者从不同的角度对枯竭的心理机制进行了有益的探索。主要学术观点有“付出—回报”不对称理论、枯竭发展“四阶段论”等。它们并不彼此对立，而是相互补充，对于我们全面理解教师的表现各异、原因不同的枯竭问题作出了各自的贡献。

(1) “付出—回报”不对称理论。弗雷登伯格将枯竭定义为一种迫不得已的生存方式调整的结果，即在现实不能吻合所期待的“付出—回报”逻辑时导致的一种心理疲劳和挫折状态。教育工作的付出与回报之间不成比例。教师的工作性质决定了教师要接受来自于知识的、智慧的、意志力的经常性挑战，还要无条件地扮演人生导师、智慧化身、心理支持者的角色，为此消耗的个人资源十分严重。许多工作是台下幕后燃烧自己照亮别人的无法计量的牺牲。长此以往，“付出那样多，所得那样少”的局面必定难以持久。

（2）枯竭发展“四阶段论”。比尤凯格将枯竭视为个体从事一项活动的进程性结局。就其自然趋势而言，具有必然性。当然，这一进程不是不可干预的。第一阶段是理想狂热期。个体在从事一项活动之初，往往会表现出坚信自己的选择，雄心勃勃、忘我投入、精力充沛、不知疲倦，心中充满了陶醉感。此时往往不在乎为了达到目标所需付出的时间和努力。即使遭受挫折，也不言败、不悲观、不退却。初登教坛的青年教师大都有一段视教育工作为神圣的理想狂热期。第二阶段是徘徊停滞期。个体开始感到做事缺乏效率、焦虑，工作满意度下降，觉得实现当初确立的目标越来越困难。某些躯体问题（难以消解的疲劳、无法入眠的痛苦）开始出现。但往往无视躯体警戒信号，一味以加倍努力来回避问题。当一个人力图作出更多努力，而不是调校不现实的期望时，枯竭就真正开始了。教师表现出的与年龄不相称的衰老是工作压力大、自我效能感低的心理负重在生理上的显现。第三阶段是迷惘挫败期。在这一阶段，个体承受着无所不在的慢性病理症状。虽然还是力图否认问题，但已经被身心疲惫所控制，明确而强烈地体验着牛陷枯井、无力脱身之感。当初的选择开始动摇，工作效率降至自己都难以置信的低谷，怀疑自己是否已经江郎才尽。在精神颓废的心态之下，个体会通过物质滥用（酗酒、吸毒）、放纵情感（玩世不恭、不当性行为）以寻求麻醉和解脱。我们无意为见诸报刊、电视等新闻媒体的各种教师渎职乃至犯罪行为开脱，但是，考察教师职业心理演变轨迹对于理解他们的沉沦与堕落根源是有启发意义的。第四阶段是冷漠抑郁期。彻底放弃乃至嘲弄自己当初追求的理想目标，在无所用心、不负责任的精神状态下生活，不再在乎自己的公众形象和未来前途。至此，个体的枯竭已经达到最低限度，身心健康严重受损。这一阶段上的教师难以期许会是一个对教育工作发挥起码的有益作用的人。

(三) 心理枯竭与身心健康

教师的心理枯竭不仅会危害教师的身心健康，也会影响他的工作士气和工作能力，甚至还会使教师厌教，最终对教师自己、学生及学校都会产生许多消极影响，危害极大。

(1) 对教师个人的自身伤害。心理枯竭会使教师虐待自己、配偶和孩子，进而带来婚姻和家庭的问题；也会导致失眠、酗酒、药物依赖和自杀。心理枯竭还会使他们斗志消沉，不再追求工作上的成就和进步，影响自身的职业发展。

(2) 对学生的身心摧残。教师出现心理枯竭后，易对学生的行为作消极解释，为学生提供的服务和关怀质量会降低，学生无法从老师身上获取关注和爱，甚至还会被老师以恶劣态度和行为对待。这对于学生的身心都是一种伤害，不利于他们的健康成长。

(3) 对教育工作的消极影响。体验到枯竭的教师会士气低落，时常抱怨，工作效率下降，与同事的关系恶化，甚至会发生缺勤和离职的情况，进而严重影响组织的稳定性和工作效能。

(四) 职业压力对心理枯竭的影响

职业压力对教师心理枯竭消极影响的调查显示，教师的职业压力是普遍存在的。尽管美国学者塞勒曾把教师职业压力分为积极和消极两类，但是现实研究表明压力的消极作用甚于积极作用。教师职业压力对教师本身产生消极作用，主要表现在心理、行为和生理三个方面。这三个方面表现出来的压力症状既是教师职业压力的来源因素，又是压力对教师个人的影响结果。这三方面不是独立存在，而是相互联系、相互影响的，无形中构成了一种恶性循环。

(1) 心理方面：职业压力导致教师出现不稳定的情绪和不健全的心理，具体表现是莫名的焦虑、压抑、担忧、受挫感、无助感及缺乏安全感，并且经常感到不安，性格脆弱，丧失自信心，对工作不满意，感到疲惫，等等。这些不愉快情绪看似平常，然而，“小病不医成大疾”，正是它们影响教师的精神面貌，对于教师的身心具有极大的破坏性。

（2）行为方面：职业压力会导致教师消极行为增多。消极行为主要表现为行为冲动、易激动、情感失常、暴饮暴食或食欲不振、抽烟喝酒等。早在1965年，美国研究人员就发现压力很大的职业中，男性烟民比例占46％。而压力小的职业中，男性烟民的比例仅为32％。这表明压力的存在是不良行为的诱因之一，而这些不良行为会损害教师的身体健康，降低教师的生活质量。此外，更值得一提的是，职业压力致使教师在工作方面出现一些不良反应，如改行、提前退休等。这些现象与压力之间的关系已引起人们的关注。

（3）生理方面：职业压力会导致教师生理疾病增多，损害教师的身体健康。职业压力引起教师心理、情感和行为的变化，这些变化往往会对他们的身体产生消极影响，致使各种疾病出现。研究人员指出，教师职业压力常常导致心脏病、心理障碍、身体疲劳以及其他各种疾病产生，而这些疾病又会导致消极行为的产生和心理方面的种种不适。由此可见，以上三方面是互相影响的，形成了不良的循环。职业压力在对教师产生消极影响的同时，也必然对学校和社会产生直接或间接的消极影响。例如，因压力而引起的教师疲惫现象会直接导致学校教学质量的下降；压力导致的教师休假会直接影响到学校的正常教学，影响到学生的学习态度甚至行为举止，并且还会成为其他教师的压力来源（因为他们必须替没有来上课的教师完成教学工作，工作负担加重）；教师的频繁更换还会影响学校的风气，影响教师之间的关系；教师改行又会造成师资数量的短缺。

（五）教师心理枯竭的自我调节方案

尽管缺乏权威的数据资料，但教师春华早逝、生存状况堪忧的事件时有报道。造成这一类问题出现的原因固然各异，但生存状况的恶劣、江郎才尽的苦恼、阅尽人生的厌倦之类的心理因素是相当普遍和雷同的，而这正是心理枯竭的标志性特征。由此看来，教师积极关注自己的心理枯竭问题，不仅是胜任工作的基本要求，还是捍卫职业尊严和个人生命的需要。下面就介绍一个运用问题解决心理技术专为教师设计的自我心理调节方案。

（1）查寻原因。教师的角色意识偏颇害己不浅，自以为自己的职业可以让自己走进学生的内心世界，哪能还不清楚自己的精神世界呢？事实上，许多教师很少或不曾居幽深思、宁静自省。枯竭或是因为忽视或刻意回避了自己的问题。现在，需要将自己最为关切的、心痛的事件或经历加以反思。一言以蔽之，就是要你从中发现自己的问题所在。如果问题多于一个，可选择当前最重要的一个。如果认为这个问题太大，可将其分解为三个相对独立的部分，将它们按问题解决的重要程度排序，先关注最为重要的部分。将问题明确之后，对自己的问题就会有一个真切、清晰的把握。

（2）确立目标。通过反思，会发现许久以来，您已经习惯于忍受自己的困境、忘记自己的向往。一个将自己的翅膀折断的鸟儿怎么飞翔？一个无视自身问题的人如何主动完善、积极发展？请您将你近期希望达到的目标和人生理想描绘出来，这可是教师经常要求学生做的。如果不能确立自己的目标，说明还没有将自己的问题界定好，需要从头再来。

（3）开启思路。以自己的现实处境为起点、心中梦想为终点，创造性地设计尽可能多的行动线路，将尽己所能创想出的各种方案记录下来。即运用“头脑风暴法”将思路打开，不求完美无缺，只为突破自我束缚。如有必要，可以与自己信赖的人商讨。我们之所以容易陷入狭隘与无知的困境，是因为不习惯于借助外部人际资源的辅助。

（4）拿出方案。在前期工作的基础上，对每一个方案进行评价。评价思路是：它是现实的吗？它将需要多少时间、精力、努力和资源？我能认同和接受它吗？这将对我、我的家庭和朋友的当前和将来产生什么影响？以一个可行方案为基础，汇总其他方案中的可取之处，形成一个最优化方案——解决问题的精良之策。

(5) 贯彻实施。将最优化方案变成行为脚本，这个过程可以用一些简单的问题做向导。“执行我的决定，哪些步骤是必需的?”“我能独立做吗?”“我需要别人的帮助吗?”行为脚本全部编制完成后，坚定地将其付诸实施。

(6) 永不言败。教师经常教育学生：“没有人会随随便便成功?”这句话是否也同样适用于自己？以这样的心态评价一下“自我拯救行动”结果如何？做法有效吗？如果无效，原因何在？为了下一次行动的成功，从中可以得到什么教益？然后，从头开始新的问题解决尝试。即便是完全失败的尝试，也要激励自己：我正在寻求一个难题的解决，这个目标是我向往的；我在积极组织有效策略，而不是在鲁莽行事。

二、教师心理健康

近年来，学生的心理健康问题受到社会各界的广泛关注，而教师的心理健康却未能得到足够的重视。社会发展和文化变迁，教育系统改革的深入，以及学生心理问题的复杂化和多样化，使教师面临的心理压力越来越大，出现的心理问题越来越多。如果教师心理健康问题得不到重视和及时的维护，这不仅会影响教师自己的学习、工作和生活，而且必然会影响到学生的心理健康水平。

(一) 教师心理问题的主要表现

(1) 生理与心理症状。主要表现为抑郁和焦虑，更为常见的症状是在抑郁和焦虑之间的交叉变动。心理问题常伴随着一些身体上的症状，如失眠、食欲不振、咽喉肿痛、恶心、心动过速、呼吸困难、头疼等。如果教师不及时疏导或宣泄自己的不良情绪，或情绪归因不当，就容易引起一些心身疾病，如原发性高血压、偏头疼、心绞痛、消化性溃疡病等。不良情绪的积累也很容易引起神经衰弱、焦虑症、恐惧症、抑郁症等。

(2) 人际关系问题。教师心理问题的症状不仅仅限于个人的主观体验，而且会渗透到教师的人际关系中，影响到与家人、朋友、学生的关系。教师常见的人际关系问题主要表现在：与同事不能友好相处、互相尊重、共同合作，有的甚至发生纠纷；与学生交往，不能以朋友式的态度平等对待，不尊重他们的人格；有的教师甚至与领导发生冲突等。由于教师不能与经常接触的人协调关系，久而久之便形成孤独、无助、郁闷、焦虑、自卑等不良心态。紧张的人际关系，多与教师偏狭、多疑、嫉妒等不良个性因素有关；经常生活在紧张关系中，又会强化这些不良的心理因素。

（3）人格障碍。人格障碍亦称病态人格，是指因个体人格发展的内在不协调而导致人格特征显著偏离正常人群，形成极端化的行为模式，在情绪反应、动机和行为活动上发生异常。教师常见的人格障碍有以下几种：①偏执型人格。即强调自我，自命不凡，主观固执，敏感多疑，报复心强；②反社会型人格。对人不真诚坦率，极端自私，无社会责任感，有明显的反社会规范和法纪的倾向；③分裂型人格。即思想保守，行为退缩，为人感情冷漠，爱做白日梦；④自恋型人格。常夸大自我价值，盲目自负，将他人的权势、财富为我所用，却对对方不尽责任义务；⑤依赖型人格。主要是缺乏自信，过多依赖他人；⑥强迫型人格。常伴有不安全感和不完善感而过分自我克制，或紧张烦恼，或谨小慎微，出错总不忘责备自己。

（4）职业行为问题。教师心理健康可以使学生受益，若教师出现种种心理问题，受害最大的自然是学生。教师心理问题在职业活动中的表现有以下几种。①对学生失去耐心和爱心，疏远学生；备课不认真，上课马虎对付，教学形式死板；粗暴惩罚学生，时常小题大做，抓住学生的小错不放，打击伤害学生的自尊心。②在教学过程中拒绝别人的意见，甚至是领导的建议，对教学过程中出现的问题听之任之。③对学生的期望降低，认为学生是“烂泥糊不上墙”，从而不再关心学生。④对教师职业失去兴趣，每天都想着另觅高职，因而自然会将消极情绪带到工作和生活中去。

（5）职业倦怠。教师职业倦怠是教师不能顺利应对工作压力时的一种极端反应，是教师长期压力体验下所产生的情绪、态度和行为的衰竭状态，典型症状是工作满意度降低、工作热情和兴趣丧失以及情感的疏离和冷漠。教师职业倦怠心理的存在直接影响着教师的身心健康：①生理上，经常疲劳、失眠、食欲不振、喉咙嘶哑、背痛、头晕等；②心理上，觉得工作无意义、无价值、枯燥、重复、琐碎，感到自己前途暗淡，没有希望，常产生厌倦、抑郁、压抑、焦虑、烦恼等负性情绪；③行为上，对工作敷衍了事，不思进取，不愿钻研。此外，教师的职业倦怠还直接影响其教学品质，使其创造性降低，危害学生的学业，不利于学生身心健康的发展和健全人格的形成。

（二）心理健康的标准

最近几年，一些学者针对教师心理健康标准这一问题进行了探讨，虽然对教师心理健康标准的认识上难以达成一致，然而以下两点上的看法基本一致：一是心理健康是一个动态的概念，个体心理健康的标准会随着时代的进步和社会的变迁而具有不同的含义。因而，确定教师心理健康标准时必须以良好的社会适应性为依据；二是教师心理健康标准既应该包含一般心理健康标准的共性，同时又应该体现教师职业的特殊性。

可以从以下几个方面概括教师心理健康的标准：

（1）良好的教育认知水平。这是指教师的认知过程，它集中表现为智力或智力活动。一个心理健康的教师，能够正确认识和对待周围事物和客观环境，使个人的行为符合社会的要求，与自然环境和社会环境保持平衡，能在教育岗位上发挥自己的能力。一个心理健康的教师，应具备从事教育工作所必须的基本能力，如敏锐的观察力、了解学生的能力、创造性地开展教育教学活动的能力等。

（2）良好的自我意识。良好的自我意识指能正确地认识自我、悦纳自我，有较强的自我调控能力。正确地认识自我，就是客观地认识自己拥有的优势和存在的不足和缺点。悦纳自我就是要平静而理智地对待自己的长短优劣、得失成败，以发展的眼光来看待自己；既不以虚幻的自我来补偿内心的空虚，也不消极回避自身的现状，更不能以哀怨、自责甚至厌恶来否定自己；能主动地调控自我，积极地适应环境。作为一名教师，应能根据自身的实际情况确定工作目标和个人抱负；具有较高的教育效能感；能在教学活动中进行自我监控，并据此调整自己的教育观念，完善自己的知识结构，作出适当的教学行为。

(3) 良好的职业角色认同。这是指对教师角色的认识和接纳。人是社会生活的主体，每个人在社会生活中都占有一定的地位，担负着一定的社会职能。因此，对待事业的态度必然成为社会适应的首要构成因素。一名心理健康的教师应该热爱教师事业，对教育工作充满信心和情感，愉快地接纳这一职业，而且应该有足够的职业自居心理，能积极投入到工作中去。他应该能够理解教师这一职业的价值，热爱学生，并了解自身作为教师所具有的优势和劣势。

(4) 稳定而积极的教育心境。一个具有长期稳定、乐观积极教育心境的教师会对教育工作充满信心，对学生充满爱意，能充分发挥自己的才能。教师积极稳定的情绪、情感主要体现为以愉快、乐观为主导心境，在生活、工作中能保持饱满、高涨的热情，对学生能表现出关切、尊重、高度负责的态度；情绪较稳定，具有较强的情绪调节能力；不喜怒无常，不将生活中不愉快的情绪带入课堂，不因个人的情绪波动而迁怒于学生；具有高尚的情操，包括对教师职业的热爱、对学生的关爱、对高尚道德的崇尚，富有正义感、责任感、荣誉感和同情心，等等。

(5) 健全的教育意志。由于教育工作的复杂性和艰巨性，教师在教育教学实践过程中难免会遇到这样或那样的困难。尤其是新世纪的教师，面临社会发展和教育变革所带来的种种挑战，其工作的难度是不言而喻的。因此，在教育工作中，要求教师不仅要有良好的心理承受力和敢于面对困难、不屈不挠的心理品质，而且要求教师必须具有坚强的意志，有自觉性、果断性、自制力、坚持性等良好的意志品质，能够用坚韧不拔的毅力克服困难，勇往直前。

(6) 良好的人际关系。人际关系是否协调，是衡量一个人心理是否健康的重要标准。教师的人际关系，主要表现在教师和学生的关系、教师与家长的关系、教师与领导的关系、教师之间的关系等方面。教师良好的人际关系在师生互动中则表现为师生关系融洽，能理解并乐于帮助学生，冷落、不满、惩戒行为较少。心理健康的教师乐于与人交往，能够正确处理各种人际关系。他能为学生、家长、同事等所理解和接受，能与他人相互沟通和交往，人际关系协调和谐。

(7) 教育环境的适应与改造。教师能对教育环境作出客观的认识和评价，接受教育事业的新事物，适应发展、变革的教育环境，主动迎接各种困难与挑战。心理不健康的教师则逃避现实，无法适应环境，不敢面对变革，不敢创新。

(8) 丰富的创造力。教育对象的个体差异性、教育条件的多变性、教育情境的突发性等职业特点要求教师具有丰富的创造力，以便在教育教学过程中能熟练运用各种各样的方法和手段，随机应变地处理课堂突发事件和教学难题，机智处理个别学生问题。新一轮基础教育课程改革，留给教师创新的空间与余地将不断加大，教师只有具有较强的创造性，才能很好地把握和驾驭。

(三) 影响教师心理健康的因素

个体心理的发生和发展是主客体相互作用的结果。探讨教师心理健康的影响因素，既要考虑客观因素，也要考虑教师的主体因素。我们可从当前教师面临的压力和他们自身的心理素质两个方面分析教师心理健康问题的成因。

1. 教师面临的压力

首先是来自职业的压力。压力是导致心理健康问题的重要诱因，教师的职业压力是影响其心理健康的主要原因。那么，教师的职业压力源有哪些呢？有学者从下面三个方面作了深入的分析。一是教师职业生涯发展特点带来的压力。教师职业生涯发展的主要特点表现为高独立性；工作对象的强同质性和高差异性；与工作对象的年龄差距呈增大趋势；强示范性；时空相对无限性，等等。上述这些教师职业生涯发展特点给教师带来了种种压力，是影响教师心理健康的重要因素。

其次是教师职业角色特点带来的压力。教师作为一种职业，有其特定的社会角色要求。在这个瞬息万变的信息化社会，知识更新的速度超越了以往任何一个时代，意识形态领域的价值多元化冲击着人们的思想和行为模式，市场经济的蓬勃发展致使价值体系也转向了市场。这些变化对教育、教师职业的生存和发展产生着重要的影响，教师职业社会角色的内涵发生着急剧的变化，这也是压力所在。

再次是来自教师自身的压力。一方面是教师自我发展的压力。正如每个人都有荣誉感、成就感的需要一样，教师的晋级、评职称、获得荣誉、赢得学生好评等要求同样显得强烈和迫切。教师总想不断地完善自己，成为学生心目中完美的形象；总想尽快地具备评职称相应的条件，顺利地晋升。但是，愿望与现实往往是存在距离的，特别是全面提高教师队伍的学历水平有关政策的出台，更是为教师的自我发展带来了很大的压力。如果教师不善于调整自己的心态，不能正确对待这种情况，就有可能出现心理上的问题。另一方面是教师应对应激性事件的增多。应激是影响心理健康的主要因素。每个个体一生中都经历着不同的事件，其是否具有应激性，受个体主观认知的影响。根据正常的心理机能，负性应激性事件必然会引起个体的负性情绪体验，如果超出个体的把握范围，个体通过自身的努力不能将心理恢复到平衡状态，就易产生心理问题。教师在教育教学中会遇到更多的此类事件，这些事件的发生往往也可能给教师带来压力，成为教师心理健康问题的诱因。

2. 教师自身的心理素质

心理学研究表明，面对相同的压力，不同的个体往往有不同的应对方式。个体采取积极还是消极的应对方式、能否有效地化解压力与他们自身的心理素质有关。教师个体已有的心理品质，如人格特征、教学效能感、归因风格等，也是影响教师心理健康问题的重要因素。

第一，在教师人格特点对其心理健康状况的影响方面。有研究发现，不能客观认识自我和现实、目标不切实际、理想和现实差距太大的教师或有过于强烈的自我实现和自尊需要的教师更容易出现心理问题。心胸狭窄、意志脆弱、过于争强好胜、自我封闭、过于追求完美等不良人格特征，往往加剧了的教师的“易染性”，使教师在承受同样的压力时更易引发心理健康“危机”。

第二，在教学效能感方面。教师的教学效能感是指教师对自己是否能够影响学生的学习行为和学习成绩的主观判断。这种判断不仅影响教师的工作效率，而且影响教师在工作中的情绪。效能感高的教师在工作时会信心十足、精神饱满、心情愉快，对工作表现出极大的热情；效能感低的教师在工作中往往感到信心不足、紧张焦虑，面对教育改革提出的新要求，更是感到惶恐不安。

第三，在归因模式方面。所谓归因，是指个体对导致自己或他人行为结果的原因的知觉和推断。人们对于重大的、意外的或失败的事件，都有一种天然的归因倾向，并形成一定的归因模式。不同的归因模式使教师在面对成功和挫折时会有极其不同的反应，进而影响他们的心理健康。具有积极归因模式的教师，成功时既能看到自身的优势，也能看到外在客观条件所起的作用，并及时地提出新的奋斗目标，对未来的发展抱有乐观的态度和坚定的信念；遭遇失败时也能冷静客观地分析主客观因素，坚信失败是成功之母，既维护了自己的自尊心，又不丧失前进的动力。具有消极归因模式的人往往容易把成功单方面地归因于自身的主观因素，而否认其他客观因素所起的作用，自我感觉太好，飘飘然忘乎所以，目空一切，狂妄自大；遭受失败时又片面地归因于外在的客观因素，怨天尤人，牢骚满腹，不从自己的身上寻找失败的原因。

第四，在认知方式方面。认知方式是应激性事件与情绪产生的中介因素，教师形成的较固定的认知方式也会影响他们的心理健康。非理性思维、弊导式思维等消极的认知方式往往是一定压力下教师产生心理问题的催化剂。例如，有非理性认知倾向的教师看待事物容易绝对化，以绝对完美的标准衡量自己，容不得自己有任何差错，他们事前患得患失，焦虑不安；事后容易把遇到的挫折片面地扩大，产生挫败感、失落感。任何事情都有积极和消极两个方面，利导式思维能从积极的角度看问题，易使人增强信心、振奋斗志，产生乐观等积极的情绪体验。而弊导式思维则习惯于从消极角度看问题，就会产生诸多不良情绪，造成苦闷心理。

（四）教师心理健康的维护

教师心理健康问题的出现是在自身心理素质和外界压力的互动下形成的。针对以上原因，要维护与促进教师的心理健康，一方面有赖于教师的自我心理调适，从内部提高教师抗压的心理素质；另一方面有赖于学校对教师的心理健康教育，从外部减轻、转移直至消解可能给教师带来心理压力的因素。概括起来就是一句话，即外减压力，内强素质。具体地说，应从教师个人、学校和社会层面构建“三位一体”的模式，切实有效地维护和促进教师的心理健康。

1. 教师的自我调适

从个人层面加强教师心理素质就是要通过调整认知方式，使教师能够有效驾驭压力，增强耐压性。教师的职业性质决定他们在工作中心理压力较大。作为教师，不仅要给学生“减负”，而且要适当给自己“减压”，学会驾驭压力。只有这样，才能保持心理健康，适应变革的环境。

第一，要形成“压力免疫”。这是通过改变对压力的认知来帮助人们应付压力反应的方法。在应付压力之前，先要认识到压力及其反应不是个性的弱点和能力不足造成的，而是人人都会体验到的正常心理现象。然后，个体要学会对自己所处的情境作积极地控制和评价，形成对情境的理智反应，从而避免单纯依靠个体本能的心理防卫机制对压力情境作混乱而无效的解释与应付。最后，个体要把学会的这种陈述方式和控制方法应用于实际的压力情境之中。

第二，要采取积极的压力应付模式。面对压力，不同的人会采取不同的应付方式。应付即指人们为了防止生活压力对自己的伤害而作出的努力。有人把应付分为主动认知、主动行为和回避应付三种模式。主动认知应付模式表现为：从有利方面看待压力，回忆和吸取过去的经验，考虑多种变通方法等；主动行为应付模式表现为：不等待而采取积极行动，做有益于事态发展的事情；回避应付模式表现为：封闭情感，自我忍受等。应付还可以分为情绪定向应付和问题定向应付。情绪定向应付与我们内在的自我防御机制有关，以情绪体验和情绪表现为其特征；问题定向应付是指积极处理引起压力的事件，分析问题，思考解决问题的办法，最后动手解决。心理学家研究表明，主动认知和主动行为模式能缓和压力事件所造成的不良影响；问题定向应付比情绪定向应付更能减少心身症状和疾病。因此，教师面临压力，要自觉调整自己，采取积极、有效的方式加以应对。

第三，要掌握科学方法。情绪调节是个体管理和改变自己或他人情绪的过程。它在维持心理健康中具有重要的作用。有心理学家提出将情绪调节分为原因调节和反应调节。原因调节是指对引起情绪的原因进行加工和调整，由浅入深依次包括情境选择、情境修正、注意分配、改变认知等。反应调节是指个体对已经发生的情绪在生理反应、主观体验和表情行为三个方面进行调节。依据上述理论，我们认为，以下两个方面对教师的情绪调节非常关键。首先，学会控制情境。如果我们不能正确理解教育情境的意义，我们就无法选择、修正和控制。而面对不能控制的情境，我们就会产生情绪问题。因此，控制情境的首要一点就是要熟悉教育工作的特点，了解教育的基本过程和具体运作，了解学生的心理特点，做到“心中有数”。控制情境也包括客观分析自己，正确定位，以适应情境。其次，运用积极认知。改变认知是一种非常重要的调节策略，认知评估是情境与情绪之间重要的中介变量。任何事情都有两面，积极的认知就是在看到事物不利方面的同时，更能看到有利的方面，这种看待问题的方式，容易使人增强信心、情绪饱满。而有些教师在看问题时容易“想不开”，使情绪低落。其实，变换一种看问题的角度，会使自己有完全不同的感受。

第四，要乐于交往，主动寻求社会支持。在心理学上，社会支持是指一种特定的人际关系，有了它，也就意味着知道有可以信赖的人在尊重、照顾和爱护自己。当一个人遇到心理压力时，他能够从这种社会支持关系中获得有效的帮助，如夫妻、父母、朋友等都是社会支持力量。寻求社会支持是我们应付压力和调节情绪的有效手段。研究表明，社会支持水平会直接影响个体的心理健康水平。社会支持水平越高，心理健康水平越高，主观幸福度越高，心理症状越少。因此，要重视家庭生活，重视和亲朋好友的交往，乐于合群。教师因工作方式的相对独立性，容易形成人际交往的有限性和自我封闭性，致使他们在面对压力和挫折情境时深感孤独、失落和无助。因此，教师应自觉地培养自己的交往意识和积极坦率的社会交往方式，提高人际沟通技能，形成融洽的人际关系，使自己在遇到挫折和困难时能获得来自同事、朋友、亲属等强有力的社会支持，减轻或化解心理压力。

第五，要采取合理有效的工作方式，学会休闲、科学用脑。教师的工作以脑力劳动为主，劳动的对象、内容和过程都是复杂的，如果不注意科学用脑，就容易引起身体和心理的疲劳。长期的身心疲劳，不仅会导致生理疾病，而且容易造成教师注意力不集中、记忆力衰退、思维迟钝、情绪不稳定，因而工作效率低下。要学会适时用脑。每个人的生物节律有差异，教师要熟悉自己的节律，确定用脑的最佳时间，让有限的时间发挥最大的效率。注意适度用脑，避免持续疲劳，同时还要注意饮食营养，关心脑健康。此外，工作之余要学会休闲，根据自己的兴趣爱好参加各种文体活动，使业余生活丰富多彩，以此调节情绪，增进心理健康。

2. 对教师进行心理健康教育

要使教师心理健康，单让他们进行自我调适是不够的，从某种意义上来说，也是不负责任的。学校有责任和义务帮助教师更好地适应教育环境，促进心理健康。因此，学校应有目的、有计划地对教师开展心理健康教育，并把它纳入到管理措施之中。所谓心理健康教育，是指根据心理活动的规律，采用各种方法与措施来维护个体的心理健康及培养良好的心理素质。从学校层面看，提高教师的心理健康水平关键在于两点：减少教师的压力源和加强保健措施。为此，要推行以人为本的管理模式，创设良好的学校人际环境，减少教师的压力。创设民主、宽松、和谐的学校人际环境，是维护和促进教师心理健康的重要条件。具体地说，应注意以下几个问题：

第一，学校的各项制度、政策或规章的制订都必须以教师的心理需求为基础并力求满足教师各方面的心理需要。提倡民主治校，加强教师对学校决策的参与程度和参与质量，让教师真正体验到“自己掌握自己命运”的主人翁感。

第二，学校管理者要真正体现行政工作的本质，以服务的态度对待全体教师，讲求公平公正原则，尊重教师合理的意见。注重沟通协调的方法，务必做到让教师心服口服。以悦纳、欣赏的心态去管理教师，使教师在宽松、和谐的工作环境中形成良性竞争，培养健康向上的心态。

第三，各种改革措施的实行必须考虑到本校实际，注意并考虑到教师的心理认同感与心理适应期。学校在大力推进新课程改革时不能操之过急，对教师的适应过程要有实事求是的评估，特别是对于那些中老年教师，他们在角色转换方面较为迟缓，应持宽容的态度，以减轻教师的心理压力。

第四，关注教师的各种需要，积极为教师排忧解难。教师作为社会人，与常人一样有各种各样的需要，也会遇到种种困难。学校管理者应了解教师的健康、婚姻、子女教育等情况。对于教师在日常生活中遇到的困难，能竭尽全力给予帮助，最大限度地减轻教师的生活压力，为教师解除后顾之忧，使他们能在一个轻松、和谐、健康的环境中工作、生活。作为知识分子中的一个特殊群体，教师的需要有物质的，也有精神的，但往往更重视精神需要的满足。学校管理者应该了解教师需要的内容、需要的水平以及满足方式的个体差异，因势利导，尽量提供满足的条件。如关心一些教师政治上的进步愿望；为一些教师创造进修机会，提供进修条件，使教师能切实提高自身素质，减少因教学效能感低而产生的焦虑感；对于一些业务骨干，则应鼓励他们参加各种教学竞赛，组织他们进行教改实验，进行教育科学研究，著书立说，以满足教师创造成就的需要。

3. 营造良好的教育环境

要从社会层面维护教师心理健康，因为教师的心理健康问题不仅仅是教育上的问题，还是社会问题的一个反映。因此，在学校内部乃至整个社区和全社会形成教师的社会支持系统，才能有效地维护教师的心理健康。

第一，把心理健康作为中小学教师任职资格的重要条件。教师的心理健康不仅影响教师自身工作、学习、生活的质量，而且对他们的教育行为有着重要的影响，并进而影响到我国开展素质教育的质量。因此，在进行教师职前筛选时应把心理健康作为中小学教师任职资格的重要条件。我们可以采用相关的量表，对将要从事教师这一职业的师范生（或非师范生）进行心理测试，测量其人格特征、自我意识、情绪自控能力、人际交往能力、社会适应能力以及与教学有关的知识、角色意识、职业期望、教育观念，等等，确保具备做一名合格教师的基本素质，并且符合教师职业的特殊需要。

第二，切实提高教师的经济和社会地位。教师作为人类灵魂的工程师、社会的模范公民这一观念根深蒂固。教师从事着太阳底下最光荣的事业，应当讲奉献的想法同样根植于人们的头脑中。但教师首先是社会人、自然人，在经济社会的今天，其经济状况将成为判别其社会地位的重要指标。合理的收入应与社会地位和社会发展相协调。

第三，健全评估制度，重新制订一套教师教育教学成绩评价体系。教育行政部门应该从宏观的角度作出调整，重新制订一套教师教育教学成绩评价体系。对教师的评价，应该全面考核教师的素质能力，即从职业道德、教育思想、教学态度、教学行为、教学基本功、科学文化知识水平以及教学科研能力等方面全面考察。既重视教育结果，更重视教育过程，让教师真正体会到评价是客观的、合理的、公正的。只有这样，才能使教师从片面追求升学率的压力下解放出来，致力于提高自身的综合素质，以全面提高学生的素质。

【附】精神症状自我诊断量表

【指导语】

这是一个由日本 PDS（个性资料系统）研究所所长稻田年大先生编制的精神症状自我诊断量表，共有 70 个题目。请仔细阅读每一个问卷项目，并对照自己的实际情况，然后从下面给定的字母 A、B、C、D 中选择一个填在问题项目后面的括号内。

A＝符合；B＝不符合；C＝与自己毫无关系；D＝不清楚

【问卷项目】

(1) 如果周围有喧嚷声，不能马上睡着。(　　)

(2) 常常怒气陡升。(　　)

(3) 梦中所见与平时所想的不谋而合。(　　)

(4) 习惯于与陌生人谈笑自如。(　　)

(5) 经常地精神萎靡。(　　)

(6) 常常希望好好改变一下生活环境。(　　)

(7) 不破除以前的规矩。(　　)

(8) 稍稍等人一会儿就急得不得了。(　　)
(9) 常常感到头有紧箍感。(　　)
(10) 看书时对周围很小的声音也会注意到。(　　)
(11) 不大会有哀伤的心情。(　　)
(12) 常常思考将来的事情并感到不安。(　　)
(13) 一整天孤独一人时常常心烦意乱。(　　)
(14) 自以为从不对人说谎。(　　)
(15) 常常有一着慌便完全失败的事情。(　　)
(16) 经常担心别人对自己的看法。(　　)
(17) 经常以为自己的行动受别人支配。(　　)
(18) 做以自己为主的事情，常常非常活跃，全无倦意。(　　)
(19) 常常担心发生地震和火灾。(　　)
(20) 希望过与别人不同的生活。(　　)
(21) 自以为从不怨恨他人。(　　)
(22) 失败后，会长时间地保持颓丧的心情。(　　)
(23) 过度兴奋时常常会突然神志不清。(　　)
(24) 即使最近发生了什么事故，也往往毫不在乎。(　　)
(25) 常常为一点小事儿十分激动。(　　)
(26) 很多时候天气虽好却心情不佳。(　　)
(27) 工作时，常常想起什么变突然外出。(　　)
(28) 不希望别人经常提起自己。(　　)
(29) 常常对别人的微词耿耿于怀。(　　)
(30) 常常因为心情不好感到身体的某个部位疼痛。(　　)
(31) 常常会突然忘却以前的打算。(　　)
(32) 睡眠不足或者连续工作毫不在乎。(　　)
(33) 生活没有活力，意志消沉。(　　)
(34) 工作认真，有时却有荒谬的想法。(　　)
(35) 自以为从没有浪费时间。(　　)
(36) 与人约定事情常常犹豫不决。(　　)

(37) 看什么都不顺眼，时常感到头痛。(　　)
(38) 常常听见他人听不见的声音。(　　)
(39) 常常毫无缘由地快活。(　　)
(40) 一紧张就直冒冷汗。(　　)
(41) 比过去更厌恶今天，常常希望最好出些变故。(　　)
(42) 自以为经常对人说真话。(　　)
(43) 往往漠视小事而无所长进。(　　)
(44) 紧张时脸部肌肉常常会抽动。(　　)
(45) 有时认为周围的人与自己截然不同。(　　)
(46) 常常会粗心大意地忘记约会。(　　)
(47) 爱好沉思默想。(　　)
(48) 一听到有人说起仁义道德的话就怒气冲冲。(　　)
(49) 自以为从没有被父母责骂过。(　　)
(50) 一着急便担心时间，频频看表。(　　)
(51) 尽管不是毛病，常常感到心脏或心口发闷。(　　)
(52) 不喜欢与他人一起游玩。(　　)
(53) 常常兴奋得睡不着觉，总想干点什么。(　　)
(54) 尽管是微小的失败，却总是归咎于自己的过失。(　　)
(55) 常常想做别人不愿意做的事情。(　　)
(56) 习惯于亲切和蔼地与别人相处。(　　)
(57) 必须在别人面前做事情时，心就会激烈地跳动起来。(　　)
(58) 心情常常随当时的气氛而有很大的变化。(　　)
(59) 即使是自己发生了重大事情，也如别人那样思考。(　　)
(60) 往往因为极小的愉悦而非常感动。(　　)
(61) 心有所虑时常常心情非常消沉。(　　)
(62) 认为社会腐败，不管多么努力也不会幸福。(　　)
(63) 自认为从没有与人吵过架。(　　)

(64) 失败一次后再做事情时非常担心。( )

(65) 常常有堵住嗓子的感觉。( )

(66) 常常视父母兄弟如路人一般。( )

(67) 常常能与初次相见的人愉快交谈。( )

(68) 念念不忘过去的失败。( )

(69) 常常因为事情进展不如自己想象的那样而怒气冲冲。( )

(70) 自认为从没有生过病。( )

【计分方法】

对照下面给出的评分表，计算每一行的得分总和。凡填 A 的记 2 分，凡填 B 和 C 的记 0 分，凡填 D 的记 1 分。将每一行得分的总和填入评分表的“合计”一栏。之后，将评分表“合计”一栏中前 6 项的得分相加，再将总数乘 3，所得分数即为精神症状指数。例如，第一行合计为 5，第二行合计为 2，以后依次为 2、1、3、2，则前 6 项的合计为：5＋2＋2＋1＋3＋2＝15，精神症状指数则为：15×3＝45。

一般说来，精神症状指数低于 61 分则无重大问题。

评分表

题号										合计	类型号码
1	8	15	22	29	36	43	50	57	64		1
2	9	16	23	30	37	44	51	58	65		2
3	10	17	24	31	38	45	52	59	66		3
4	11	18	25	32	39	46	53	60	67		4
5	12	19	26	33	40	47	54	61	68		5
6	13	20	27	34	41	48	55	62	69		6
7	14	21	28	35	42	49	56	63	70		7

【结果解释】

各种不同的精神症状指数的含义是：

18～32分：精神健康，没有什么不良征兆。

33～47分：精神健康，但要检查一下某种症状类型的得分是否过高。如果这一症状类型的得分高于一般，就需要进一步检查某一方面的精神健康状况，找出病因并对症治疗。

48～61分：精神健康状况一般，说不上健康，需要彻底调整自己，使精神症状指数达到47分以下。特别要积极找出得分在稍高以上的症状类型的原因，及时治疗。

62～76分：稍微有精神疾病的征兆，最好请专科医生诊断，进行缜密的分析。在作自我评价时，自我检查一下哪一次症状最严重，以便决定治疗的办法。

77～90分：已经患有某种程度的精神疾病，一定要接受专科医生的诊断，安心治疗。但亦不必忧心忡忡，只要及时接受治疗，即有康复希望。

将评分表中各类题目的合计分数填在剖析图上，便可对各种症状的程度作出评价。

精神症状自查问卷的剖析图

症状类型	得分 \ 评价标准 \ 分	评价标准				
		低	稍低	一般	稍高	高
		1	2	3	4	5
1. 焦躁神经症						
2. 歇斯底里						
3. 精神分裂症						
4. 躁郁症						
5. 抑郁症						
6. 神经质						
7. 虚构症						
精神症状指数 / %		18~32	33~47	48~61	62~76	77~90

【主要表现】

(1) 焦躁神经症

症状为头痛，头重，目眩，感到嗓子受噎、呼吸困难，小小的刺激便会加快心跳。注意力低下，心思散乱而毫无头绪，担心失败，担心事故，担心平静的生活受到破坏，担心事情的结果不好，常有种种不安和恐惧不由自主地涌上心头。日无宁时，夜不安寝，将心思浪费在无谓的事情之上。

这种类型的人往往做事丁是丁，卯是卯，过于认真，常常杞人忧天，无论什么事不干到底决不罢休，对一点小事会心存芥蒂，耿耿于怀。人际关系不佳，容易自我封闭起来，往往容易受他人的言行刺激。因此，在日常生活中容易紧张，精神容易疲劳。

(2) 歇斯底里

发病时，手足麻木，有虚脱感，不能坐立，身体各部分有疼痛感，目眩，耳失聪，喉咙有被压感，无食欲。性格会突变，丧失部分记忆力，说不出自己的姓名、年龄、住所，无表情，对周围景象全无反应。

上述这种性格类型的人在平常是社交型的，爱说话，经常在他人面前表现出言行不真实，喜欢打扮，衣着引人注目，虚荣心强。因此，一旦自尊心受到伤害或欲望不能得到满足时，就会出现上述身体症状。这种人精神上的不成熟，任性，缺乏对欲望的忍耐力和正确处理事情的能力。

(3) 精神分裂症

在发病时，可能表现为以下几种情况：

①无力气，无情感，无表情，不能独立生活，一般容易被视作怪人，工作没有责任感，不与周围的人说话，远离现实。

②思路混乱，言语颠倒，表现出特别的思维障碍，不能自知。常常诉说自己的行动受到他人的操纵、别人窥视自己的秘密、别人在背后说自己的坏话，等等。

③感情或行动异常，有突然离家出走的冲动行为和给食物不吃的拒食行为以及大叫大嚷、手舞足蹈的异常兴奋行为，还有终日呆坐、卧睡、傻立、长时间盯着一个物体等异常行为。

④现实和想象完全没有关系。不仅公开说自己是个天才，还认真地把实际上没有关系的人说成是知心朋友；还有的说自己是秉承神意来到人间拯救人类的，并妄想要创立新宗教。

这种性格类型的人，性格孤僻，讨厌与他人接触，自我封闭，言语极少且即使有，也毫无条理；与周围的人没有亲切感，精神上处于一种隔离状态；没有感情上的喜怒哀乐，完全无视一般人所感兴趣的东西；呆板地对待工作，不能确切判断工作的进程；言行冷漠而无生气，没有个性，缺乏人情味。

（4）躁郁症

发病时精力充沛，且经常处于兴奋状态。由于无节制的冲动，情绪变化很大，所以不能把工作持续做到底。早晨起床很早，一件事情刚刚忙了一阵，又开始做别的事情，变化无常。制定并实行在旁人看来不可能实现的计划，不久就会因为失去兴趣而放弃。时有突发的大怒、高歌狂舞、大吵大闹等行为。说话粗暴，往往不顾及他人，大多是以自我为中心的话题，言语没有连贯性。

性格特征表现为毫无缘由的亢奋活跃，多言多语却没有条理，不容易兴奋，不知疲倦，总是忙这忙那不肯安静，性情浮躁，说做就做，没有计划性，好冒险，对失败缺乏反省态度，思绪凌乱，不能集中。

（5）抑郁症

症状与躁郁症相反，缺乏活力，无力，无食欲、性欲，失眠，便秘，头痛，经常心情烦躁，讨厌所有事物，自寻烦恼，过分重视失败，为微小的差错苦恼不堪。

性格表现为没有热情，没有干劲，悲观厌世，对未来不抱希望，但对当前工作则认真负责。虽然不能像别人那样迅速处理事情，却能忠于职守。在人际关系上，朴实、消极、没有主动性。自卑感强，自认为能力低、没有价值，很少与人交往。但讲究礼仪，感情深厚，遵守信用，诚实。

（6）神经质

表现为责任心淡薄，对批评反应强烈，甚至发生暴力行为；有时酗酒，缺乏理智，挥霍，说谎；时有欺诈行为；不尊重社会习俗，缺乏同情心，异常兴奋。

性格类型表现为与人发生冲突，常有显示自己力量的大胆举动，倾向于恶意地解释各种社会现象，以反抗的态度来显示自己的倾向性。意志薄弱，易受诱惑，追求享受，缺乏自制力，易怒，自我中心，幼稚，过分自信，虚荣心强，冷酷，懦弱。

(7) 虚构症

这项得分反应了受测者回答问题时的认真程度和真实性。如果此项得分过高，则表明受测者对测验有防卫意识，各种得分可能均比实际情况偏低。根据此项得分的高低，可以大致推断各种得分的可靠性。如果此项得分偏高，就应该反省一下自己的回答是否真实坦率。

主要参考文献

彭聃龄. 普通心理学. 北京师范大学出版社. 2004

陈家麟. 学校心理教育. 教育科学出版社. 1995

霍华德·加德纳，沈致隆译. 多元智能. 新华出版社. 2004

郑日昌. 中学心理辅导. 团结出版社. 2001

沙莲香，张小乔. 人格的健康与治疗手册. 中国人民大学出版社. 1988

蒋光清. 青少年心理保健指南. 人民军医出版社. 2007

宋专茂，陈伟. 心理健康测量. 暨南大学出版社. 1999

宋专茂. 成长心理案例集. 暨南大学出版社. 2005

刘守旗. 当代青少年心理与行为透视. 安徽人民出版社. 1997

郑日昌. 心理测量. 湖南教育出版社. 1987

白学军. 智力发展心理学. 安徽教育出版社. 2004

杨丽珠. 儿童心理学纲要. 社会科学文献出版社. 1996

徐光兴. 学校心理学. 华东师范大学出版社. 2000

陈家麟. 学校心理健康教育. 教育科学出版社. 2002